U0480647

BUSINESS
MODEL
MANAGEMENT

商业模式管理

何潮俊　杨德发　贾红亮　王　龙◎著

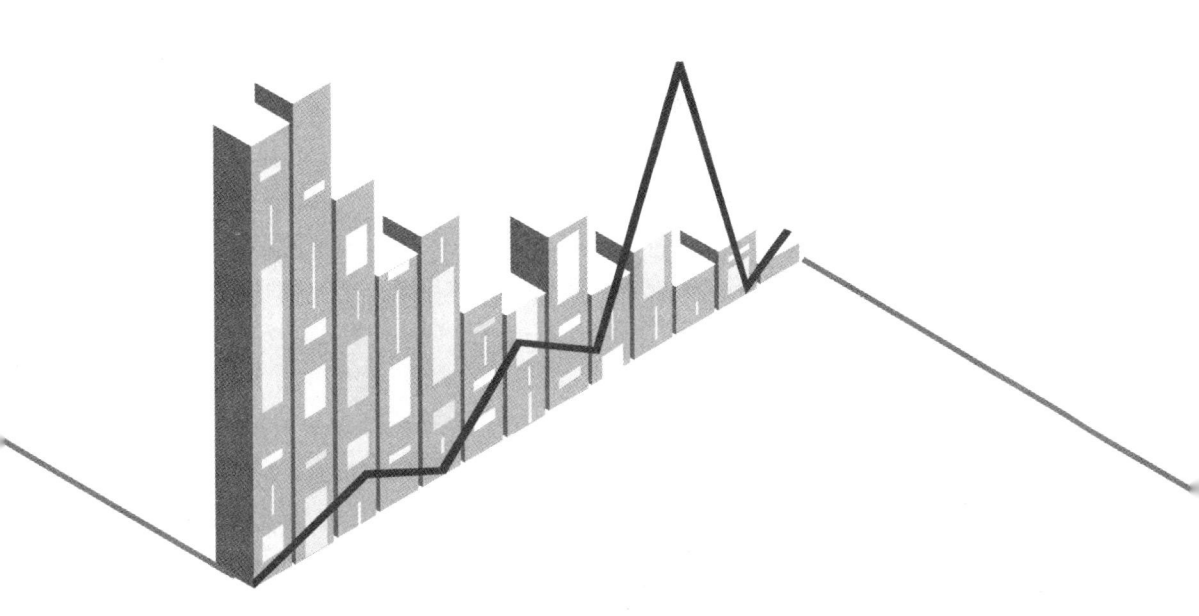

经济管理出版社

图书在版编目（CIP）数据

商业模式管理/何潮俊等著.—北京：经济管理出版社，2023.11
ISBN 978-7-5096-9448-0

Ⅰ.①商… Ⅱ.①何… Ⅲ.①企业管理—商业模式—研究 Ⅳ.①F272

中国国家版本馆 CIP 数据核字（2023）第 217888 号

组稿编辑：魏晨红
责任编辑：魏晨红
责任印制：黄章平

出版发行：经济管理出版社
（北京市海淀区北蜂窝 8 号中雅大厦 A 座 11 层　100038）
网　　址：www.E-mp.com.cn
电　　话：（010）51915602
印　　刷：北京市海淀区唐家岭福利印刷厂
经　　销：新华书店
开　　本：720mm×1000mm/16
印　　张：22
字　　数：327 千字
版　　次：2024 年 1 月第 1 版　2024 年 1 月第 1 次印刷
书　　号：ISBN 978-7-5096-9448-0
定　　价：68.00 元

·版权所有　翻印必究·
凡购本社图书，如有印装错误，由本社发行部负责调换。
联系地址：北京市海淀区北蜂窝 8 号中雅大厦 11 层
电话：（010）68022974　邮编：100038

前　言

商业模式管理是企业经营的核心，决定了企业的盈利方式、市场定位以及与利益相关方的关系。随着时代的不断演进和技术的快速发展，传统的商业模式已经无法满足企业的需求，因此，组织管理、精准营销、平台生态、资本运营、数字决策以及企业商业模式变革成为当下商业模式管理的重要议题。本书从上述板块入手，讲述商业模式管理的影响因素与底层逻辑，为企业提供管理策略，帮助企业融入数字化转型浪潮。

组织管理是企业迈向数智化新发展阶段的基石。随着数字化、信息化的普及，企业需要转变传统的组织结构和管理方式，采用更加灵活和创新的管理模式。然而，实施数智化组织管理并非易事，企业只有克服技术、人才和文化等方面的障碍，才能真正实现数字化转型的目标。因此，如何打造企业的数智化能力成为重点和难点。

精准营销同样是商业模式管理中的重要环节。随着消费者需求的多样化和个性化，传统的广告和宣传手段已不能满足市场的需求。精准营销借助大数据和人工智能等技术手段，可以深入挖掘消费者的需求和行为，从而更加精准地满足消费者的需求，提高市场营销的效果和投资回报率（ROI）。此时，在企业精准营销指引下，市场竞争力的强弱往往体现在锐意进取的创新精神中。

与此同时，平台生态是商业模式管理的新趋势。通过构建开放的平台生态系统，企业可以与供应商、合作方及消费者实现更紧密的联系和协同创新。然而，平台生态的打造需要不菲的投入，要综合考量数据安全、利益协调与合作机制等多方面的因素。企业在构建平台生态系统时，关键点在于平衡各方的权益，寻求平衡点才是重中之重。

资本运营是企业基业长青之道，是商业模式焕发生机的基础与保障。资本运营不仅要关注短期的经济效益，还要考虑长期的战略布局和风险控制。企业在高效地运用资本、提高资本的利用效率的同时，更注重其长期发展和可持续性。在进行资本运营时，企业应明确发展战略和目标，建立有效的财务管理体系，积极寻求合作与创新机会。

数字决策是数智化管理的关键。随着信息技术的不断进步，企业可以通过大数据分析、人工智能等新一代信息技术手段，更好地理解市场和消费者，以做出更加准确、更具影响力的决策。实施数字决策需要建立完善的数据收集和管理系统，选择合适的分析工具和技术，培养数据分析和决策支持的人才。同时，企业应注重数据的质量和可靠性，提升决策能力，这既是企业发展的亮点，也是企业业务的增长点。

企业商业模式的变革需要企业对市场变化和技术进步有足够的敏感度，并灵活调整和创新商业模式。企业在变革过程中要注重硬实力和软实力的协同发展，通过优化价值链和资源配置提升竞争力，同时不能忽视组织文化建设和客户体验的改善。企业商业模式变革不是单纯的模仿和追随，而要在洞察市场发展趋势的基础上，进行创新和探索，实现差异化竞争。

感谢刘舟文、汪珊珊、刘昀、胡肖凡等同学参与本书相关章节资料的整理工作。本书学习、参考了众多国内外专家学者的研究成果，部分内容引用了网络、报刊等的数据和资料，已尽可能地在参考文献中列出，对这些学术成果的作者深表谢意。

目录 CONTENTS

第一章
组织管理：迈向数智化新发展阶段 ········· 001

第一节　组织管理的数智化蜕变 ········· 007
一、组织管理的数智化场景 ········· 007
二、组织管理的概念与特征 ········· 013
三、组织管理应用模型 ········· 015

第二节　组织管理构建 ········· 017
一、组织协同 ········· 018
二、资源协同 ········· 020
三、决策协同 ········· 024
四、创新协同 ········· 027

第三节　组织管理路径 ········· 029
一、战略规划 ········· 029

二、组织结构 ……………………………………………… 034
　　三、组织氛围 ……………………………………………… 037
　　四、组织人才 ……………………………………………… 039

第四节　实施组织管理策略 ……………………………………… 041
　　一、数字建设与顶层设计 ………………………………… 041
　　二、业务重构与流程变革 ………………………………… 046
　　三、推进组织整合与分化 ………………………………… 048
　　四、健全团队梯队与创新 ………………………………… 050

第二章
精准营销：把脉消费者意愿 …………………………………… **059**

第一节　精准营销：用数据"望闻问切" ……………………… 065
　　一、精准营销的数智化场景 ……………………………… 065
　　二、精准营销的概念与特征 ……………………………… 067
　　三、精准营销应用模型 …………………………………… 069

第二节　精准营销构建 …………………………………………… 073
　　一、零库存模式 …………………………………………… 073
　　二、数字化 CMR 模式 …………………………………… 075
　　三、"数据+"模式 ………………………………………… 076
　　四、IP 跨界营销 …………………………………………… 081

第三节　精准营销路径 …………………………………………… 082
　　一、云服务 ………………………………………………… 083
　　二、私域运营 ……………………………………………… 086

三、数字信号处理 ·· 089

第四节　实施精准营销策略 ·· 091

　　一、网红带货 ·· 092

　　二、多平台运营 ·· 094

　　三、平台直播 ·· 095

　　四、大数据分析 ·· 099

第三章
平台生态：共情共治与共享共赢 ·· **107**

第一节　"数据+"平台生态 ·· 113

　　一、平台生态的数智化场景 ·· 113

　　二、平台生态系统的概念与特征 ······································ 116

　　三、平台生态应用模型 ·· 119

第二节　平台生态模式 ·· 124

　　一、分享经济模式 ·· 124

　　二、私域运营模式 ·· 127

　　三、生态圈模式 ·· 132

第三节　平台生态实现路径 ·· 137

　　一、用户体验升级更新 ·· 137

　　二、供应链与价值链协同构建 ·· 140

　　三、"中心→重心→去中心化"演化路径 ······························ 142

第四节　平台生态的实施策略 ·· 147

　　一、挖掘用户价值 ·· 147

二、治理数据生态 …………………………………………… 149

三、融合跨界资源 …………………………………………… 151

第四章
资本运营：企业基业长青之道 ……………………………… 159

第一节　资本运营：生存基础与发展能力 …………………… 164

一、四大财务管理活动 ……………………………………… 164

二、内部控制 ………………………………………………… 170

三、企业治理 ………………………………………………… 173

四、资源最优配置 …………………………………………… 174

第二节　资本运营模式 …………………………………………… 177

一、股权投融资模式 ………………………………………… 178

二、发行债券模式 …………………………………………… 182

三、产权交易模式 …………………………………………… 183

四、资产转让模式 …………………………………………… 185

第三节　资本运营路径 …………………………………………… 190

一、利润最大化路径 ………………………………………… 190

二、股东财富最大化路径 …………………………………… 192

三、企业价值最大化路径 …………………………………… 193

第四节　资本运营实施策略 ……………………………………… 197

一、上市融资：实现规模经济 ……………………………… 197

二、注入技术：加快数字建设 ……………………………… 200

三、吸纳资金：助力企业发展 ……………………………… 201

四、兼并收购：实现多元经营 ………………………………… 205

第五章
数字决策：数智化管理的钥匙 ………………………………… **215**

第一节 数字决策：量化和质性的融合 ………………… 221
一、数字决策的数智化场景 ………………………… 221
二、数字决策的概念与特征 ………………………… 227
三、数字决策应用模型 ……………………………… 229

第二节 数字决策模式：专家规则+机器学习 ………… 232
一、预测性维护模式 ………………………………… 232
二、智能供应链模式 ………………………………… 238
三、精细化营销模式 ………………………………… 240

第三节 数字决策实现路径 …………………………… 243
一、数字化转型升级 ………………………………… 243
二、消费决策＝生产决策 …………………………… 248
三、平台媒介去中心化 ……………………………… 251

第四节 数字决策实施策略 …………………………… 253
一、数据应用：大数据决策 ………………………… 253
二、数字技术应用："技术+中台+场景" …………… 255
三、数字化模式创新：完整生态闭环 ……………… 260
四、数据思维培育 …………………………………… 262

第六章
企业商业模式变革：顺势而为 ……………………… 271

第一节 企业商业模式变革的底层逻辑 ……………………… 277
- 一、数字技术的顶级风暴 ……………………… 277
- 二、消费升级：兴趣消费的迁移 ……………………… 282
- 三、产业数字化转型升级 ……………………… 283

第二节 商业模式"硬实力"变革 ……………………… 285
- 一、大数据：数字决策的基础 ……………………… 286
- 二、云计算：精准营销的保障 ……………………… 290
- 三、物联网：资源整合的前提 ……………………… 292
- 四、区块链：商业信用的背书 ……………………… 293
- 五、AI技术：创新的"头脑风暴" ……………………… 295

第三节 商业模式"软实力"变革 ……………………… 296
- 一、把握商业模式变革的契机 ……………………… 296
- 二、价值链与价值链DNA的"基因突变" ……………………… 299
- 三、跨界整合：数据资产 ……………………… 301
- 四、知识管理：文化原力的觉醒 ……………………… 303
- 五、用户至上的互联网思维 ……………………… 306

第四节 协同管理的"洪荒之力" ……………………… 310
- 一、破局：国之重器——数字制造 ……………………… 310
- 二、入局：工业互联网与消费升级 ……………………… 312
- 三、风口：生态圈的"新发展格局" ……………………… 317
- 四、契机：百年不遇的"协同变局" ……………………… 318

参考文献 ……………………………………………………… 329

第一章
组织管理：迈向数智化新发展阶段

组织管理和数智化发展已成为企业成功的关键因素。组织管理涉及如何有效地管理资源，数智化发展则关注如何应用技术处理数据以提高效率和竞争力，两者相互促进，构建了一个灵活、高效和创新的企业生态系统。在快速变化的数智化时代，企业要深刻理解和应用组织管理原理，以保持竞争优势，实现可持续发展。

> 我想的最多的是如何简化管理,甚至我不需要管理。在创办公司的初期,我们提出了去管理、去 KPI、去 title。为什么会这么想呢?因为在一个极高速的时代,一定要想清楚什么东西是最重要的。
>
> ——小米创始人　雷军

学习要点

☆组织管理的数智化内驱力

☆创新协同的宏观布局

☆数字化管理框架

开篇案例

南天信息：金融科技数智化

一、企业简介

云南南天电子信息产业股份有限公司（以下简称南天信息），以自有核心技术和关键应用为基础，为行业数字化提供规划与咨询、解决方案和服务，同时积极融入"信创"和"数字云南"建设，把控其顶层设计，在金融科技、数字政府、行业数字化等领域，为客户提供贯穿IT建设全生命周期的一站式数字化服务。

二、企业数字管理产品方案

1. 云计算

南天信息凭借分布式、微服务、云迁移、云数据中心等方面丰富的经验积累，以"云+互联网+协同+端"为载体，提供应用云化、云迁移、云应用软件产品、云管理创新型解决方案及云数据中心服务，帮助用户充分利用云计算的技术优势，助力客户云化转型。

（1）云智维管理平台。云智维是专为云数据中心设计的一体化智能运维管理平台，集成了云计算、大数据、移动互联和物联网等先进技术，以及运维团队丰富的实践经验，为用户提供优质的服务。平台内置多个功能模块，模块的集成既能全面提高运维工作的标准化水平、提升工作效率，也能大幅降低管理成本，从而帮助用户实现从传统数据中心向"互联网+数据中心"的转型升级。此外，云智维还支持双态数据中心的搭建，为参与以智能、绿色计算中心为代表的算力基础设施，进行规划、设计、建设和运维，开拓行业数据中心集成市场，以"安全、绿色"为主题整合各方资源进行协同，为客户提供一体化服务；为行业客户构建智慧一体化的数据中心，进一步提升其业务水平。

（2）智能云管理。该方案覆盖企业上云全生命周期，是实现云资源全面纳管、服务自动交付、自动化运维、大数据智能分析、IT服务管理的一站式智能管理解决方案。

2. 大数据

南天信息依托先进的区块链、云计算等技术，利用大数据创新实践，使企业快速实现数据检索、洞察分析、数据管理、决策分析、数据沉淀及数据闭环管理和应用等功能，实现全方位的数字化体系构建。

（1）渠道数智化解决方案。南天信息提供的渠道数智化解决方案，覆盖的不仅包括前端营销，还包括产品、风险控制、投资投研等核心能力中台。此外，南天信息还注重局部业务模式创新，并逐步延伸至整体能力重构，从而协助企业实现整体数智化转型。

（2）智能营销平台。智能营销平台是一种综合性解决方案，集成了银行客户画像分析、营销活动管理和内容创意设计三个关键组件。该平台运用了大数据技术，提供一站式、智能化的线上营销服务，为全国中小银行的各级运营团队提供支持以提高银行客户营销管理的效率和业绩，更好地服务客户。

3. 区块链

立足南天信息区块链基础服务平台，以去中心化、去信任化等优点帮助企业构建高效安全的生产级区块链环境，为企业打造坚实的价值互联基石，实现企业价值点对点的传递，帮助企业真正实现从传统信息互联网到价值互联网的转变。

（1）成熟的底层技术使企业快速上链，提高开发效率。这一服务可以让企业轻松地开发区块链项目，无须从零开始研究区块链技术，提供的解决方案可以帮助客户避免底层技术的复杂演化，从烦琐的技术迭代中解脱出来，从而专注于应用的创新。

（2）安全、高效的运维管理体系，降低运营成本。使用南开区块链基础服务应用平台（NBaaS）可以显著降低实现区块链底层技术的成本，使构建和运营区块链变得更加简单。此外，由于NBaaS适用于多个行业领域的场景，因此可以满足组织和用户的个性化需求。

4. 数字管理产品方案

依托30余年行业数字化建设的深厚积淀和经验优势，结合移动互联网、云计算、大数据、人工智能、区块链、物联网、生物识别等数字化技术，南天信息不断探索实践创新应用场景，在流程变革、渠道融合、场景分析等领域提高产业的数字化、智能化水平。

（1）投资管理平台。该平台建立投资项目全生命周期闭环管理、全过程风险监控，覆盖投资规划、投资计划、项目立项、尽职调查、投资决策、项目实施、项目投资执行情况监控、投后管理、项目后评价全生命周期；建立投资决策辅助分析工具，全面掌控投资布局，监控投资项目情况等，使有限的资源实现最优化配置；建立项目信息及数据集中管理系统，实现项目数据的集中管理、共享。

（2）移动应用平台。南天信息自主研发了企业移动终端开发和管理的平台，该平台具有设备管理和统一的安全管控功能。此外，南天信息还推出了各种移动业务解决方案，企业可直接使用这些解决方案或基于此平台开发自己的移动应用程序。

三、数字战略规划

1. 金融科技

南天信息全面参与金融科技创新赋能，紧跟数字化技术发展潮流，结合最新技术，围绕"场景+体验"，探索金融服务形态创新，助力金融机构数字化转型。

（1）数字人民币流通服务平台。数字人民币流通服务平台旨在提供完整的数字人民币生态系统服务。数字人民币互联互通使商业银行、支付机构和政企单位能够快速接入该平台，并借助该平台提供的线上线下一体化金融服务场景实现业务创新协同和数字化转型。

（2）统一知识图谱平台。知识图谱平台是一种以长远发展目标为导向的产品，采用知识抽取、存储和表示等先进技术，为人工智能行业的解决方案提供标准化、产品化的软件支持和基础平台。该平台不仅为企业的多种应用场景提供了必要的技术组件，还提供了通用图谱可视化分析平台，能够帮助用户更清晰地了解和分析数据。

2. 数字政府

南天信息通过深度应用大数据、区块链、人工智能等新一代信息技术，可以帮助各级政府聚集数据资源，挖掘数据价值。基于场景和行业数据，运用数字化服务促进政府和企业治理模式的创新协同，为客户提供 SaaS 应用软件开发服务和 DaaS 数据治理服务。

3. 行业数字化

（1）智慧交通平台。现代技术的广泛应用，包括交通流技术、全球定位系统（GPS）、地理信息系统（GIS）、智能卡技术和电子控制等，为公交系统中的人员、公交设施和公交车辆之间紧密联系提供了途径。这些技术的协同作用可以帮助交通系统更好地利用时间资源和空间资源，实现降低运输成本、提高运输效率的目标。此外，这些技术还可以为出行者和交通管理部门提供实时交通信息，当城市道路出现拥堵或突发情况时，这些信息可以作为采取有效措施的依据，缓解拥堵并快速应对突发状况，确保城市交通的良性运转。

（2）智慧学业数据系统。该系统采用了常态化作业数据采集技术，结合人工智能核心技术和大数据分析，能够快速、高效地采集学生的课堂情况及课后作业的错题数据，并对这些数据进行深度分析，以进行精准的学习评估和提供个性化的学习建议。

参考文献

[1] 南天信息为银行转型升级构建发展"心"引擎[J].中国金融电脑，2022（7）：89-90.

[2] 徐宏灿.南天信息：以科技助推金融行业持续发展[J].中国金融电脑，2021（9）：89-90.

第一节 组织管理的数智化蜕变

随着信息技术的不断发展，组织管理正经历着数智化蜕变。企业利用先进的技术及工具处理和分析数据，实现了资源的高效利用和业务流程的优化，提高了生产力和竞争力。同时，数智化管理也使企业能够及时、准确地了解市场和客户需求，为企业的战略决策提供更精准的支持。

一、组织管理的数智化场景

1. 组织管理实现数智化的原因

在数智化时代，企业组织管理面临的变化主要有三个，如图1-1所示。

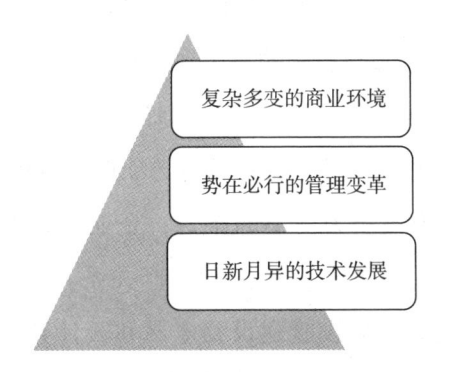

图1-1 企业组织管理面临的三个变化

（1）复杂多变的商业环境。目前，用户需求日益多元化、个性化，并且逐步转向体验感的获取，用户对全天候实时在线，以及对新兴事物的接受程度越来越高，若企业能够提升对于用户需求变化的敏锐度，并以较好地满足用户的实时需求，则能进一步提升企业在数智化时代的核心竞争力。

在组织管理过程中，竞争格局是一个需要关注的重要方面。如今，企业之间的竞争关系不再是非此即彼的对抗，而是更多呈现出生态竞合的关系。企业不再是单打独斗，而是要与产业上下游中的跨领域生态伙伴进行协同共生（吕乐娣等，2022）。

产业环境也是一个关键因素，历经高速发展后，当前的首要目标是高质量发展，产业升级趋势也将从劳动密集型逐渐转变为技术密集型。

（2）势在必行的管理变革。随着"90后""00后"逐渐步入职场，组织管理模式和商业模式创新也在不断变化，这些年青人具有更加个性化和自主性的特点，追求平等、开放的工作环境，注重企业的社会责任和环保意识。这些特点将对组织管理模式、组织架构及商业模式等带来较大的影响。

（3）日新月异的技术发展。驱动底层发生变化的根本在于技术的创新。技术框架方面：云原生数智化架构、云边端一体化。技术开发方面：开源、低代码开放。技术应用方面：协同+数据驱动、智能决策以及数智化基础设施。随着技术的发展，将会产生更多的新型商业模式，这些方面帮助组织培养适应内外部环境变化的能力，并在此变化中进行自我革新和升级。

2. 驱动组织管理升级与重构的三大动力

阿里研究院曾预测组织管理的数智化趋势，其中，驱动组织管理升级与重构的三大动力（见图1-2）正在从可选项逐步转化为关键的必选项。

首先，随着数智化变革力的不断推进，企业通过升级技术架构和提供更多的公共基础服务，重塑了生产力和生产关系。随着时间的推移，公众目睹了从铁路、公路、基础设施建设到电网和云计算等技术的不断迭代升级。一方面，这种技术的升级为企业提供了更加弹性和敏捷的技术支持，

```
○—  数智化变革力
○—  数智化技术的进化力
○—  数智化内驱力
```

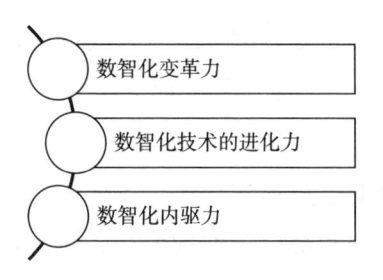

图 1-2　驱动组织管理升级与重构的三大动力

使企业能够适应快速变化的市场需求,并且在这些变化中获得优势;另一方面,数据与传统的生产要素形成了叠加效应,推动数智化时代的生产力和生产关系发生了更加直观的转变。企业可以利用数据实现更有效的生产和运营,同时数据也成为新的财富和价值创造的重要源泉。

其次,数智化技术的进化力是推动组织创新和升级的关键因素之一。随着数智化技术的广泛应用,组织可以快速响应用户和市场变化,实现更加开放、实时的沟通(云雄和鲍斌,2022)。除了在组织内部实现协同,数智化技术还能促进生态系统和产业上下游企业之间的协同,因为数据、算力和算法的综合应用,使组织更加精细地运营业务,从而支持组织更加灵活地做出决策。

最后,数智化内驱力是指组织通过内部管理实现数智化转型的能力,这种能力不仅涵盖掌控数智化力量以及推动技术转型,还包括通过组织管理变革,将数智技术转化为组织的竞争优势,从而实现数智能力向组织能力的转化。

3. 组织管理的数智化发展蓝图

数智化组织管理是针对未来发展的一种理想的规划和设想,通过利用数据、算力和算法等技术手段加强组织的能力,旨在实现共同的用户价值。这种新型组织模式是依靠成员的自驱力和创造力,带动组织不断发展和进步,并快速、灵活地响应内外部环境的变化,从而实现业务和组织的网络协同机制。其特征主要体现在以下六个方面:

（1）将用户体验作为中心，所有组织管理都应以为用户创造独特价值为出发点，同时企业的业务、生产和管理也应围绕这一目标展开。

（2）企业的数智化平台和工具可以让员工具备更强的能力，使组织的结构更加灵活。与传统的组织形式相比，数智化平台和工具能够让员工更加高效地协作，打破管理和部门之间的壁垒，实现快速的沟通、协调和信息交换，帮助企业及时获取市场需求，进行部门调整和优化，从而快速响应市场的变化，实现组织的敏捷性。

（3）数智化的生产工具，为企业员工提供更多创新的机会，提高员工的工作积极性和自主性，让员工能够更轻松地处理重复性、单调性的工作，专注于更有意义和高附加值的工作。

（4）在未来的组织管理中，共治共生的文化价值将更加值得注意，员工、领导和合作伙伴将在共创、共享和共治的文化氛围中合作，实现协同的价值创造。

（5）更加灵活的网络组织形态，实现去中心化的机制流程协同。

（6）数据智能是驱动智能化决策的重要机制，使企业更加科学和高效地进行决策。在实现数智化转型的过程中，企业需要敏锐地感知和捕捉外部变化，包括用户需求、竞争情况、技术进展以及管理模式等方面的变化。为此，企业不仅要制定明确的战略定位，引领数智化转型的方向，并制定相应的计划和目标，还需要对其业务体系进行数智化的重构升级，包括对现有业务进行深度剖析和优化，以及借助云计算和中台架构等技术手段，支持企业的战略业务和框架构建（Ralf Wandmacher et al.，2022）。

●专栏 1-1●

地平线：智能驾驶"中国芯"

一、企业简介

北京地平线信息技术有限公司（以下简称地平线）创立于 2015 年

7月，公司在业界内以其高水平的边缘人工智能芯片研发技术和领先同行业水平的AI算法与芯片研发方面而闻名。为了更好地推进组织管理数智化，地平线将"赋能机器，让人类生活更安全、更美好"作为使命，为汽车产业发展注入动力，助力人工智能"中国芯"方案的打造。

二、数智化发展模式

1. 组织管理下的供应模式

芯片开发公司的发展不仅受到技术、生态和资本等因素的影响，同时也要探索如何在组织管理的数智化场景下实现创新发展。作为国内第一家实现智能芯片前装量产的汽车企业，地平线在发展过程中不断地拓展业务范围和服务模式，摆脱了向车企供应单一芯片的困境。地平线还推出了"芯片+配套方案"的软硬结合模式，为智能驾驶技术提供完整的解决方案。随着智能化技术不断更新，地平线致力于打造智能化生态产业链，为组织管理带来新的发展机遇。

2. 组织管理的数智化场景应用

就AI行业而言，商业模式的转化是其发展的瓶颈，需要更好地应用组织管理的数智化场景。AI行业企业曾历经一段野蛮生长时期，使一些企业举步维艰，而此时的地平线势头强劲，凭借机器赋能与管理平台搭建技术实力崭露头角，催生出了"On the Horizon"生态型管理模式，将与时俱进的AI芯片产品融入智能驾驶、边缘计算的发展进程，并通过组织管理的数智化场景，不断提升管理效能。在算力下沉的趋势下，地平线采取了异于同行业的算法模型，明确了符合自身发展的软件方向，将网络结构进行了强化型拓展，即开辟了属于自己的自动驾驶芯片、边缘计算芯片发展道路，实现了组织管理效能的提升。

3. 开放合作共赢的管理模式

地平线在智能汽车领域展现出了强大的组织管理能力，拥有豪华的"朋友圈"，与全球业界内顶级的供应商［包括一级供应商（Tier1）和原始设备制造商（OEM）]往来合作紧密。地平线还与多家主机厂展开深层次合作，致力于高质高效建设、开放合作共赢的智能汽车"芯生态"。此外，地平线还协同韩国电信运营商巨头SK电信，整合双方资源更新了高清地图的开发方案，并用ADAS设备对地平线征程芯片进行规模化量产，同时也聚焦于L4级别及以上的自动驾驶相关的系统研发，进军全球市场。在这一过程中，地平线始终坚持开放合作共赢的管理模式，能够为车企提供专属的开发支持，同时还联合Tier1进行了计算平台的搭建。这种开放合作共赢的组织管理模式，也是地平线受到上述企业青睐的原因之一，配合其高算力芯片的研发技术、低功耗下系统级的可靠性和低成本等优势，地平线在自动驾驶领域的雄心得到了有力的支撑。

4. "芯片+算法+工具链+开发"综合管理平台

众所周知，芯片和操作系统的研发是智能驾驶发展的必要条件。地平线作为一家技术先进的企业，正在发挥其核心效能——"芯片+算法+工具链+开发"综合管理平台的作用，通过组织管理的优化和数智化的手段，极大地提高智能服务水平。与此同时，地平线将AI芯片、工具链和可利用的所有资源对外开放，为其客户和合作伙伴提供产品传输与构建的媒介，充分尊重差异化的存在，提升市场竞争力。地平线还采取技术支持手段帮助其他车企提升芯片的研发能力，让差异化竞争力在市场中充分发挥作用，加快汽车芯片的研发速度，同时缩减研发成本，进一步推动汽车产业数智化升级和组织管理现代化。

参考文献

[1] 魏岚. 地平线加速智能驾驶普及[J]. 智能网联汽车，2022（5）：48-50.

[2] 吕鹏. 地平线：以大算力AI芯片构建中央计算平台，加速整车智能时代到来[J]. 电子产品世界，2022，29（8）：5, 67.

二、组织管理的概念与特征

1. 组织管理的概念

企业组织管理是为了在有限资源的情况下实现共同目标而建立健全的管理机构和制度的总称,以最高效率实现组织的目标。这就要求企业按照一定的规则和程序构建一种责权结构,合理地配置人员,并制定适当的规章制度和人事安排。

组织管理理论的发展经历了三个阶段,如图 1-3 所示。

图 1-3 组织管理理论的三个发展阶段

(1)古典管理。古典管理理论是建立在"经济人"理论之上的,其核心点在于人们工作的目的是经济利益最大化,满足自己的基本需求。旨在提高组织的生产效率,实现员工的经济利益。因此,需要建立一套标准化的原则指导和控制组织及其成员的活动,以确保整个组织的正常运转(高铭铄,2017)。

(2)行为科学管理。20 世纪 20 年代初,行为科学管理理论开始产生。该理论认为,人是"社会人",需要满足多种需求。为了提高组织的效率,理论强调建立良好的人际关系。这一阶段的理论重点是研究组织中的非正式组织关系、人际关系、个性和需求等方面,以更好地理解组织内部的人类行为,并制定管理策略,提高组织的绩效。

(3) 现代组织管理。现代组织管理理论结合了古典管理和行为科学管理理论的精华，受到了现代系统论的影响，得到了现阶段的新进展。现代组织管理理论强调了组织内各个部分的协调性和相互作用的重要性，认为组织的各个方面都是彼此互相影响和关联的。

2. 组织管理的特征

（1）二重性：职能属性特征。组织管理的二重性能够有效区分其他职能行为。组织管理不仅是职能性的社会职业劳动行为，也是具有特定价值属性的行为，这些特征既是所有社会组织的共同属性，也体现了不同社会组织的权益性质。因此，组织管理的职能不仅要实现组织的目标并提高效率，还要体现组织的价值和权益。

（2）整合性：职能内容特征。组织管理的整合性是指将各种资源集中起来，通过合理地分配和规划达到整合的状态。该职能涉及各个环节和系统的劳动要素，需要将这些要素有机地统一起来，并集成到组织管理目标之上。

（3）智能性：职能形式特征。组织管理的职能形式必须具备智能性，而创造性和智能性形式的应用有助于整合劳动过程和资源所产生的效能，实现更高的价值和质量水平。这种职能的发挥，不仅能够使组织达成数量上的目标，而且能够使其价值升级，从而实现更有价值的管理目标（胡斌和刘作仪，2018）。

（4）组织性：职能条件特征。组织性是组织管理的必要条件之一，主要体现在两个方面：首先，组织是组织管理的客观基础；其次，组织是组织管理的重要工作条件，因为单靠分散的个人行为难以实现整个组织的管理目标，所以组织管理只能通过结构化的管理组织体系来进行，这是组织管理行为的基本条件。

（5）分层性：职能结构特征。在组织中，管理职能与其他职能工作有很大的区别，其中一个显著的特点是其分层性结构。在通常情况下，其他职能工作根据专业要求形成相对统一的层级结构，而管理工作需要贯穿整个组织运营的各个系统和环节。为此，组织管理必须将各个系统、环节的管理工作分为不同的职能层次，该分层结构有助于确保组织的决策和操作在不同层次之间进行协调，以便达到组织的整体目标。

三、组织管理应用模型

在商业社会进入数字经济时代的背景下，关于组织管理的理论正在逐渐成熟，五力模型（见图1-4）是组织管理理论中的经典应用模型，是帮助企业打造数字化组织能力、全方位实施数字化转型战略的工具。五力模型可以使组织管理更灵活、更高效，赋予企业更强的适应能力和变革能力，同时也可以帮助企业的各类人才获得更大的发展空间。总之，五力模型是数智时代全面提升企业组织管理效能的有效工具。

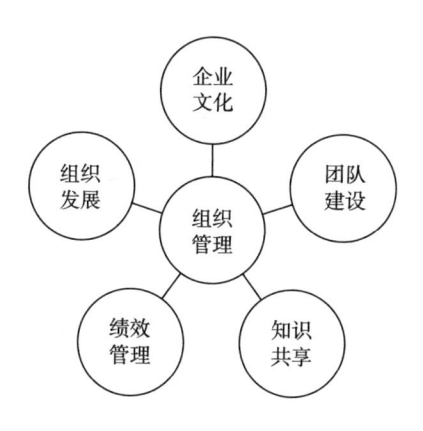

图1-4　组织管理的五力模型

1. 模型的核心要素

（1）企业文化。企业文化是企业的核心价值观和行为规范，反映了企业的使命、愿景和核心价值观，是企业的灵魂。企业文化对员工的工作态度、行为和价值观具有决定性影响。

（2）团队建设。团队建设是保障企业各部分良好运行的重要关键。在数智化时代下，企业需要更快地适应内外部快速变化的环境，团队建设需要与时俱进，不断适应新技术、新工作方式和新环境，以实现高绩效的目标。

（3）知识共享。知识共享是指在开放的、学习型和共享的企业文化下，进行多层面、多方位的交流和互动。扁平的组织架构、团队绩效考核等因素有助于促进组织的知识共享。知识共享可以促进企业内部人员之间的协作和创新，提高组织的竞争力。

（4）绩效管理。数智化时代的绩效管理可以借助数字化智能信息系统，对员工所有维度的工作内容进行精确化和精细化的分析评估，并及时反馈给员工，以帮助员工持续改善自身的行为和绩效，实现自我价值，从而提高组织的绩效水平（Bizzi Lorenzo，2023）。

（5）组织发展。组织发展是持续更新的，通过对组织结构、运营流程、战略规划和组织文化等多方面进行融会贯通，使其更好地协同工作，促进组织的整体发展。

在数智时代，企业的组织管理结构变得更加柔性化，更易于资源、信息的传递和扩散，促进各项工作顺利展开和完成，使企业的整体功能愈加强大，远大于各个组成部分的功能之和。

2. 组织管理的应用模型剖析

（1）模型理念：构建人才发展能力。现代企业的竞争已经逐渐从产品和服务向人才领域转变，因此企业需要采取行动，不仅要寻找到合适的人才，更要在员工入职后积极促进其技能和综合实力的成长。如果能从互相投资、共同发展的角度考虑，那么企业除了履行员工技能培训等基本职责，还能更好地发挥其潜力，并且对组织管理的成功和发展也有促进作用。

适应数智时代的发展，不被生态系统所淘汰，并借助技术创新和模式创新对自身进行升级，日益成为数智时代至关重要的企业竞争优势，而这种竞争优势的奠基石是企业在新形势下的人才发展能力（于澍江，2022）。因此，五力模型的核心理念也是致力于构建数智时代更为灵活高效的人才发展能力。

（2）模型目标：促进企业与个体共赢。数智时代并不是组织雇用员工，而是员工使用企业的基础设施和公共服务实现自己的理想。目前，新生代员工更注重个体的独立性和工作带来的意义，工作动机从物质等外部驱动力转向实现自我等内部驱动力。同时，技术的发展也大大降低了自由职业者的门槛，从而使专业型自由职业者的人数激增。

企业的管理者需要从传统的管理、监督、控制和激励逐渐转移到为个体提供创新的环境和工作，并成就个体的目标。企业与个体之间相互投资，建立高度信任，打造平等、互利和可持续的合伙人关系。个体的成长与企业的发展互为依托，企业的发展要依靠个体的成长实现，个体的成长要依靠企业搭建的平台，有赖于企业组织管理的成功。综上所述，企业与个体只有共同发展和成长，才能实现共赢（齐洁，2023）。

（3）模型功效：实现组织管理战略目标。无论是员工导向还是人才发展，五力模型的整体目标始终向推进组织管理战略目标的实现和可持续发展。因此，企业的首要任务是根据战略调整或改进相关的组织管理要素，为企业培育合适的人才。总的来说，五力模型可以被视为在员工导向下实施的一系列配合行动，最终实现组织管理战略目标的工具。

上述的组织管理要素，在数智时代具有了全新的工具、实践、特点或流程。在这个不断调整的过程中，企业将更具灵活性和适应性，具有与外部环境更好的连接性，并能在与人才及各利益相关方的协作与合作中获得共赢，最终实现组织管理的目标。

第二节　组织管理构建

成功的组织管理需要实现组织协同、资源协同、决策协同和创新协同，这四个协同是企业顺利运营必需的关键要素。通过构建四个协同，企业能够更好地实现内部流程协调，提高决策质量和创新能力，提升竞争力，从而更好地理解和应用组织管理构建的理念。

一、组织协同

组织协同又称组织内部协同,是指一个组织内的各个部门和人员都要朝着有利于完成本单位以及整个组织目标的方向共同努力。

1. 组织协同的模式

在组织演变过程中,随着组织规模的逐渐扩大,对管理成熟度的需求将越来越强烈,在组织协同的道路上,根据组织发展的周期,能够将组织协同总结为三种经典模式,如图1-5所示。

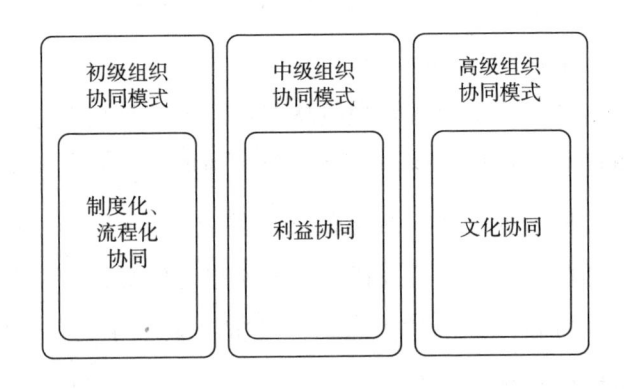

图1-5 组织协同的三种经典模式

(1)初级组织协同模式:制度化、流程化协同。这个阶段的协同,与授权管理相伴相生,组织成员的协同效果往往只能体现在企业的制度和流程的层面,因为每位员工都必须遵从组织的管理制度和流程,当制度和流程没有约定的事务出现了异常以后,且这个异常或将成为组织的一个灰色地带,那么集体意识强的员工会削弱这个灰色地带的宽度,但个人意识强的员工将使这个灰色地带越发严密。所以制度化和流程化仍需继续推行,否则组织管理将无章可循,完全靠约定进行管理也不现实。作为标准,不论是口头约定还是成文的内控管理标准,都可以作为组织标准化内容的一部分。

（2）中级组织协同模式：利益协同。这个阶段的协同，与内部沟通协调结果息息相关，组织成员的协同效果，是基于利益绑定层面。例如，在某些组织内部，实施关键绩效指标（Key Performance Indicator，KPI）等绩效考核方案，试图把各个部门和各个层级的管理人员利益进行绑定。但是，组织不同绑定的方式也不同，这就出现了各个组织的管理成熟度截然不同的现象。以 KPI 为例，每个部门的指标不同，制造部门的 KPI 指标和工程部门的 KPI 指标毫不相关或各自影响程度有限。另外，有很多优秀的企业在利益协同提倡以奋斗者为本，给予奋斗者相应的业绩回报，绩效是一个很好的杠杆工具，运用得越好对企业的贡献越大。在这个阶段，有些企业依靠长期协调机制运作，在组织内部建立了正向的情感账户推动组织变革，但是随着员工流动，长期动态博弈的结果若要维持下去，沟通成本将会很高。

（3）高级组织协同模式：文化协同。以组织的制度和利益协同为基础，上升到文化层面的协同，每个组织成员对工作伙伴形成了一个情感账户，这个情感账户是积极的，营造了互帮互助、团队合作的氛围，表现出的实际行动也是积极的、正向的，从而形成良性循环，这个阶段的企业管理迈上了一个较高的台阶。

2. 组织协同的动因

（1）组织协同的客观动因。组织的成长和生命周期理论揭示了组织协同的必然性，但何时、如何进行组织协同还受到其他因素的影响，例如企业管理层发生改变，通常会引入新的经营理念，间接导致组织发生改变；同时，产业环境的变迁也是重要的因素，如市场、资源、技术和其他环境因素的变化，都会促使企业间相互合作，以更好地适应和利用环境的变化。

（2）组织协同的主观动因。组织协同的实现不仅需要客观条件和主观条件的支持，还需要经历一定的时间和过程。一般来说，实现组织协同要从管理层开始，管理层要明确推动组织协同的重要性和必要性，并为此做出积极的努力。然而，如果企业的管理层认为组织协同会对其产生实质的或心理上的威胁，则可能会拒绝推动协同。

组织在蓄积协同动力的过程中，需要不断地调整和改进组织结构、流程和文化，以适应不断变化的经营环境和市场需求（王振宇和李大硕，2023）。

二、资源协同

资源协同是一种企业利用信息化技术，以创造共享的空间和资源为手段，促进员工知识增长、技能提升和企业发展的协同方式。通过资源协同，企业可以在很大程度上节约员工培训和技术改造等产生的成本，节省研发费用，从而加快新产品开发的进程，提高企业的凝聚力和综合竞争力。这种协同方式通过共享资源和知识、促进不同部门之间的沟通和合作来帮助企业整合内部资源和外部信息，进而更高效地利用有形资产和无形资产。

1. 资源协同的解析

狭义上的资源协同是指多个用户共用计算机系统中的硬件和软件资源，在网络系统中，终端用户可以协同的资源主要包括处理机时间、共享空间、各种软设备和数据资源等，但由于信息技术的发展，资源协同不再局限于虚拟的电脑数字资源，实现实体物品的协同成为可能（郝源晖等，2022）。

如今，广义上的资源协同已经涵盖了生活中各个方面的资源，也作为常用语使用，本质上是资源的高效利用，实现物尽其用。随着信息时代的到来，资源协同被重新讨论，快速发展成熟的共享单车、共享充电宝等将资源协同的概念带入市场，使其他行业一系列的资源协同发展。从另一个角度来看，传统意义上的资源协同较多地应用在虚拟资源方面，如网络程序系统、网络电子书、文献资料以及智力成果等，而如今以数字化技术为支撑的实体资源协同也正处于蓬勃发展中。本节应用的资源协同概念，则指企业在不同地区之间或不同企业之间通过对已有资源的相互分享而提高资源利用率、节约制造周期以提高生产效率的行为。

资源协同下的共享经济，是指企业之间为了降低成本、增加利润而进行的资源共享和协同。在这种模式下，参与共享的双方或多方都可以从中获得利益。对外的资源协同通常采用战略联盟的合作方式，旨在实现合作双方的利益最大化。这种合作可以涉及生产、采购、销售、研发等多个领域，通过资源协同，企业可获得更多的市场份额、更高的效率、更多的收益，并在激烈的市场竞争中更具优势（董艳坤，2022）。

2. 资源协同的应用场景

如图 1-6 所示，资源协同的应用场景一般为以下六个。

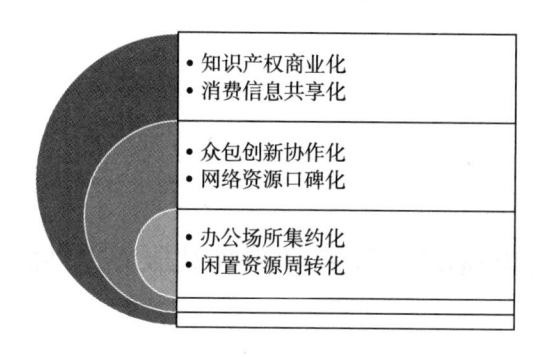

图 1-6　资源协同的六个应用场景

（1）知识产权商业化。提供知识产权全产业链服务和整体解决方案，帮助客户将知识产权进行共享，促进知识产权的商业化。

（2）消费信息共享化。给用户提供一个提高二手闲置物品周转效率和使用效率的赠送共享平台，协助用户更高效、便捷地处理居家闲置物品，使共享经济的价值得到充分体现。

（3）众包创新协作化。为人才共享提供平台，服务范围涵盖创意设计、网络服务、文案策划等行业领域。

（4）网络资源口碑化。采用聚焦线下的扩张型生态模式，更多的网络系统商和服务商参与进来，共同为线下商家打造口碑价值。

（5）办公场所集约化。以企业服务为切入点，提供办公空间运营，采用会员制，为企业会员和个人会员提供线上增值服务。

（6）闲置资源周转化。提供闲置资源，帮助用户提高闲置资源的周转和利用效率，实现资源的共享和协同。

3. 区块链背景下的资源协同

区块链背景下的资源协同是高信任度、高效率的协同，是不同于单纯的、只有共享理念存在的协同。区块链技术能够在企业数字化转型的进程中实现企业的资源共享与协同，具体表现为信任度和协同效率的提高。同时，区块链技术指引下的资源协同，能够发挥去中心化、提高透明度的作用，极大地促进资源协同环境的改善，是推进企业进行资源协同的可行路径。

●专栏 1-2●

启明信息：汽车 IT 数字化服务提供商

一、企业简介

启明信息技术股份有限公司（以下简称启明信息）成立于 2000 年，一直致力于通过资源协同的方式提升其产品的研发和生产能力，并为客户提供更加高效、便捷的数字化服务，是国内领先的数字化服务提供商与网联产品研发、生产、运营商。

二、数智化方案

1. 智慧企业管理方案

为打造智慧企业管理方案，启明信息积极推动资源协同，在汽车行业等大型企业集团中推出了一套适用的企业信息管理系统。这套系统的研发原型以整车及零部件制造企业为基础，通过采用先进的管理思想和优势技术来实现组织管理的构建，具备完全的自主知识产权。该系统高度融合了先进的企业管理思想、管理方法和信息技术，可以为企业提供全方位、多角度的管理服务。

（1）高效智能。智慧企业管理方案具有高效智能的特点，可以提供给用户全新的使用体验。采用角色化、轻量化、场景化、移动化以及智能化应用等多种技术手段，通过利用大数据和AI技术，实时处理多主题、多模型数据，以数据驱动的方式实现科学管理决策。

（2）资源协同。该方案帮助企业全面整合组织、生产、运营的要素资源，全视角展示资源运行图，打造高效协同、智慧协同管理环境，从而赋能员工，激活组织，实现敏捷创新。

2. 智慧供应链

（1）运输管理中的资源协同。启明信息致力于汽车物流行业，利用资源协同的优势，为生产制造企业提供自动化和智能化的运输管理服务，在汽车生产制造过程中的产前零部件物流、产后整车物流以及备品物流方面积累了许多成功实践。通过全业务链条的智能化、可视化协同管理，助力企业降低成本、提高效率。

（2）仓储管理中的资源协同。为给客户提供更加高效、便捷的仓储管理解决方案，启明信息通过资源协同，不断提升其仓储管理系统的智能化水平，实现对仓库内各个流程的有效管理，提高仓库内作业的效率。此外，系统API与制造资源计划系统进行对接，将数据传递给系统业务中台，实现数据集成。这种方式满足了仓配一体化的需求，为客户打造了一个完整的供应链体系。

（3）供应商关系管理中的资源协同。从科学管理的角度，启明信息注重采购管理模型的科学性，致力于推动从事务导向型采购向战略主导型采购的转型。通过资源协同，启明信息能够实现对供应商全生命周期的管理，并在采购过程中积累规模优势、成本和知识方面的数据，为制定战略采购规划、提高采购效率并降低成本提供可靠的数据支持。

3. 智能制造

启明信息设计了一套针对制造企业车间执行层的生产信息化管理系统。

该系统利用高水平的资源协同，通过多年在汽车行业的成功实践，对从生产计划下达到产品完成的全过程进行了优化管理，将人、机、料、法、环等要素融入生产过程，秉承精益生产的理念，为企业提供作业计划管理和生产过程管控的一体化组织管理方案。

该组织管理方案能够帮助企业提高生产效率、产品质量和订单交付率。同时，还能够降低库存和成本，最大限度地实现资源协同。

（1）实现精益化生产。为了实现精益化生产，需要对每个工段和每个工序进行管理结构的细化、优化设置。并通过资源协同，实现对生产作业和生产资源的精益管控，不断提高生产效率和产品质量。

（2）管理可追溯的产品。通过对产品及资源进行唯一性标识的跟踪与整合，实现对产品、资源等生产信息的追溯。这种方法也可以用于维修、召回等业务管理，保证产品的质量和安全性。

（3）全程质量管控。实现全程质量管控，需要快速录入缺陷，进行目视化跟踪，并在销项确认和措施整改的推动下，最终实现以预防为主的闭环全过程质量管理，形成独有的组织管理结构。这样的方法可以提高产品质量，降低生产成本，提升客户满意度。

参考文献

[1]"一启"数字化 三一重工&启明信息大修厂EP项目启动会顺利召开[J]. 建筑机械, 2021（6）: 31.

[2] 查天舒, 赵红, 高荣明. 科技企业股权结构对企业经营绩效的影响[J]. 农村经济与科技, 2020, 31（12）: 113-115.

三、决策协同

目前，数据资源逐渐成为企业进行战略决策的重要依据，重视并充分挖掘数据资源的价值，更好地对其进行经营和管理，从而实现最优化的决策协同。

1. 决策协同面临的挑战

如图 1-7 所示，决策协同一般面临四个挑战。

图 1-7 决策协同面临的四个挑战

（1）企业决策协同所面对的环境变化。企业利用大数据、云计算等新一代信息技术得到海量的数据，其决策信息、决策方案等更加丰富，同时也降低了决策协同难度。然而由于所获得的各类数据随时都在发生变化，使企业在管理上、技术上面临着更加复杂的挑战，企业需要与时俱进地优化，以适应快速变化的环境。

（2）企业辨别决策信息的难度加大。在数智化时代下，传统意义上的数据处理系统已经无法满足数据快速增长的要求。因此，为保障企业稳定、健康发展，拥抱技术革新，实施精准的决策协同就变得越发不可替代。为了适应快速变化的市场，融入数字技术更替浪潮，企业要对数据进行整理、分析、更新等，同时也要构建一个既稳定又高效的管理决策系统，从而深入挖掘数据中蕴含的商业价值，并据此制定出科学、全面、适应发展需求的决策协同方案（郭守亭和王芳，2019）。

（3）企业决策程序存在滞后性。传统企业的决策程序比较繁杂，往往耗时在信息的收集、整理以及方案的筛选、评估上，导致企业决策滞后，错失良机。在数智化背景下，企业需要简化决策程序，做到先发制人，并且迅速开展决策协同工作，占据市场优势地位。

（4）企业决策主体多元化。在数智化时代下，企业决策协同的开展对技术、知识能力的要求越来越高，数据规模也不断增大，仅靠企业内部管理人员难以达到这一要求，外部的学者、专家、技术人员等纷纷加入，企业决策主体多元化趋势日渐明显。因此，企业要建立协同决策管理系统，有效收集与整理各类数据，提高决策服务的有效性。

2. 决策协同的优势

以往的企业决策大多依赖决策者的经验积累，决策者工作时间越长，对行业、业务和客户的了解就越深，也就越能帮助其做出更合适的决策。因此，企业会给予决策者更高的薪酬和权力，使其在管理岗位上做出相应的判断和选择，但是在数智化时代下，直觉经验式决策将逐步被数据化协同决策所取代。

业务协同决策的基础是将人为的主观经验判断和业务经验转变为客观的数据分析、数据预测和数据决策，也就是说，谁能掌握更多的数据基础，通过对数据的梳理、分析和判断，从数据中获得决策基础，再根据数据系统做出协同决策，谁就能掌握未来更广阔的业务发展空间，通过数据分析，帮助一线业务岗位、管理岗位、企业高层等职能岗位从运营、区域、人群三个维度做出业务决策（Manish Gupta et al.，2022）。

在数字化背景下，决策协同的三个优势如图1-8所示。

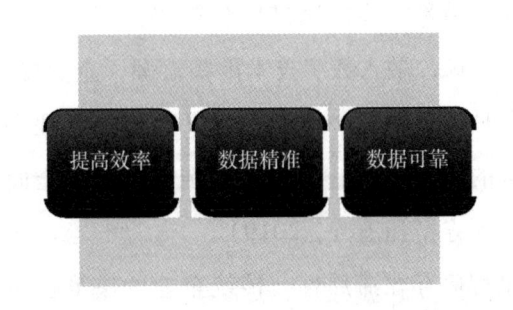

图1-8 决策协同的三个优势

（1）提高效率。效率是第一生产力，在速度的加持下，决策协同将极大地帮助企业提高整体效率。数字化是在系统中实时生成所有数据，如可及时发现异常数据或错误报告。

（2）数据精准。手工操作最大的缺点是容易造成错误、遗漏，且难以避免，但改为数字化操作后，手工填写表格变为数字记录，所有行为都可以记录和追溯，整个过程透明，一步到位。

（3）数据可靠。一套数据算法被赋予系统数字分析能力后，便为企业提供了可靠的判断依据。如果外部条件发生变化，则可通过改变操作规则的方式调整决策流程。

四、创新协同

1. 创新协同的概念

创新协同是一个以实现重大科技创新为目标的组织创新模式，其核心在于以知识增值为驱动。该模式涉及多个参与方，包括企业、政府、知识生产机构、中介机构和最终用户。通过整合参与方的资源和专业知识，创新协同能够打破创新的局限性，促进创新的大跨度发展。

为了加快技术融合和扩散的速度，促进不同领域、行业和创新链环节之间的合作，需要调动各种创新主体的积极性和创造力，从而有效地实施跨学科、部门、行业的深度合作和开放创新。在这种背景下，创新协同成为整合各种创新要素和资源并在系统内无障碍流动的重要手段（包梦蛟等，2023）。

2. 创新协同的意义

创新协同是一种新型的组织模式，可提高创新型企业的自主创新能力。在当今数字经济全球化环境下，技术创新的复杂性和速度持续增加。通过打破区域和国别的界限，企业能够找准着力点，实现地区性和全球性的创新协同，这是发达国家企业创新发展实践中最重要的成功经验之一，这种跨界合作构建了庞大的创新网络，使创新要素得到了最大限度的整合。

目前，在国内各行业中，创新协同已成为一种新型创新模式，吸引着众多企业竞相探索。近年来，企业在不断推进原始创新、集成创新、引进消化吸收再创新的同时，创新协同模式也开始了新一轮的探索，其目的是在接下来的创新竞赛中抢先一步，争取创新优势。

3. 创新协同的运行与发展

要想有效地执行创新协同，就需要建立创新协同平台，这可从以下两个方面进行宏观布局。

一方面，为了搭建创新协同平台，要采用面向科技重大专项或重大工程的组织管理实施方式。通过上述部署，瞄准目标产品和工程，集成各类科技资源，实现各类承担主体的联合，建立一套支撑组织管理的实施机制，以促进这些平台的建设和推广。

另一方面，要面向产业技术创新，构建一个综合性的创新平台，支持产业技术的研发和产业化，以加快科技成果的转化（王秀丽等，2022）。特别要建立针对战略性新兴产业的创新协同平台，依靠重大高新技术推动新兴产业的发展，形成符合发展趋势的主导产业。该平台需要具有协调创新组织的能力，推动战略性新兴产业的产生和崛起，形成具有国际竞争力的主导产业，从而带动整个产业结构开启新一轮的调整。

除此之外，还需要制定有力的政策与保障措施，从而支持和发展创新协同平台。

建立创新协同平台，要打通财政投入渠道，使该平台具有产业技术综合竞争实力，从而使具有较大产业化价值的研发组织得到更加稳定的支持。在保障其投入基础的同时，还需要吸引社会资金参与创新协同平台的建设与发展，开拓创新国家与地方、企业联合共建的机制。因此，可以探索多种支持方式和渠道，如稳定支持与项目支持相结合，财政资金投入与企业、社会资金投入相结合等。

同时，为加强基础研究、高技术前沿研究领域与产业创新的国际竞争力，需要提高人才发展规划和工程的衔接工作的主动性。以全球化视野会聚全球范围内的人才参与科技创新，共同推动科技创新的发展，提升国家的科技创新能力。

第三节 组织管理路径

组织管理是企业成功的关键，其路径涉及多个方面。例如，战略规划是组织管理的基础，指导企业长远发展；组织结构的优化可以促进各个部门之间的协调和高效运作；组织氛围关乎员工的工作态度和企业文化建设；组织人才的培养和管理能够为企业未来的发展提供持续动力。在组织管理路径中，这四个方面的达成，能够为企业管理者提供指引和启示，激发企业的发展潜能。

一、战略规划

企业对战略规划要有一个清晰的认识，不仅要正确理解其基础概念与特征，还要准确把握战略规划的执行措施与制定方式。

1. 战略规划的概念

战略规划是一项正式的过程和仪式，其目的在于制定组织的长期发展目标，并且顺利地将其付诸实施。

制定战略规划分为三个阶段：①确定目标；②制定战略规划；③将战略规划形成文本，用于评估和审批。如图1-9所示。

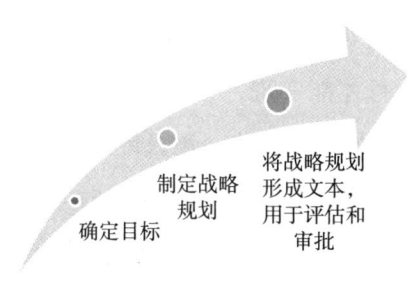

图1-9 制定战略规划的三个阶段

2. 战略规划的特征

有效的战略规划表现在两个方面：一是正确性，即战略是否与组织的资源和环境相匹配；二是适合性，即战略是否与组织的管理过程和活动相匹配。具体而言，一个有效的战略通常具有以下四个特点，如图 1-10 所示。

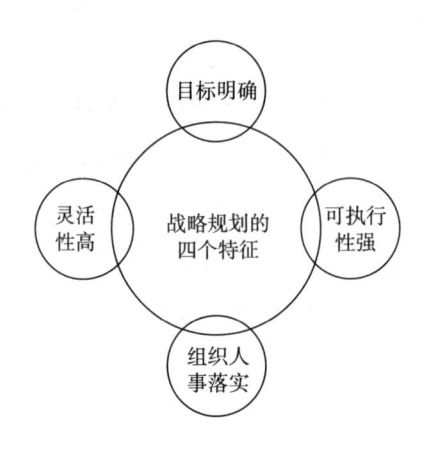

图 1-10 战略规划的四个特征

（1）目标明确。在制定战略规划时，目标必须清晰明确，包含能够激励和激发员工的内容并具有先进性，且经过不懈的努力均能够实现，同时描述目标的语言必须坚定而简练。

（2）可执行性强。优秀的战略规划具有通俗易懂、明确具体和可执行性强的特点，能够让各级领导清晰地理解战略，并付诸实施。

（3）组织人事落实。一般来说，制定战略规划的人往往也是执行战略规划的人。因此，战略规划要做到逐级落实，直到个人层面。良好的战略计划只有经过良好的执行才能实现，为此，高层领导制定的战略规划应当具备明确的方向，从而方便逐层细化、逐级传达。

（4）灵活性高。组织的目标也许不会随着时间的变化而变化，但组织活动范围和组织规划的形式却始终在因时而变。综合来说，现阶段制定的战略规划仅仅是一个临时性的文件，只适用于当前的企业发展状况。为适应变化的需要，应定期对规划进行校核和评审，以确保其灵活性。

3. 战略规划的执行措施

为有效执行战略规划，需要采取以下措施。

（1）进行全面的思想动员，让各级人员充分了解战略规划的重要性，调动所有干部投入规划实施过程的积极性。同时，管理层也需要体会到吸收外部人员融入战略规划的益处，从而将制定战略规划的初衷和目标通过实际方式传达给执行计划的人员（Keith Caleb and Hundley Stephen，2023）。对于大型企业的战略规划来说，要尽可能地符合企业文化，或者按照企业的运营习惯进行新内容的推广，并且规划一旦制定完成，应尽量避免轻易更改（黄旭光，2022）。

（2）将规划活动视为一个连续的过程，不断进行评价与控制。

（3）激励新的战略思想。

4. 战略规划的制定方式

制定战略规划的方式有五种，如图1-11所示。

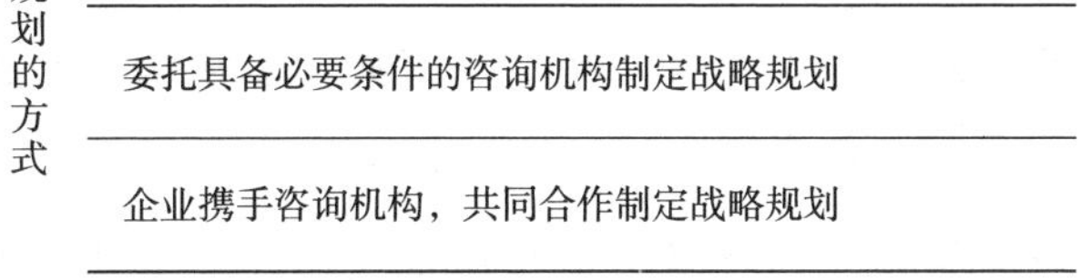

制定战略规划的方式	由领导层授意，自上而下进行逐级制定
	采取自下而上的顺序，以事业单位为核心进行制定
	由领导层建立规划部门，并由该部门负责制定战略规划
	委托具备必要条件的咨询机构制定战略规划
	企业携手咨询机构，共同合作制定战略规划

图1-11 制定战略规划的五种方式

在制定规划的过程中，通常结合使用以上五种方式。

● 专栏 1-3 ●

魔门塔：不可阻挡的"飞轮"

一、企业简介

北京魔门塔科技有限公司（以下简称魔门塔）作为一家新生代公司，其以数据为驱动，注重组织结构优化，采用"一个飞轮"模式进行技术试验，推行"两条腿"产品战略，不断优化战略规划，致力于研究开发自动驾驶解决方案。魔门塔拥有一整套自动驾驶软件和算法，是业内首屈一指的自动驾驶解决方案提供商。同时，魔门塔已获得多家汽车巨头的战略投资及合作，凭借其强大的组织管理数智化能力和规划实施能力，为未来的智能出行保驾护航，满足安全、便捷、高效的市场需求。

二、发展优势

1. 一个飞轮：产业发展滚滚向前

魔门塔在发展初期就确立了发展无人驾驶系统的战略规划，充分利用组织结构的优势，以数据驱动为核心，对算法进行不断的完善和升级，推动无人驾驶产品的落地。同时，魔门塔还积极打造先进且与时俱进的 AI 技术，以应对错综复杂的无数场景变化，从而为飞轮式 L4 可规模化无人驾驶的创新之路提供强大的技术支持。可以说，魔门塔在组织结构和战略规划上的稳健布局，为其在无人驾驶技术领域取得领先地位奠定了坚实的基础。

（1）第一个飞轮因子：数据驱动（Data-Driven）算法。相较于原来的人工驱动（Human-Driven）算法，Data-Driven 算法可规模化的适应性更强，具有因地制宜的特点，能够节约设计成本，促进可规模化的普及。魔门塔的全数据驱动能力之所以能够独树一帜，正是因为在智能化革新前进行了充分的战略规划，从而将感知、融合、预测和规控等模块有机地融合在一起，实现了整个智能化系统的协同作用，节约了设计成本，促进了可规模化的普及。

（2）第二个飞轮因子：海量数据。魔门塔采取量产合作的方式，以最低成本使庞大的数据回流，凭借庞大数据的支持，进一步分析无人驾驶模式，提出更加高效合理的无人驾驶解决方案。

2. 两条腿：自动驾驶新速度

魔门塔的"两条腿"战略规划是一个全面的自动驾驶解决方案，涵盖了自动驾驶的基础技术和高级别技术，这种综合性的战略规划需要一个强大的组织结构提供支持。魔门塔的组织结构在实施这一战略规划的过程中起着关键作用，包括高效的研发团队和紧密合作的业务合作伙伴关系，这些组成部分为魔门塔提供了实现这一战略规划的关键资源和能力。

左腿：利用L4技术赋能车辆，并通过业内领先的端口互联方式提供自动驾驶解决方案。这需要一个强大的研发团队推动技术的不断创新和提高。同时，魔门塔还与国际国内知名车企和Tier1建立深度合作，这样的合作伙伴关系可以为魔门塔提供更广泛的市场机会和资源。

右腿：旨在打造L4级别完全无人驾驶技术，需要紧密合作的团队实现技术的快速落地，并通过技术飞轮引领行业发展。魔门塔的人工智能技术可以创造未来智慧出行，挽救生命解放时间，并提高出行效率，展开可规模化的无人驾驶新篇章，这一目标的实现体现在魔门塔组织结构的密切合作上，包括研发人员、市场营销团队、合作伙伴等。

3. 企业文化：引领发展的灵魂

魔门塔作为一家注重员工培养和发展的企业，非常重视组织结构和文化价值的导向。在魔门塔中，不同部门之间保持着密切的合作和协调，共同致力于实现企业的目标。这种紧密的组织结构有助于提高企业的效率和生产力，同时也为员工提供了更多的职业发展机会。

与此同时，员工的培养和发展是企业最重要的任务之一。魔门塔提供了良好的职业发展平台和机会，鼓励员工在不同领域和职位上发挥其最大潜能。这种注重人才的战略规划，不仅有助于激发员工的积极性和创造性，而且能够提高员工的工作满意度和忠诚度，增强员工与企业之间的共同进步性。

参考文献

[1] 上汽与 Momenta 联手打造自动驾驶"中国方案"[J]. 新能源科技，2021（5）：7-8.

[2] 丰田与 Momenta 就自动化地图平台展开战略合作[J]. 传感器世界，2020，26（3）：40.

二、组织结构

战略规划指导企业管理，已经是现代管理学的共识。从战略规划出发，攻克企业管理实践的第一个关卡——组织结构变革。

那么，到底什么样的组织结构能够适应战略规划呢？总结来说有以下四点。

第一，要增强组织柔性，从组织层面有效地应对市场、环境变化；第二，要提高组织资源聚积能力，保障组织资源在企业发展过程中得到充分发挥；第三，要能够协调好组织中各单元之间的关系，如部门间、上下级间的关系，在明确自己权力和责任的基础上，员工才能更好地处理任务中遇到的问题；第四，要能够保证战略目标的最终实现，有效促进企业经营活动的开展。

将上述四点作为组织结构设计的目标，从企业内外环境和企业生命周期出发，以企业战略规划为落脚点，再盘点一下影响组织结构的因素。

1. 企业内外环境对组织结构的影响

企业内外部环境从宏观层面到微观层面可分为国内外宏观环境、产业环境和企业内部环境三个部分。企业内部环境可以算是微观环境，但其对企业的影响也是最直接的（凌大兵等，2023）。从战略角度分析企业内外部环境，通常能够分析企业发展环境的现状以及未来变化趋势，帮助企业避开可能的风险并利用可能的发展机会,但 VUCA,即易变性(volatility)、不确定性(uncertainty)、复杂性(complexity)和模糊性(ambiguity)的时代环境具有强烈的不确定性,因此组织结构要在不确定的环境下不断进行优化或变革。

那么,不确定条件下的组织结构应该如何做?企业可以采取以下四种措施应对:

(1)收集、整理和发布外部环境变化的有关信息,强化计划职能部门作用,对企业所处环境有充分的了解、预测和研判。

(2)加强企业与外界联系的职能,增加相应的职能部门和岗位,比如设置战略分析部、强化综合管理和协调职能等。

(3)深化外界对企业的认识,树立企业品牌形象,加强企业对外输出的能力,并在企业内部设置相关机构或岗位,使企业内外形成良好互动。

(4)降低环境突发变化对企业产生的打击和不良影响,增强组织结构的柔性和缓冲作用。

2. 企业生命周期对组织结构的影响

企业在成长过程中,不同的发展阶段呈现不同的组织特征,同时也存在不同的组织危机。20世纪70年代,首次出现了"企业生命周期"的概念,并把企业生命周期简化为初创、集合、规范和精细四个阶段,如图1-12所示。

初创阶段 ➡ 集合阶段 ➡ 规范阶段 ➡ 精细阶段

图 1-12 企业生命周期的四个阶段

在初创阶段,公司大多由部分技术人员或营销人员等某一主营业务相关的专业领域人员创立。此阶段创始人奉行技术导向和市场导向,企业管理并不是企业关注的重点,其组织结构不稳定,甚至没有明确的部门分工和岗位分工。这一阶段主要面临领导危机,解决办法在于创始人应学会当管理者或新聘请一名优秀管理者。

在集合阶段，企业基本形成稳定的组织架构，并能够按职能进行组织单元之间的划分，各岗位员工也有较明确的职责和分工，企业开始逐步建立管理制度体系。这一阶段各类决策权都向企业高层集中，中基层管理者往往并不被赋予自主权。在此情况下，企业需要进行有效的分权和授权，规范企业管理，让企业在控制和协调中保持平衡。

在规范阶段，企业的组织结构已经能够有效反映企业的分权和授权结果，高层主要从事战略、重大财务或人事事项的相关决策以及处理突发事项，中基层管理者对企业日常生产经营负责。这一阶段的组织结构建设重点在于规章制度体系的建立健全和执行落实。因此，企业在组织方面应该强调协作及团队协作观念，实行更具柔性和灵活的管理。

在精细阶段，企业通常发挥团队和小组单元开展群体活动的能动性，从而迅速解决各种问题，此时所采用的是矩阵化组织结构。在此阶段企业会加大力度鼓励二次创业创新，尽可能地压缩、削减公司总部的规模，将职能员工依次分派到各业务单元中，发挥咨询和支持作用。

3. 企业战略规划对组织结构的影响

企业的发展中心始终围绕在制定战略规划、实施战略规划、度量及评价战略规划方面。那么，该怎样评价企业战略规划的有效性呢？

一方面是战略正确性评估，正确的战略能使企业发展环境和组织资源实现良好匹配。这决定了组织结构必须适配战略，换言之，企业组织架构需要根据企业战略进行调整，以发挥对企业战略的支撑作用。战略是始终走在前面的，而组织结构的调整往往滞后，这也是战略规划与企业组织结构不能良好匹配的重要原因。

另一方面是战略的适用性或匹配性，即战略是否适用于该组织的管理过程。组织结构会影响战略，因为组织结构是企业内部各个业务单元、员工个体间相互联系的基本关系逻辑，能把目标、责任、信息、人员等组织要素，按照既定的序列组合起来，其组合方式和基本逻辑是否合理也将对企业战略实现有直接影响（Cesa Mark et al., 2022）。一般体现在对战略决策权的分配、战略决策所需信息的收集、战略实施过程中的监督、风控规则的确定、战略管控的信息支持等。

三、组织氛围

企业的组织管理方式会直接影响组织氛围的形成。所谓组织氛围，是指一种无形的现象，无法直接看到或摸到，能从精神层面影响员工的各个方面。

与制度相比，组织氛围更难以捉摸和掌控，但其对员工行为和态度的影响同样重要。一个积极、创新和具有归属感的组织氛围，可以吸引更多优秀的人才加入，并帮助企业或部门取得更好的业绩和成果。因此，领导和员工应该共同努力，通过积极的沟通和互动，营造一个积极健康的组织氛围。

1. 组织氛围的作用

一般而言，组织氛围的作用有两个，如图 1-13 所示。

图 1-13　组织氛围的两个作用

（1）强大的正向磁场。组织氛围被认为是一种具有极强感染力的能量磁场。当员工融入其中时，往往会不自觉地受到影响。然而，如果组织氛围充满消极的能量，像一个负能量磁场，即使是优秀的员工，也会逐渐失去原有的闪光点，变得缺乏动力和积极性；相反，如果组织氛围积极、优良，像一个正能量磁场，就能够感染组织中的每位员工。即使有些员工可能与这种正向氛围不太适应,也会被吸引并融入组织,最终成为其中的一部分。这将构成一股强大而高效的推动力量。因此,组织氛围的重要性不言而喻,其能够影响员工的情绪、行为和态度,并最终影响组织的整体绩效(张昊民等,2021)。领导者应该花费更多的时间和精力,建立和维护一个良好的组织氛围,从而激发员工的潜能并提高组织的整体表现水平。

(2)员工忠诚度的黏合剂。企业的内部离职率常常受组织氛围的影响,即使薪资和工作环境相同,一些企业内部也仍然存在高离职率,而一些企业则朝气蓬勃、不断发展壮大。对大多数人来说,频繁跳槽并不是一种理想的职业生涯规划,员工若对企业的组织氛围不满意,则往往会选择离开,尤其是优秀员工更容易因为消极的组织氛围而感到不满。营造一个和谐的组织氛围,可以让团队内的每个成员感到舒适和愉悦。为了达到这个目标,企业需要设定明确的团队或个人目标,建立清晰的激励机制及有效的沟通渠道。通过明确的目标,员工可以清楚地了解自己的职责和期望,有助于提高其工作效率和工作质量。而激励机制可以鼓励员工在工作中发挥最佳水平,促进工作效率和业绩的提高。

2. 良好组织氛围的营造方法

(1)完善企业文化建设。企业文化和组织氛围是紧密相关的概念。企业文化指企业的信念、价值观念和行为准则,是一种共同的认知和行为方式,是企业内部的文化形态,对员工的行为、态度和价值观念产生影响。而组织氛围是企业文化在员工心中的具体感受和表现,是由企业文化塑造出来的企业氛围。好的组织氛围可以增强员工的归属感、自我认同感和工作满意度,进而提高员工的工作积极性和组织凝聚力。

(2)实施清晰高效的管理制度。企业在运营过程中,要制定相应的管理制度且必须严格执行,以确保各部门和岗位的职权明确,责任和权利清晰。此外,有必要建立以奖励协作为方式的公平、透明的激励机制,不仅可以为企业营造积极向上的组织氛围,也可以使员工切实体会到自己被认可,从而激发员工的工作热情和创造力。

（3）管理者高超的管理艺术与自身魅力。在一定程度上，组织氛围的形成取决于领导者的行为。企业中管理者作为领头人，其行为方式对员工具有至关重要的影响力。因此，管理者的管理风格和言行是建立良好组织氛围的关键。当管理者尝试改变过于呆板的管理风格时，组织氛围将转变得更加灵活多变。同时，管理者的个人魅力也能让员工对其产生认同感，甚至是适当的崇拜，从而有助于形成良好的组织氛围。

要创造一个良好的组织氛围，关键在于建立一种积极向上的企业文化，让员工始终感到快乐并充满奋斗精神。这种文化并不能只通过简单地对员工进行"洗脑式"的成功学演讲实现，而是需要通过一系列具有激励性的措施来营造一个积极的团队氛围。只有让员工从内心深处对企业有认同感时，才能凝聚员工的力量，实现其自我价值，企业才能真正高质量快速发展。

四、组织人才

随着人工智能、大数据等智能技术的快速推广，企业间的竞争更加白热化，企业各守一方的"井田制"在市场需求变化及企业生存发展诉求的双重叠加下已然破碎，新的市场区域及业务产品对组织架构及管理人才的水平提出了更高的要求，组织管理与组织变革势在必行。

1. 提升管理能力所面临的挑战

在长期发展过程中，许多企业已经形成了一些固定的规范和认知模式。当面临外部环境中的技术变革时，企业的固定模式让其无法有效地应对威胁，故而很容易走向衰落。在生产和利润增长的繁荣背景下，企业难免会忽视外部环境的变化，等问题暴露时才发现为时已晚。

如今，许多企业的管理层思想出现了固化的现象。在招聘、选拔管理人才的过程中，一些管理层既不能适时调整战略和组织，也不愿意推行变革。其自身的管理能力因此难以得到有效发挥和运用。另外，一些企业过于迷恋过去成功的模式，从而忽视了行业的变化。

基层人员在企业运作中受惯性的影响更严重,很多企业的基层人员不愿意花费时间和精力去了解企业运作上的弊病,或者深究之后发现无法变动而彻底放弃,其对既有制度模式的规律形成了无意识的习惯,并不愿意也无力改变已有的工作方式。最终导致企业运作及发展的固化。

因此,企业的发展惯性与人才管理意愿紧密相关,而人才的发展是企业当前的重中之重,提高管理人才的相关能力是企业组织发展的内在与核心动力,也是打好企业组织发展的内功、树立企业适应市场发展变革前瞻意识的关键。

2. 企业人才组织管理能力的提升方法

企业可以从评估测试、归类选拔、定制培训、推广优化四大环节构建符合自身的人才组织管理能力提升方法。

评估测试环节虽然重要,但在实际执行中很少见。企业需要变革的根本原因在于内外部环境的变化,而企业管理能力的不足,使组织不能自动实现架构的对应调整。为了应对各种变化和预警,企业需要建立流程、系统并提升管理能力。因此,需要从多个维度对现有管理人员进行评估,明确人才画像和组织管理能力综合水平,以有的放矢地开展工作。

归类选拔环节结合评估,对管理人才在多个维度进行弱项归类,以认清企业挑战和潜力。建立分类机制是为了选拔最优人才应对变革,必须明确流程和系统支持。组织可从众多人才信息中选择最优要素,挑选最佳人选,以最优秀的方法实施,从而打造更高水平的人才团队。

企业通过定制培训,针对管理人才薄弱环节开展专项培训,以免产生全员培训资源低效损耗和针对性不强等问题。实施有效的定制培训方案,能够提高管理人才的培训效率,企业需要通过试点来测试方案的合理性,并总结经验,强化定制培训的合理性,只有这样才能高效利用资源、提升人才能力并创造基础。

推广优化是基于定制培训试点的基础上进行的,旨在提升管理人才和基层人员之间的交流、分享和推广,实现组织人才能力的提升。同时,推广过程需要进行评价和反馈，以调整和改进组织的运作方式、目标、学习过程和学习方法，使学习路径不断改进和深入。通过学习和探索，企业可以发现新的问题并找到适合自身的解决方法，实现企业管理能力的不断提升（李宁和潘静洲，2022）。

通过以上四个环节构建符合企业自身的组织能力提升方法，使企业提高自有人才的组织管理能力。但面对经济新常态与行业发展变革，企业须着力打造人才吸引平台，在对内部人才充分有效培养的前提下，创建外部人才引入机制，适度引入更多优秀人才，提升全面的组织管理能力，进而更好地实现企业的发展目标。

第四节　实施组织管理策略

成功的组织管理需要有效的策略实施。数字建设与顶层设计、业务重构与流程变革、推进组织整合与分化、健全团队梯队与创新是实现组织管理策略的重要关键点，掌握这些关键点，将有助于提升组织管理水平，有效应对市场挑战，从而实现企业的可持续发展。

一、数字建设与顶层设计

1. 企业的数字化建设

数字化企业是将数字工具和技术完全集成到运营的各个方面，以提高生产力，创造更好的客户体验，并提高业务流程的有效性。

企业数字化建设具有以下六大特点：

（1）以客户为中心。企业专注于为客户提供出色的体验，无论是外部客户还是内部客户。

（2）数据驱动。企业根据数据和分析做出决策。

（3）精益和敏捷。企业能够快速有效地实施管理。

（4）创新。企业不断寻找新的方法进行改进和成长。

（5）协作。企业与合作伙伴、利益相关者密切合作。

（6）弹性。企业能够在不断变化的环境中适应和生存。

企业做好数字化建设，需要遵循以下两个步骤，如图1-14所示。

自我洞察和定义转型的愿景　　设计数字化建设路线图

图1-14　数字化建设的两个步骤

（1）自我洞察和定义转型的愿景。企业启动数字化建设的首要工作是认清自己，深入了解企业需要依靠数字化建设解决哪些问题，企业开展数字化建设的基础如何。

（2）设计数字化建设路线图。该过程正处于完成并准备实施的阶段，有些领域可能需要打磨，要保留一定程度的灵活性，然后进行测试和调整。具体措施如巩固数字化建设团队的角色，确定潜在的障碍，并在需要时备份计划；定义衡量计划，制定内容、沟通和文化策略，并编制培训计划。

2. 企业数字化管理的顶层设计

数字化和信息化有着不同的目的和层面。信息化主要解决效率提升问题，将人工处理转化为计算机处理；而数字化解决工具和思维方式层面的问题，包括大数据建模和数据联通等。然而，随着信息技术不断更新，出现了诸如云平台、大数据、物联网、移动应用、AI、机器建模等新工具和概念。企业如果过度追随这些新技术，不断增加IT投入，则往往无法获得实际收益和效果，其原因在于缺乏完整清晰的数字化管理顶层设计规划。

对于企业数字化管理的顶层设计制定，需要在数字化建设的远景目标、基础评估、管理框架、管理路径、管理关键指标和数据支持等方面统合展开。

（1）数字化建设远景目标。在企业数字化建设的第一步中，远景目标的制定至关重要。企业在进行数字化建设时，通过综合考量分析自身的资源禀赋、未来的发展趋势等，制定出适合自身的数字化建设的远景目标，更好地把握数字化转型的机遇（傅哲祥，2021）。

（2）数字化基础评估。企业数字化建设的下一步是对企业数字化基础进行有效评估，了解数字技术应用的效果，探索数字应用的切入点。

根据企业数字化建设的发展特点，可将其分为四个阶段：内部信息化阶段、内外部互联阶段、资源数字化阶段、数字化生态阶段。如图1-15所示。

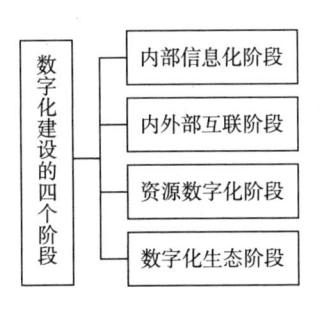

图1-15 数字化建设的四个阶段

通过评估，企业能明确不同阶段的工作内容和对应的考核指标。同时，数字化基础评估也将为企业数字化顶层设计提供依据，使数字化战略更加明晰。

（3）数字化管理框架。企业数字化建设需要系统性的变革和创新，因此，在制定顶层设计时必须考虑数字化管理框架的规划和设计。

（4）数字化管理路径。在企业制定数字化管理方案的过程中，除了分析企业规模和面临的问题，还需要考虑技术、人才、资金等方面的因素。因此，企业在评估数字化管理方案时，需要制定全面的评估标准，包括成本效益、实施风险、技术可行性、组织适应性、人才需求等，进而制定科学的数字化管理路径，以确保数字化管理方案的顺利实施和成功落地。

（5）数字化管理关键指标。数字化建设是企业长期规划中的一部分，企业需要制定一系列关键指标衡量数字化管理的效果，这些指标可根据不同领域的需求而变化，如生产效率、客户满意度、员工绩效等。同时，还需要进一步完善数字化管理的评估方法和评估周期，以便能够及时发现并解决问题。

（6）数据支持。数字化建设是以用户为核心、以数据为驱动，联通企业内外部资源的全过程。在数字化建设的过程中，数据是核心驱动力，企业必须做好数据资产的梳理，合理运用数据将工作流程化繁为简，更好地把控数字化进程。

企业数字化管理的顶层设计是未来发展方针的指导方向。企业必须对整体规划有清晰的框架，实现局部实施的适配，加强数字化管理力度，实现管理升级和模式创新。

● 专栏 1-4

重庆医药健康：医药健康数字化服务商

一、企业简介

重庆医药健康产业有限公司（以下简称重庆医药健康）成立于 2018 年，作为医药健康产业的重要企业，其积极响应国家数字建设与顶层设计的号召，通过数字化技术在基础设施建设和管理方面实现了高效运作和优化，同时在相关项目的开发运营中也发挥了数字化优势。

二、数字建设进程

重庆医药健康在医药健康领域的发展中积极推进数字建设，以提高生产效率和降低成本为目标，深耕核心业务。通过数字化手段的应用，重庆医药健康在医疗商业、医疗工业、医疗健康三大模块中实现了全方位的数字化覆盖，打造了完备的生产体系以及顶层设计，使公司在行业市场中更具竞争力。

1. 融入数字顶层设计的现代医药商业

重庆医药健康在构建医药商业板块时，坚持以数字建设顶层设计为指导原则，通过打造"医药+互联网"平台，将 B2B、O2O、B2C 三种医药健康电商业务有机地融合到公司发展战略中。同时，公司还拥有强大的信息技术支撑，积极开展互联网、人工智能、大数据及移动端等数字化领域的探索和应用，不断提高电子端的处方流转、互联网远程医疗、慢病管理等医疗辅助服务的业务优势。

重庆医药健康通过数字化技术的应用，建立了多个配送中转站，实现了智能调控，提高了医药物流的效率和准确性，进一步优化了配送路径。在医药研发方面，重庆医药健康建立了创新药研发体系，实现了从研发到生产全过程的数字化管理，严格遵循国际化标准，提高了产品质量和安全性。此外，重庆医药健康还充分利用数字化营销渠道，推广新产品，增强了产业的协调性。

2. 医药工业的数字建设进程

重庆医药健康还在医药工业领域大力投入，以数字建设为支撑，利用智能数据平台，优化生产流程，并通过技术创新不断推动产业升级，公司斩获数百项专利，开创了数个"重大新药创制"的创新科技项目，展现了其在数字建设与顶层设计方面的创新能力。

重庆医药健康一直秉持"国际化、智能化、特色化"的医药工业发展理念，在数字化转型方面，积极采用智能化技术，探索数字化转型的新模式，提高生产效率和产品品质，优化供应链管理，实现数字化、信息化管理。

3. 数智化综合医药健康

重庆医药健康通过充分利用子公司重药千业的强大推力，建立了体系完整的健康管理和智慧医疗生态系统，同时积极参与国企职工医院以及公立医院的改革建设，打造专科医院的特色化，形成了完善稳固的金字塔式分级诊疗模式。

数字建设在重庆医药健康的数字化转型中扮演着至关重要的角色，公司充分利用数字技术和信息化手段，开创高端模式的医疗服务综合服务体系，试水机构形式的养老方案，开设社区式的卫生服务组织，实现社区内医养结合模式的居家养老，集医、养、护于一体打造养老服务体系。同时，公司还推动智能化养老进程，将线上线下整合，以"互联网+"赋能居家养老行业，形成了一站式健康管理，实现了数字建设和顶层设计的良性衔接。

公司紧紧围绕数字化转型战略，加强医院机构管理、产业链循环和供应链循环的数字化建设，全力打造综合性医药健康管理平台。通过智慧医疗的发展引领，推进医养一体化、健康管理的服务模式，不断拓展数字建设的应用场景，为社会提供高质量的综合性医药健康服务。

参考文献

［1］何方，刘杰. 四川省医药健康产业专利浅析［J］. 专利代理，2021（4）：85-93.

［2］李莹莹，张建楠，顾宴菊，等. 医药健康领域的国家人工智能战略发展规划比较研究［J］. 中国工程科学，2019，21（6）：106-113.

二、业务重构与流程变革

企业数字化转型归根结底还是业务的转型，而流程是业务的具体呈现。企业数字化转型时，必须思考如何重构业务、如何将数字技术融入流程，驱动流程的优化、变革，最大限度地实现降本增效。那么，如何进行业务重构和流程变革呢？

1. 重新梳理、优化流程，端到端拉通流程

在数字化转型之前，企业的组织架构是按照职能分工设置的，如采购、生产、销售、人力、财务等，形成了部门化、功能化的业务流程。尽管从部门内部来看，流程是通畅的，但企业整体层面仍存在很多流程断点，各个职能各自为政，各个流程活动之间是割裂的，导致信息流转不畅、难以协调。

传统IT系统是按照职能进行建设的，这种固化流程方式导致许多功能性系统的出现，如采购管理系统、生产管理系统、销售管理系统、人事管理系统、财务管理系统等。不同流程环节在不同的 IT 系统中完成，形成了孤立的应用系统和"烟囱式"IT 架构，大大影响了运营效率，导致企业运营成本居高不下。

数字化转型需要打破"信息孤岛"，解决效率低下、成本高昂、协同效应低等问题，关键是要重新梳理、优化业务流程，从全局视角、基于用户需求，构建起端到端的业务流程，这样可以消除不同流程环节之间的断点，提高信息流转的效率和协同效应，实现运营效率和成本效益的双提升。

2. 用 IT 固化流程，实现业务流程的信息化，为数字化转型打好基础

通过业务流程重构，企业需要将线下流程"搬"到线上，实现业务流程的信息化和在线化。业务流程的信息化是数字化转型的基础，通过 IT 系统传递数据可以实现数据采集、留存、治理、分析和价值挖掘。但是，现实中许多传统企业由于信息化基础薄弱或管控不到位，仍然在线下完成业务流程，手工记录数据、手动录入系统，用 Excel 保存数据，导致数据传输慢、数据质量低等。因此，业务流程信息化、线上化的比例越高，数字化转型的基础就越牢固。只有将业务流程线上化，才能实现数字化转型，提高运营效率、降低生产成本、确保数据质量。

3. 将数字化技术融入流程，实现业务和流程的自动化、智能化

数字化技术可以改变员工、客户等相关人员的参与模式，提高业务流程的效率和质量（王珂，2021）。为此，企业需要将数字化技术融入业务流程，运用数字化技术改造业务流程。

业务流程的智能化指在业务流程中融入机器学习、深度学习等 AI 技术，使系统能够模拟人的认知和思考，甚至做出简单的逻辑判断。通过将原本由人工完成的任务替换成机器人代工完成，提高流转效率，降低人为操作的风险，从而有效解放人力。

传统业务流程可能存在流程割裂，流程冗长、烦琐等问题，导致"信息孤岛""数据孤岛"，阻碍企业快速发展。因此，企业必须优化业务流程，并将业务流程在线化。这不仅可以提高业务运作效率和用户体验,还能降低人工成本,实现数字化转型的目标。

三、推进组织整合与分化

1. 组织整合的剖析

组织整合是指组织内部各部门和人员朝着有利于完成组织目标的方向共同努力的过程。这个过程包括以下具体阶段:

(1)拟定目标阶段。在该阶段中,组织设计人员需要根据组织发展状况制定组织目标,从而使接下来的结构分化工作有所遵循。

(2)规划阶段。由于组织结构分化导致部门、单位间的冲突和不恰当竞争,需要通过组织规划,对多余的资源进行合理运用,以达到组织整合的目的。

(3)互动阶段。该阶段是执行规划的阶段。

(4)控制阶段。在组织运行过程中,如果出现成员不配合的现象,就需要进行有效的控制程序,保障最终实现整体目标和战略规划。组织整合是一个重要的过程,需要组织设计人员精心策划和管理,以确保组织的有效运作。

组织整合具备的实施手段如图1-16所示。

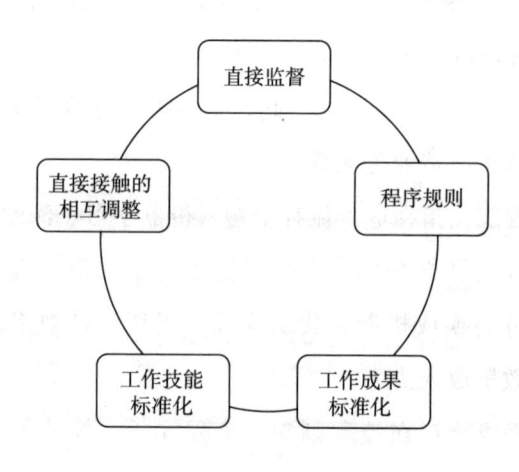

图1-16 组织整合的实施手段

（1）直接监督。通过岗位层级逐级协调，保证有关活动的协调。

（2）程序规则。制定明确的工作内容、过程和方法，实现工作的标准化，通过制度措施达到各方面相对的协调配合。

（3）工作成果标准化。对于复杂和非常规的工作，组织能够通过改变协调的着力点进行控制，即从过程控制转变为结果控制。

（4）工作技能标准化。综合评估工作者的知识、能力、经验、素质等，并且划分标准，确保工作的协调进行。

（5）直接接触的相互调整。企业可以通过采取任务小组或项目团队的形式，提高平级工作人员之间的直接接触和沟通的频率，充分调动其行动的主动性，取得彼此的协调配合；也可以采用矩阵结构实现高级形态的横向协调。

2. 组织分化的剖析

组织分化本质上是更有效地服务客户，采取识别不同的工作类型、组织活动和组织细节的方式，彰显组织分化的价值。分工越细致则效率越高，因为组织分化允许每个人专注于其特定的职责，从而避免冲突和工作重叠。

在财务流程再造中，组织分化指将物流和资金流、供应生产与销售分离、决策执行与监督等本应分离牵制的要素，都统一在企业的内部完成，随后在信息化背景的要求下，进行组织分立和重组，将其分化成若干企业单元。接下来由每个企业单元进行下辖负责管理，各单元绑定其中某个专门要素，使各个企业单元间形成有效的约束与制衡（苏慧文和雒宁宁，2022）。

常见的组织分化的形态可归纳为以下四种。

（1）物流与资金流分离。将原本集中在一家企业的物流和资金流，通过组织分立的方式，分散到两个或更多的企业单元中。

（2）供应、生产与销售分离。原来单个企业内部的业务流程关系变成了集团内部各企业间的市场关系，供应、生产和营销被分离了。

（3）决策执行与监督分离。通常采用内部机构专业化的方式，但随着组织分化程度的递进，催生了集团化。因此，集团公司具备了主要的集中决策与管理职能，而其分支机构只能侧重于决策的实施程序。监督在某些行业中采取专门的组织形式，以实现决策、执行和监督的有效分离和制约。

（4）决策、管理与运营分离。一些企业项目的实施和运营通常来说应该由专业化的项目运营公司完成，项目管理公司则负责监督和管理，集团公司掌握了实际决策权。这种分离方式可以在确保项目顺利进行的同时，有效地控制风险和成本。

四、健全团队梯队与创新

1. 健全团队梯队与创新的主要作用

（1）保证关键岗位人才供给的可持续性。企业的关键岗位人员掌握着企业的核心技术和专利，能够给企业的组织管理提供重要的指导和有效的管理。如果这些关键岗位人才由于升迁、退休等原因离职，就会使岗位空缺，给企业的正常运营造成消极的影响。为了避免这种情况的发生，企业要提前对后备人才进行选拔、培养、管理，实现关键岗位人才的可持续性供给。

（2）优化企业的人力资源结构。随着社会的不断发展和数字技术的快速进步，企业发展所需的知识技能更新速度也在不断加快。这时很多企业的关键员工陷入困境，难以适应新的工作要求。通过选拔和培养后备人才，企业将已经具有任职资格的优秀员工补充到关键岗位上，使企业的人力资源结构得到完善。

（3）激励广大员工不断进步，为员工的个人发展提供空间。一个科学合理的人才梯队管理体系应该涵盖对后备人才的职业生涯规划。这一体系可以帮助后备人才了解自己的职业发展方向，并通过企业提供的职业发展通道实现升职，获得更多的发展机会和空间。这种管理体系能够对后备人才的职业生涯进行规划，提高人才的忠诚度和满意度，企业也能更好地掌握人才培养的主动权。同时，该管理体系也可以为企业提供更稳定的人才储备，有助于企业应对未来可能出现的人力资源短缺或替代问题（万珂等，2022）。

2. 健全团队梯队与创新需要考虑的因素

企业在健全团队梯队和创新时，最关键的是建立一套完整的核心人才梯队管理体系。由于存在多种因素的影响，企业在健全团队梯队和创新时需要进行综合考虑，才能确保其有效性，如图1-17所示。

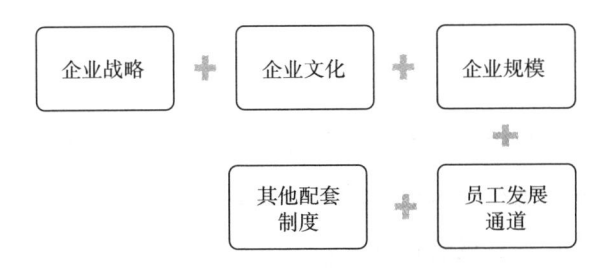

图1-17 健全团队梯队与创新需要考虑的因素

（1）企业战略。企业战略是推动企业发展的基石，为确保企业未来的可持续性，后备人才梯队的建设和管理必须以企业战略为出发点。因此，企业必须首先明确发展战略，其次依此规划人才发展方向和目标，最后对后备人才进行评估、选拔和培养。

（2）企业文化。企业文化包括对后备人才任用的理念，注重选拔后的储备期的培养和增值工作等方面。企业应该在储备期间为后备人才提供必要的培训和学习机会，使他们能不断提高自身的专业能力和素质，以应对未来的挑战。

（3）企业规模。企业规模越大，越需要设置更多的层级管理人才，并覆盖更广泛的岗位范围，涉及更多的人员。因此，与小规模企业相比，大规模企业需要更加复杂和庞杂的人才梯队管理体系，以保证其业务的顺利开展。同时，大型企业的后备人才储备需要更加丰富和多样化，以应对各种业务和人才流动的挑战。因此，大型企业在人才梯队管理方面需要更加注重人才的培养和发展，以保证其业务的可持续发展。

（4）员工发展通道。企业可以为员工设置多样化的职业发展通道，让其能够根据自身的职位和能力水平，选择适合自己的发展方向。在与员工进行沟通的过程中，人力资源管理者可以了解员工的职业目标和愿望，制定个性化的职业发展规划，以满足员工的需求和企业的人才需求。人力资源管理者应该关注员工的职业规划和发展，并为员工提供相应的发展通道。员工也可以根据自身的条件和兴趣选择横向流通，提高自己的职业发展水平。

（5）其他配套制度。企业可以从多方面考察人才梯队管理体系完善与否，其中关键的是基础工作的完善程度。首先，企业需要建立创新的人才评价机制，通过量化指标对员工的绩效进行评估，以确定核心人才，并为其提供更好的职业发展机会；其次，企业还要建立较为完善的员工职业生涯规划和晋升管理体系，这是为员工提供发展机会的关键。

这些关键因素对企业建立健全的团队梯队以及创新应用和实施效果有重要的影响。因此，在制定相关制度时，应给予综合考虑，并进行统筹安排，以确保制度的实施效果达到预期。

篇末案例

晶泰科技：AI 智药领导者

一、企业简介

深圳晶泰科技有限公司（以下简称晶泰科技）是一家以智能化、自动化驱动的药物研发科技公司，为全球生物医药企业提供药物发现一体化解决方案。晶泰科技专注药物研发，致力打造三位一体的研发平台，将智能计算、自动化实验和专家经验相结合，并为此进行了组织管理和业务流程变革，提高了研发效率和质量，以应对药物研发面临的挑战。

二、企业数字化组织管理方案

1. 智能化、自动化的药物发现平台

晶泰科技基于智能计算、自动化实验和专家经验的三位一体研究模式，以 XtalStruc™ 靶点确证、XcelaHit™ 分子设计、XceptionOp™ 成药性优化和 XcelDev™ 可开发性优化四大专利技术平台，覆盖新药研发从靶点到获得 PCC 的完整流程，实现了资源与创新协同，为客户带来一体化服务的卓越体验。

晶泰科技在药物研发过程中，采用了科学的组织管理方式。每个项目都配备独立的交付团队，团队由各领域经验丰富的专家组成。这些专家通过先进的四大专利技术平台，结合自动化合成与测试部署，实现药物研发战略规划的快速优化迭代。这种组织管理方式可以使每个项目团队都更加专注和高效地进行药物研发工作，有利于团队成员之间的协作与沟通，使项目顺利交付。

（1）智能计算+自动化实验。晶泰科技在药物研发方面，除了广泛探索类药化学空间，确保结构新颖和可专利性，还采用了虚拟筛选与 AI 赋能的 DEL 技术，从而高效获得苗头化合物。此外，公司还通过系统性融合 AI 算法与物理模型评估成药性和可开发性，来指导多任务优化。在组织管理方面，晶泰科技通过自动化合成与测试平台支持数据快速迭代，实现了高水平的组织整合，缩短了研发周期，提升了药物研发的效率。

（2）复合型多学科人才团队。依托高效的组织管理，晶泰科技打造了来自智能计算、药物化学、生命科学、化学合成等多个学科领域的复合型的人才团队，将药物研发领域专家与 AI 先进技术深度交叉融合，不断提高项目攻坚能力，在医药领域取得了强劲的发展。

（3）客户的广泛认可。晶泰科技通过与全球 110 多家药企的密切合作，不断提升研发能力，紧跟市场需求的变化，在药物研发方面实现了业内领先。这种创新合作的方式帮助晶泰科技加快了药物研发的速度和效率，提

高了药物研发的成功率。晶泰科技以优秀的产品和服务赢得了客户的信任和支持，成为业内备受尊重的领军企业之一。

2. 高度集成、干湿结合的抗体研发平台

（1）探索更广阔的序列空间。晶泰科技通过将AI算法和高通量筛选融合的方式，突破了已知序列对药物研发的局限，帮助研发团队发现性能更优的抗体序列。

（2）可开发性的评估贯穿始终。晶泰科技科学合理运用基于结构和基于序列两类模型，将可开发性评估前置，使项目顺利推进至临床阶段。

（3）加速抗体优化。基于结构的理性设计方法，晶泰科技在精确设计抗体功能的同时，并行多个属性优化，达到了缩减项目周期的目标。

（4）强大的人才团队。晶泰科技打造了国内规模最大的干湿一体领域的大分子药物研发团队，团队成员来自行业内众多知名企业，理论和实践经验丰富，组织氛围也极其融洽。

3. 智能化、自动化的新一代化学解决方案

为了提供更加优质的服务，晶泰科技注重对专业化学团队的组织和管理。公司不断加强对团队成员的培训和技能提升，以确保其具备最新的知识和技能。此外，公司还鼓励团队成员积极探索新技术和新方法，并在实践中不断提高服务的质量。通过这些组织管理措施，晶泰科技的专业化学团队得以不断提升自身能力，为客户提供更加优异的化学解决方案。

晶泰科技不仅在数字建设上不断创新，也注重组织管理，重视人才引进和培养。公司致力于构建一个高效性、协同性和稳定性的化学研发体系，以满足客户在药物研发过程中不断增长的需求。在团队建设方面，晶泰科技采用了人机深度结合的方式，为客户的成功合成和研发提供了可靠的保障。

（1）一流的研发实验室。晶泰科技拥有业内领先的一流研发实验室，包括位于上海外高桥3000平方米的研发实验室、位于深圳福田1500平方米的研发实验室以及3000平方米的自动化合成实验室。

（2）健全的管理体系。晶泰科技的管理体系贯穿业务全流程，不断创新组织结构管理路径，涵盖了实验室管理、化合物管理、IP 管理和 IT 安全支持，以及 EHS 培训和检查。

（3）灵活的服务模式。公司根据自身发展特色，搭建了反应灵敏的服务模式，其中功效最突出的当属全职服务模式（FTE）和定制服务模式（FFS）。

4. 先进、优质、高效的组织管理及研发新选择

晶泰科技在打造全球领先的自有平台的同时，注重组织管理的优化与提升，建立高效协同的研发团队，实现了平台、算法、实验三者间的有机衔接与协同。公司还设立了专业的研发项目管理组，采用项目管理软件进行进度管理与跟踪，确保项目质量与进度。同时，公司注重员工培养和团队建设，为其提供良好的工作环境和晋升通道，鼓励员工创新思维和团队合作，形成高效的组织管理体系。

在晶泰科技的 2000 平方米药物结晶实验室中，固态研究实验专家与平台算法专家通过有效的组织管理，开展创新协同研发工作，快速筛选出具有市场潜力的药物晶型，为公司业务增长提供了有力的支撑。同时，公司秉持开放共赢的合作理念，与客户、合作伙伴建立了长期稳定的合作关系，共同推动行业技术进步和组织管理创新。

三、数字化蜕变

1. 利用 AI 大数据，在药物研发多重环节进行辅助

药物研发周期长、投入大、风险高，因此数字化、信息化技术的应用对于药企来说尤为重要。数字化转型需要全面考虑组织管理方面的因素，包括企业文化、团队建设、流程优化等，只有全面推进数字建设与顶层设计，才能在药物研发过程中降低风险、提高效率、缩短时间、节约成本。许多药企开始将 AI 大数据提升到重要的战略高度，以此加速组织管理和药物研发的协同发展。"AI+制药"的落地需要建立良好的组织管理架构和人才队伍，推进数字化建设，提升企业的竞争力。

晶泰科技通过优秀的组织管理，成功打造了以 AI 技术为核心的智能药物研发平台，推进了药物研发的数字化进程。该平台支持了 500 多项研究项目，加速了 100 余款管线药物的研发，数字建设进度在业内处于领先地位。公司与希格生科合作的案例表明，AI 药物发现不仅具备高效性，还在研发创新性和多样性方面拥有明显优势。

2. 打造药物研发的数字孪生系统，提高研究效率

在晶泰科技的药物研发数字化转型过程中，组织管理扮演了至关重要的角色。公司聚焦数字孪生系统的建设，不断提高研发流程的数字化、智能化程度，通过打通不同步骤之间的数字化技术，提高了研究的效率和成果。同时，公司不仅建立了一套科学的项目管理机制，严格把控研发进度和质量，还充分发挥团队的技术实力和创新协同能力，不断尝试并优化技术方案，最终成功开发出数字孪生系统，提高了药物研发的虚拟化程度，推动了数字化转型的进程。

此外，晶泰科技在晶型研究方面也取得了显著进展，数字孪生程度得到了大幅提高。这一系列创新成果的背后，也同样离不开晶泰科技的数字化顶层设计和创新协同的实践。数字化顶层设计是晶泰科技持续推进数字化转型的关键，为公司的研发、生产和服务提供了更高效、更精准的支持；而创新协同是晶泰科技在技术研发上的重要策略，公司致力与行业内优秀企业及高校展开深度合作，共同推动行业技术创新的发展。随着数字孪生程度的不断提高，人工智能技术在药物研发方面将会发挥更大的优势。晶泰科技将继续致力数字孪生技术的创新应用和推广，以此推动药物研发领域的变革。随着这一技术的落地，技术效能会拓展至整个研发链条，将给药物发现领域带来效率的提升以及创新力的优化。

3. 往深处走，寻找 AI 智药下一块拼图

在晶泰科技内部，"致力于成为全球药物研发智能化和自动化的领导者"的愿景一直激励着团队向前走、快步走。晶泰科技不断扩大和完善其优势领域，并在AI智药领域保持着领先地位。晶泰科技紧跟医药产业认知的深化和行业核心技术的广泛应用，开始沿着药物研发链条完成向临床前研究阶段的拓展，并不断推进药物研发的数字化、智能化和自动化水平，提高研究效率和研发质量。在这一过程中，优秀的组织管理和高效的协同合作成为晶泰科技成功的重要保证。

在药物研发过程中，晶泰科技注重组织管理，致力于打造高效、稳定的研发团队，培养和吸引优秀的人才。积极推进技术创新和人才发展，不断扩充和完善优势领域，其智能化自动化药物研发平台集成了多项人工智能技术，可推进分子活性预测的虚拟化程度，提高研究的效率和准确性，为组织管理和药物研发提供有力支持。

晶泰科技的AI智能算法不仅是在药物研发过程中的重要助手，也是组织管理数智化变革的关键因素。晶泰科技通过优化组织结构生命周期的各个环节，实现了高效的药物研发体系。这些组织管理的变革措施包括有效的资源配置、团队合作机制、信息化管理平台等，使晶泰科技能够高效地将人工智能技术与专家经验融合，提高了药物研发效率，缩短了研发周期，提高了药物研发成功率。晶泰科技在组织管理数智化变革方面的深入推进，不仅为公司药物研发带来了显著的效益，也为整个医药产业的数字化转型提供了有益的借鉴。

4. 跟着市场需求走，甚至跑在前面

在AI智药行业中，数据是一项极其重要的竞争壁垒，而组织管理在获取数据过程中具有重要的作用。大型药企需要通过合理的组织管理实现获取药物研发数据的目的。同时，AI智药公司需要建立高效的数据管理机制，将不同来源的数据进行整合，以便更好地辅助AI模型的训练，从而更快速、更准确地发现潜在的药物分子。

晶泰科技在不断与药企客户合作的同时，高度重视自身数据能力的提升，通过挖掘标准化、高通量、数字化、自动化的多种实验技术，实现高精度、高质量数据的创新协同，打破了AI药物研发的过程瓶颈和数据瓶颈。晶泰科技还结合自身的实践经验，在获取一手有效数据的同时，得到了大量具有很高价值的负样本数据。通过优化组织管理和实验技术的协同，晶泰科技更好地提高了数据的质量和精度，为药物研发的智能化和自动化发展提供了强有力的支持。

参考文献

［1］李秀芝．晶泰科技　新药研发的"加速器"［J］．中国企业家，2021（8）：20-23.

［2］卫婷婷．以AI技术推动国产创新药嬗变：记深圳晶泰科技有限公司联合创始人兼CEO马健［J］．科学中国人，2021（19）：48-51.

［3］李秀芝．揭秘AI制药［J］．中国企业家，2021（4）：94-100.

第二章 精准营销：把脉消费者意愿

营销始终是企业追求持续发展的有效途径，当下消费者需求逐渐趋于分散化、多样化，传统的营销方式显然已经无法适用，其成效正随着新时代消费者心理和行为的改变而直线下降。对企业而言，达成营销的目的容易，实现精准营销、获得忠诚目标客户群体却较难。因此，必须制定以互联网和信息技术为核心的精准、高回报的营销策略，才能够更好地满足个体或群体的需求，扩大品牌的影响力。

> 营销就像人的肠胃一样，好的产品就是优质的食物，只有肠胃运转良好，食物的营养才能输送到我们体内，延长我们的寿命。
>
> ——格力电器董事长　董明珠

> **学习要点**

☆ 精准营销的概念
☆ IP 跨界营销的实现过程
☆ Dsp 模式的原理
☆ 网红带货策略的制定

> **开篇案例**

追觅科技：精准营销助力高质量增长

一、企业简介

追觅科技（苏州）有限公司（以下简称追觅科技）成立于 2017 年。作为智能家电科技新锐品牌，追觅科技在智能家电领域持续深耕和创新，实现了一路高歌猛进式的发展，除了得益于受市场欢迎的高质量产品，还与其产品营销策略的精准性和高效性密不可分。

二、多维触达，以品牌传递价值与理念

1. 借力亚马逊，加大广告投入力度

追觅科技在海外做品牌注重抓住用户，真正了解消费者的消费习惯、文化价值观，懂得通过营销提高消费者的购买转化率。追觅科技还采用了多点触发的方式，引爆传播势能，例如通过亚马逊"站内+站外"多渠道触达消费者，此模式可以简单地概括为站外获取新用户，站内留存老用户。其中，借力亚马逊加大广告投放力度起着至为关键的推动作用。

此外，在战略部署端口，追觅科技始终紧跟亚马逊全球站点的规划和布局。在亚马逊平台的支持下，追觅科技海外市场的版图越来越大，迄今为止已覆盖 100 余个国家和地区，包括德国、法国、意大利、俄罗斯、韩

国等重要市场。

2. 基于抖音打造场景，与用户实现交互

追觅科技在抖音平台上通过自有阵地的经营、达人矩阵的布局，以及兴趣场景直播间的设置，实现了品牌销售额的增长，赢得了新老用户的认可。

从2021年开始，追觅科技将抖音作为品牌宣传和营销的重点平台。因为抖音是一个既有品牌属性又有销售属性的重要渠道，一方面，用户在抖音停留时间长；另一方面，用户可以在对追觅科技产生兴趣后进入追觅科技的直播间，最终提高页面浏览量和产品购买率。

此外，在海外市场，追觅科技根据数据可以倒推整个流量体系，制定如何将流量总量细分到各个维度的策略。字节跳动短视频社交平台（TikTok）是追觅科技引流能力较强的渠道之一，由于在TikTok上的用户浏览的内容多以休闲娱乐为主，因此追觅科技在TikTok上会基于场景与用户实现交互，发布的内容会主动隐匿品牌的属性和特征，同时给予想要深入了解品牌的用户一个链接，使其直接跳转到亚马逊商城，在商城中有企业产品最详细的介绍。

三、依托强大引擎，找到目标人群

与此同时，强大引擎的精细化用户模型——O-5A模型帮助追觅科技更有效地锁定目标消费者、强化公众对品牌认识。O-5A模型是指按照用户对公司品牌和产品的熟悉程度将人群进行了分类，首先O是指机会人群，其次A1~A5分别表示了解（Aware）、吸引（Appeal）、问询（Ask）、行动（Act）、拥护（Advocate），其各自所代表的含义是浅层互动、深度互动、兴趣种草、购买和复购人群。追觅科技利用较低的成本途径轻松寻找到了5A人群，极大地提升了用户资产的经营效率。

O-5A模型可以使追觅科技掌握到抖音平台上对公司品牌有认知但还没有实行购买行为，或实行了购买行为但没有进行回购的一系列详细的顾客数据。掌握了这些海量、最直接的消费者数据，追觅科技可以分析出用户的消费层次，并针对目标人群的不同阶段制定相应的营销策略，从而提升决策能力和运营效率。

四、多元营销，打出精准组合拳

1. 网红+内容营销，拓展目标人群

为了尽可能触达更多的消费者，追觅科技借助短视频平台强大的内容生态，联动不同领域、不同类型的达人，打造各维度的短视频。除了和品牌最相关的生活类、测评类、智能家电垂类达人，还有颜值、情感、萌宠、母婴、剧情等领域的头、肩和腰部达人，对标不同需求的人群创作多元内容。例如，在产品的讲解过程中，颜值类达人可以营造出精致生活的氛围感，母婴博主可以强调产品的便捷有效，萌宠博主可以展示出产品强大的清洁功能，智能家电垂类达人可以从更硬核的角度直观展示产品的技术实力。

多维度的达人布局和多元的内容全方位展示了产品的特点和使用场景，兼具理性种草与情感吸引力，成功辐射到更广泛的圈层，帮助追觅科技积蓄大量品牌"种草"人群。

2. 直播+跨界营销，实现品效合一

首先，为了积攒用户资产，追觅科技开始聚焦平台直播间，先后打造了六大直播间矩阵，此种方式逐渐成为旗下产品重要的营销渠道。公司依据不同产品线定制直播间，将洗地机、无线吸尘器、扫地机器人、高速吹风机作为营销主线。其中，在三个不同的直播间交互展示和讲解洗地机，扫地机器人也同时在两个不同直播间出镜。直播间矩阵的营销模式可以给细分用户带来更加准确的信息，将达人创作等触达和积聚的潜力购买人群成功转化为品牌粉丝和消费者。

其次，追觅科技邀请了"亚洲飞人"苏炳添作为品牌代言人，让追觅科技在不同领域人群中产生更广泛的影响和认知；追觅科技推出迪士尼

《玩具总动员》联名产品，带来声量、销量双重爆发；追觅科技还与著名IP《三体》联手，推出了联名款产品，凸显出追觅科技产品的未来科技属性；追觅科技与上海国际电影节、FIRST影展跨界合作，打出了"电影+时尚"组合拳，增强了品牌的多面性和知名度。

最后，提升复购率也是追觅科技所重点关注的数据。追觅科技在抖音展开了两大策略的实施：一是拓宽用户复购的场景，由于公司旗下的产品绝大部分属于耐用品，一般的用户复购大概率用于赠礼，追觅科技在重要的节日节点会展开大力度的营销活动，打造多样化的消费节点。二是扩大复购品的种类，制定了全面的直播间矩阵中人群的获取和引流策略，面向追觅科技单品顾客，宣传其他产品品类，致力于实现顾客对公司旗下多种产品系列的认知和熟悉，最终实现产品的"种草"。

五、打造"线上+线下"旗舰店，实现购买闭环

在渠道层面，追觅科技从主流电商天猫、京东，到新型社交电商抖音，再到线下门店，完成了"线上+线下"的全渠道布局。

在品牌的线上阵地，追觅科技推出了追觅科技官方旗舰店、追觅科技无线洗地机、追觅科技扫地机器人等多个官方账号并组成矩阵，深度沉淀用户资产。同时追觅科技也积极拓展线下业务，在多个一线及新一线城市开设了几十家门店，力图让用户更近距离且直观地体验产品，充分了解产品的功能、性能，形成购买闭环模式。全渠道布局模式为顾客带来了极大的便利。

家电产品并非快消品，消费者的更换频率往往在两三年以上，如何说服消费者更换、升级、迭代，并不是一件容易的事。此外，智能清洁家电的价格相对较高，对于消费者而言决策难度更大，消费者往往会大量搜索产品的介绍并观看相关测评，最终做出购买决策。因此，品牌需要实现"360度无死角覆盖"，在每个触点都能实现触达，打动消费者。

参考文献

[1] 张媛珍."依"陈出新，追觅科技解锁新兴互联网品牌的服务密钥[J]. 电器，2022（5）：58-59.

[2] 赵东山. 追觅："扫"出个天下[J]. 中国企业家，2022（8）：89-93.

[3] 于昊. 依托三大技术密码，追觅打造洗地机家族[J]. 电器，2023（4）：67.

第一节　精准营销：用数据"望闻问切"

精准营销指借助海量的数据库资源和现代信息技术手段和在可量化的数据基础上深度分析用户的消费特点和消费模式，并以此将顾客群体进行分组，从而精准地锁定产品的目标顾客，精准地开展系列营销活动，以达到降低营销成本、提高营销效果的过程，最终实现双赢（唐江婷，2023）。于是，如何利用真实数据最大限度地执行精准营销，成为企业营销人员的一大难题。

一、精准营销的数智化场景

近年来，大数据、云计算、人工智能等技术已被全方位应用到营销领域，帮助企业整合数据、构建模型和分析数据，使实时获取数据、人工智能自动并精准分析客户需求的场景成为可能。

数智化营销的关键在于充分发挥数据资产价值，利用人工智能技术，结合业务运营，通过全链路、全触点、全生命周期的精细化赋能管理和业务，企业的这种数字化场景十分丰富，如图2-1所示。

066 商业模式管理

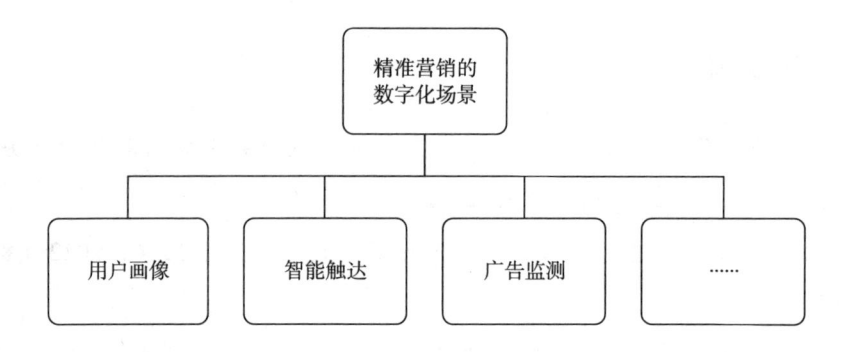

图 2-1　精准营销的数字化场景

用户画像是使用标签描述用户特征的一种概念模型。其数据源于消费者的消费行为、社会属性、生活习惯等方面。从研究对象和研究角度出发，用户画像可以分类两类：单用户画像和群体用户画像。

单用户画像是对单个用户进行全面、细致的研究，形成该用户的个性化画像。单用户画像可以准确了解用户的需求、心理特征、偏好等方面，强调个体的差异性。而在现实的商业实践中，应用更为广泛的是群体用户画像（刘海等，2015）。

群体用户画像是以一个大的用户群体为研究对象，助力企业挖掘不同类型消费者的需求和偏好情况，从而大范围地开展精准营销以提供个性化服务。用户画像的构建流程及具体技术方法有很清晰的脉络，如图 2-2 所示。

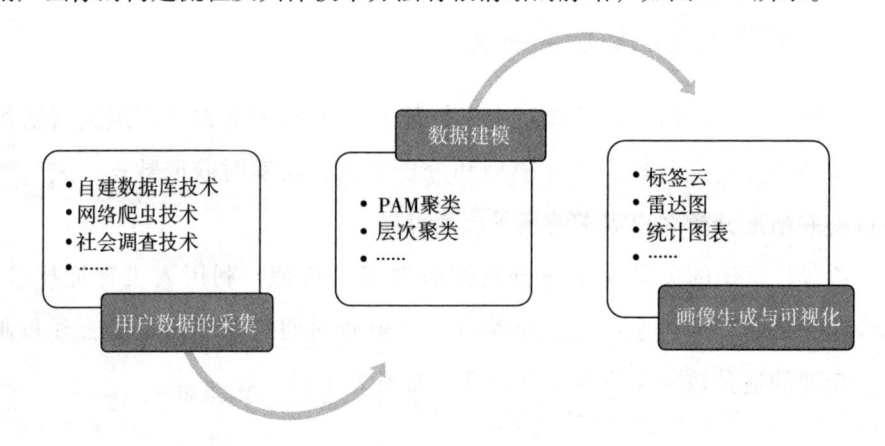

图 2-2　用户画像的构建流程及具体技术方法

智能触达可以精准、及时地触达客户，降低了时间、人力及营销成本。其主要机制同样适用5W模型，即利用机器学习算法通过一定渠道在合适的时机将相关内容推荐给相应的人群。具体表现为全渠道触达方式、信息有效回馈、智能评估算法模型、最优化算法模型。首先，智能营销打通AI外呼、短信、电话、微信公众号等众多渠道；其次，通过多个渠道发布营销活动的信息后，收集并分析用户端的反馈信息，如用户的感兴趣程度、参加营销活动的意愿等；再次，智能评估算法分析每个渠道的触达时效性、触达效率等；最后，利用智能优化算法选择一个触达用户的最优途径，从而提高用户服务体验。

随着数字技术的发展，数字广告的形式趋于多样化发展，相应的测量方法也不断更新迭代。因此，如何区分和监测不同形式的广告曝光量成为企业实现精准营销的关键度量标准之一（胡雨诗，2023）。广告监测是贯穿广告投放的全过程，从广告投放前就开始进行。广告监测分为三种类型：曝光监测、点击监测、应用内监测。在营销的全过程中，广告监测依据广告数据，反馈广告投放效果，为企业营销人员提供数据支撑，以优化营销策略。

因此，数智化工具使企业营销体系不断完善和精进，用过硬的技术助力企业现代化营销变革。

二、精准营销的概念与特征

1. 精准营销的概念

精准营销的内在核心结合了定量和定性的模式，实现了精准定位，再通过技术手段继续锁定目标群体，记录他们的消费行为、消费心理等信息，形成完整且明晰的用户服务体系，同时打通双方之间的信息传输通道，最终构建了"一对一营销"模式，实现了个性关怀和客户链式反应增值（杨剑英和张亮明，2018）。因此，精准营销打破了传统营销定位要先定性的局面，同时去除了传统营销中繁杂的环节、摆脱了高成本的束缚。

2. 精准营销的特征

精准营销的特征有四个，如图2-3所示。

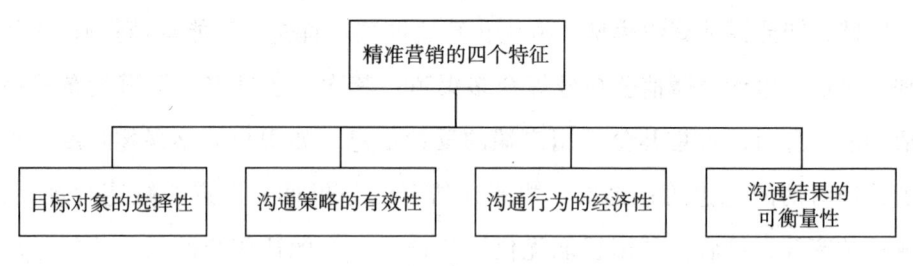

```
            精准营销的四个特征
    ┌───────────┬───────────┬───────────┐
目标对象的选择性  沟通策略的有效性  沟通行为的经济性  沟通结果的可衡量性
```

图2-3　精准营销的四个特征

在目标对象的选择上，精准营销所要圈层的对象是那些符合企业产品定位、契合企业情感价值等核心群体，而并非针对所有的人群；此外，在精准营销的沟通策略层面，企业与客户之间的交流联系呈现最短、最快的直线距离，即双方的沟通是直接的，是一个双方向互动交流的过程，其中包含了参与者、情境、通道、信息、干扰与回馈等几个主要元素，与以往的营销模式相比，精准营销实现了与目标受众沟通的高投资回报，降低了成本；精准营销的沟通成本和结果可以实现量化、模型化，以便分析选择一个最佳的沟通策略（何晓兵等，2017）。

3. 精准营销的优势

具体来看，精准营销具有四个优势，如图2-4所示。

```
                    ┌── 精确度高
                    ├── 实现了降本增效的目的
  精准营销的四个优势 ──┤
                    ├── 抓住了消费者心理
                    └── 提高了服务的水平
```

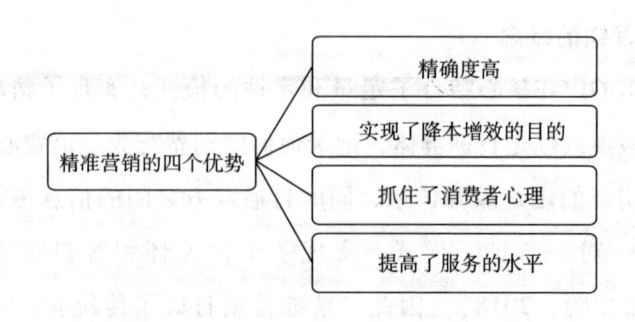

图2-4　精准营销的四个优势

（1）精准营销最重要的优势是精准度高。精准营销的突出特征是针对性强，可以为企业锁定潜在的目标明确的用户人群，而这类人群将来转变为消费者的概率很大。

（2）精准营销实现了降本增效的目的。高精确度让企业摆脱了之前营销广撒网的策略，降低了企业的推广费用。此外，传统营销策略要求企业与消费者在每个节点上都实现了结合，导致营销链条较长，而精准营销缩短了营销的链条，节约了仓库费用，也节省了在繁华商业地段的昂贵租金费用（孙泽红，2023）。

（3）精准营销把握了消费者心理。传统营销模式没有将消费者的具体情况考虑在内，没有细分目标受众群体，而是花费巨大的成本对消费者实行产品信息的地毯式轰炸，此模式不但没有将产品重要的信息有效地传递出去，还导致消费者在纷繁杂乱的信息面前很难高效地筛选到对自己有价值的信息，会感觉厌恶最终选择抵制。然而精准营销的传播模式是从消费者的角度出发的，通过高效且精准的广告投放，不仅实现了传递产品信息的高效性，也方便了消费者读取自己所需要的信息，在一定程度上节约了消费者的交易成本。

（4）精准营销提高了服务水平。如今，以用户的需求为出发点和终结点成为现代企业市场营销的核心，这样做有利于准确预测和深度了解消费者的消费趋势，实现将消费者的需求与企业产品相融合。此外，企业坚持便利和节约的原则，将交易中的各项环节和流程的时间缩到最短。同时，在物流选择上，精简了流转环节，在最短的交付时间内保障产品的质量和安全性。

三、精准营销应用模型

1. 理论应用框架

精准营销所突出的是消费者在市场营销活动中的主动性和购买便利性。以下着重从精准营销的 4C 理论、精准营销模式实现的要素、精准营销的方法、精准营销实现的主要途径、精准营销的痛点展开分析。

精准营销为消费者和企业之间打造了沟通交流的畅通途径，充分满足了客户需求、以较低成本、购买便利和充分交流的现代营销理念的4C要求。4P营销理论的实践应用包括产品（Product）、价格（Price）、促销（Promotion）、渠道（Place）（林钻辉，2020）。

产品：随着消费需求逐步升级，消费的多元化、品质化和个性化日趋显著，精准营销下所推广的产品必须展现清晰的用户价值诉求，要集产品的品味、品牌、品质于一体，致力打造多个差异化系列的产品，满足多层次的消费者需求。

价格：产品的定价与产品的定位息息相关，提前制定好价格策略、瞄准目标人群同样也是实现精准营销的关键一步。精准营销模式下产品定价可运用三种方法：渗透定价法、撇脂定价法和价值定价法。渗透定价法是产品以相对较低的价格进入市场，最大限度地吸引目标人群，在较短时间内显著提高销售量和迅速提高市场占有率；撇脂定价法是在产品生命初期就以较高的定价进入大众视野，主要是吸引对此产品有强烈需求且对价格不敏感的消费群体，目的是抢在其他企业推出相似和可替代的产品前，尽快回收投资资金并获得可观利润；价值定价法是企业从产品长期发展的角度出发，以合适准确的价格反映产品实际价值的定价方法。

渠道：在新零售时代下，强调线上和线下渠道的无缝融合，强调要下沉市场。除了传统的线下渠道，更趋向于网络推广、Dsp渠道、电子商务渠道等，总之，精准营销下的渠道会更关注以流量为特征的、更加扁平的、效率导向的渠道建设。

促销：在互联网时代下，商家可通过网站推广、网络广告、营销事件等多种方法唤起消费者的购买欲望，促成其购买行为，实现对有潜在购买需求且对价格敏感的特定人群的精准营销（杨明，2023）。

2. 模式实现要素

实现精准营销模式有三个要素，如图2-5所示。

```
                    实现精准营销模式的三个要素
                              │
        ┌─────────────────────┼─────────────────────┐
   精准的市场定位          巧妙的营销策略          更佳的客户体验
```

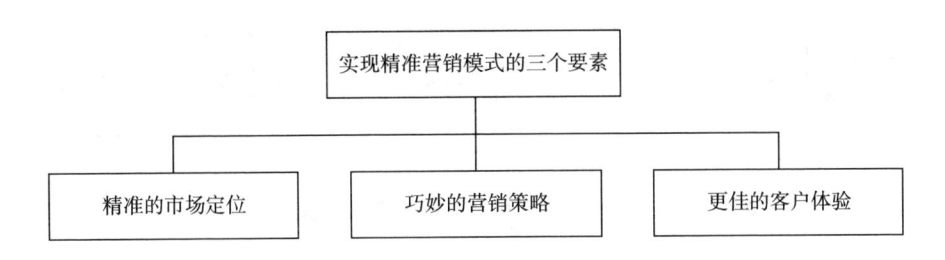

图 2-5 实现精准营销模式的三个要素

首先，具备精准的市场定位。精准营销通过数据挖掘与分析模型实现客户细分与客户行为分析，这一操作贯穿企业管理运营的整个过程中，进而才能获得动态数据、沉淀用户信息、判断产品的市场定位是否合理。

其次，制定巧妙的营销策略，如会员管理、促销等。同时要保证精准营销策略在整个组织中得到有效贯彻，使各方参与者充分理解和认可企业的营销策略。

最后，提供更佳的客户体验。企业只有将顾客所需转化为公司价值时，才算真正满足了客户需求、关注了客户价值，而这一检验标准便是用户体验。整体而言，市场定位、营销策略和用户体验组成了精准营销体系的基本架构，助力精准营销的驱动者、行动方案和可行性保障三方面的紧密结合。产品的精准市场定位对营销策略有战略性的指导意义，而营销策略必须建立在用户体验感的基础上。

3. 精准营销的实现手段

精准营销的方法包括邮件推广、关键词搜索、微信营销、微博营销等。精准营销的途径和表现方式有电话营销、短信营销、口碑营销、软文营销、图片营销、视频营销等，企业可以根据自己的特点，选择适合的营销方法。

根据以上精准营销模式的三个要素，总结出实现精准营销的主要途径，如图 2-6 所示。

（1）客户信息的收集与处理。将存储在企业各管理系统中的内部数据和源于企业外部的数据（如第三方数据、市场调查等）进行整合，将其安全储存后，采用 DMP 系统对数据进行管理。

客户信息的收集与处理 → 客户的细分与定位 → 营销策略的制定 → 营销结果的反馈与总结

图 2-6 实现精准营销的主要途径

（2）客户的细分与定位。大数据的强大画像技术，从不同的维度对客户进行细分，融合企业的特定业务场景，对各群体展开差异化的营销活动。

（3）营销策略的制定。企业营销部门结合企业的战略目标、业务模式、资源优势和企业的内外部市场环境等关键因素，针对目标群体打造个性化的营销方式并制定高效的营销策略。

（4）营销结果的反馈与总结。营销活动结束后，需要深度且综合分析营销活动中所积累的各项数据，包括营销活动的执行情况、营销渠道的选择、产品设计的满意度和广告投放的有效性。最终目的是总结营销实践经验，找出可以继续改进的营销关键点或者产品优化细节点，争取在下一阶段的产品营销活动中收获最佳成效。

因此，对用户的相关数据积累得越多，就越能强化用户和产品之间的关联性，而关联性越接近于用户的需求，营销就会越精准（彭德新，2023）。然而，当企业追求宣传和营销的精准性时，就会加强企业对于用户的核心信息、行为轨迹、隐秘行为等信息的需求。而精准营销是以大数据技术为其建模工具和理论分析的工具，且大数据技术通常运用于社会的各行各业和国家经济政策的制定方向。但当部分企业大量掌握了个人信息之后，面对如何控制企业对无限利益的渴望、如何把握用户信息使用的标准和适用范围、各项隐私数据是否会得到安全的储存等能否适度把控的问题，成为让社会各界担心的焦点。一旦无法调和精准营销及隐私之间的矛盾，势必会给社会带来危害、损害消费者利益，例如，诈骗信息、垃圾短信等。此时，政府严格、及时、有效的监管和相关法律法规的制定就显得格外重要。

第二节　精准营销构建

一、零库存模式

1. 零库存模式的概念

作为一种新兴的库存管理理念，零库存模式是指仓库储存形式的物品的库存数量很低，尽量减少产品的库存量，接近于零。零库存模式始终是当今时代企业库存管理的理想状态。在零库存模式下，企业可以节省仓库建设、存货管理、产品装卸、搬运等一系列的费用，以及避免存货的资金占用和存货的毁损、老化、变质等众多问题。

零库存模式在为企业降低成本、解决资金占用难题的同时，还压缩了原材料的供应周期，加快了供应链的传递速度，企业的运转效率明显上升，并提升了利润空间。

值得注意的是，零库存是一种较为特殊的库存概念，并不等同于不需要储备和没有任何储备，而是指以库存形式呈现某种或某些物品，它储存在采购、制造、销售、运输等单个或众多生产经营环节中，并不是以仓库存储的方式存在，而是始终处于周转的状态，库存量表现为最小化，这样的方式从不同的角度为企业带来了诸多好处。零库存模式使资源得到了有效的利用，在整个采购—生产—存储—销售过程中，能够进行高效的作业，从而提高资源的利用率（马飞跃，2022）。

企业实现零库存模式需要两个前提的工作：第一，注重市场信息收集，研判市场趋势。认真统计客户的月、周采购计划量，及时将销售信息反馈至生产协调系统，有针对性地组织生产及产品结构的调整；生产系统同时将生产运行情况、设备运转情况通报给销售部门，使销售部门根据产能状况适时调整销售策略。第二，以销售、生产、质检部门为主体成立"零库存小组"，以销售为龙头协调匹配生产，发挥多部门协同生产的最大作用。

2. 零库存模式的特点

具体来看，零库存模式具有许多特点，如图2-7所示。

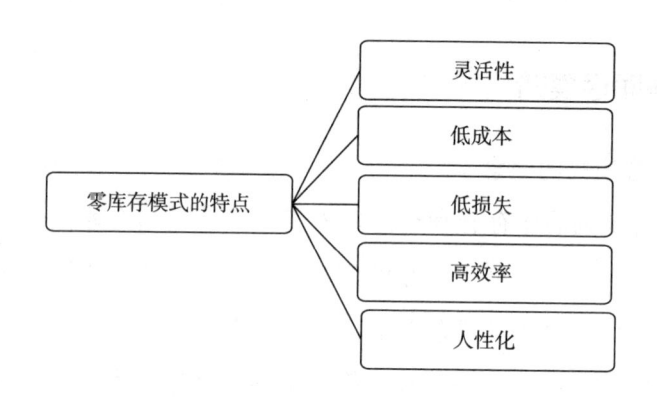

图 2-7　零库存模式的特点

（1）灵活性。在零库存的模式下，企业可以根据顾客的需求变化进行相应的优化和调整。

（2）低成本。零库存的模式在一定程度上不仅节省了仓储空间，还降低了企业的销售成本和管理费用。

（3）低损失。零库存的模式可以最大限度地规避企业因商品滞销造成巨额损失的风险。

（4）高效率。零库存的模式有效提高了企业制订销售计划和转变销售策略的效率。

（5）人性化。零库存的模式能够促使销售人员深入洞察和了解客户的需求。

因此，虽然一个完全意义的零库存状态是不存在的，但是要坚持零库存传递出的核心思想，制定好符合企业特征的库存策略，同时以企业的精准营销思想为基础，在锁定目标群体后，实时关注其消费动态和消费行为，实现准时准点供货（陈达宏，2022）。

二、数字化 CMR 模式

在如今大环境的背景下,如何保证正常的销售工作和持续的业绩增长,已成为众多企业眼下的一大难题。然而,随着在线消费渠道的不断崛起和行业消费模式的改变,企业开始加快业务数字化水平,开始拥抱智能营销型 CMR 数字化系统。

1. CMR 模式的概念

CMR 模式是现代企业开展业务必不可少的数字化工具,可以帮助企业轻松管理与客户(包括潜在客户)之间的关系,简单高效地贯穿从首次与客户接触到与客户建立长期关系的全过程。

精准营销的 CMR 体系强调的并不是企业客户的基础信息管理,而是与客户之间的"关系"的管理,即要洞悉客户"关系",延长与客户之间的生命周期。客户生命周期包括客户理解、客户细分、客户定制、客户交流、客户获取、客户留存等。

之前的众多营销理论和实践,往往仅重视创造交易而非重视关系,在当前这个产品同质化越发严重、客户选择面不断被扩大的时代,客户的总体资源并没有显著增加,因此,在这种情形下,客户资源必然成为现代企业增强市场竞争力、实现长远发展的关键。

2. CMR 模式的优势

CMR 模式有以下四个优势(见图 2-8)。

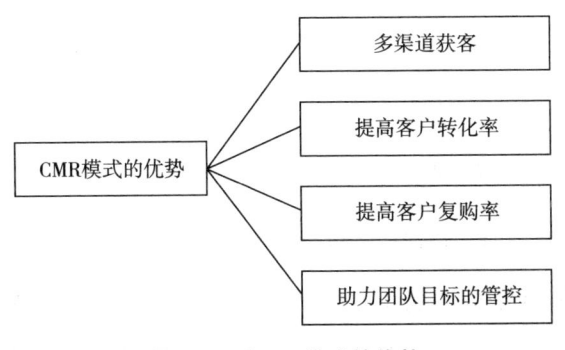

图 2-8 CMR 模式的优势

（1）智能营销型 CMR 数字化系统，对于实现精准营销第一步——寻找客户群体至关重要。该数字化系统，通过大数据技术、人工智能，完成全网范围内的数据采集存储、清洗加工，随后分析挖掘客户需求，向目标客户智能精准推荐，极大地提升了企业的获客效率。

（2）CMR 数字化系统，始终以客户为中心，实现从线索追踪到回款的全流程管理，数据支撑销售过程的精细化管理，提高了用户的转化率。与以往的营销机制不同，传统的"营"和"销"是分离的，因此在营销阶段产生的流程可能无法有效地转化为购买力，但在 CMR 营销体系中，一切都变得简单起来，集成的数字营销平台可以帮助产品、品牌实现双销售转化率，同时也保障了用户的积累和成长（刘白玉，2023）。

（3）随着获客的成本逐渐提高，企业意识到了从存量客户中提升老客户黏度和复购率的重要性，因而企业私域资产的重要性开始展现。CMR 数字化系统可以基于企业微信打造企业专属的私域流量体系，维护老客户、向其介绍企业产品、告知企业促销活动等信息。

（4）CMR 数字化系统是企业实现目标管理和管控销售行为的工具，帮助企业制定销售目标、监控销售过程、考核销售结果，借助数字化赋能，完成销售业绩。

因此，基于 CMR 整合营销技术应用，能够整合到满足企业的各种营销需求，管理企业的整个营销生命周期，以及各个阶段的服务交付。变现流量用户和用户"沉淀"，为企业的营销部门提供营销管理系统，帮助企业快速感知外部市场，同时还可以帮助企业唤醒消费者需求，实现品牌信息布局（Fan Lili，2023）。

三、"数据+"模式

在"互联网+"的时代下，数据已经融合为人们生活中不可或缺的一部分，开始潜移默化地改变了大众的生活方式，同时大数据的出现也使各行各业都经历了一次重大的时代转型，营销领域也正在发生一系列巨大的改变。当下，大数据正在改变着企业的营销策略和战略方向。因此，究竟怎样利用好大数据实现细分、精准的营销模式，是当前企业营销的关键问题。

1. 大数据的运用

企业想要充分利用好数据这一强有力的媒介或手段，就需要充分了解大数据所具有的具体特征，将大数据和营销进行深度的融合，完成营销方式的创新。大数据的特点十分显著，如图2-9所示。

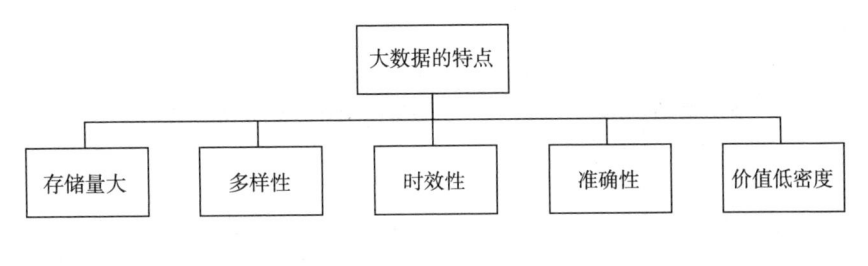

图 2-9 大数据的特点

（1）大数据的存储量大，目前已从 TB 级别跃升到 PB 级别，在不久的将来甚至会以 YB 或 BB 级别进行计数。

（2）大数据的多样性，大数据包括结构化、半结构化、非结构化等各种格式，以及数值、文本、图形、图像、流媒体等多种形态的数据。

（3）大数据的时效性，大数据通常以数据流的呈现方式迅速生成，企业若想将这些数据高效利用起来，就需要对数据流进行充分的掌控。

（4）大数据的准确性，处理的结果要保证一定的准确性。数据的规模越大，最终得出的处理结果就越准确。

（5）大数据具有价值低密度的特点，大数据虽然蕴含极大的价值，但其价值密度低，需要对各式的数据进行深度分析和挖掘才能获得有价值的信息。

借助大数据进行营销，实质在于通过大数据技术，对源于多个平台的海量数据进行深度解析，并根据分析结果有针对性地优化营销策略（张凡，

2023）。以社交平台为例，社交网络的极速扩张使数据的规模快速扩大，因为其每时每刻都记录用户在社交平台中的行为轨迹，从而可以了解用户行为习惯、理解用户需求。

2. 大数据营销的创新之处

大数据带来的营销变革日益凸显，与传统营销相比，大数据营销的策略与方法存在创新之处，如图2-10所示。

大数据营销的策略与方法 $\begin{cases} \text{大数据+营销新思维} \\ \text{大数据+网络社交媒体营销思维模式} \\ \text{大数据+移动互联网营销思维模式} \end{cases}$

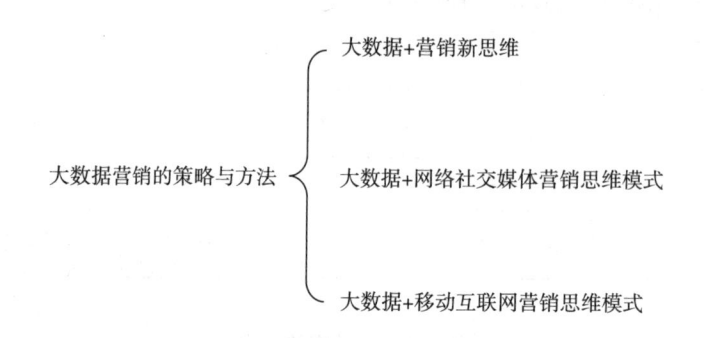

图 2-10 大数据营销的策略与方法

（1）大数据+营销新思维。营销思维创新的方式首先是关联营销，方法是借助大数据技术，在海量的数据中挖掘数据之间的显著关联性，实现深层次的多面引导。其次是定制营销，其追求速度、专注、口碑和极致的用户体验，树立让用户定义产品或服务、在最短时间内满足用户需求、积极传递用户价值等新兴理念。

（2）大数据+网络社交媒体营销思维模式。社交媒体营销具体包括精准化内容推送、信息流广告、拟人化智能对话等（李军，2016）。不论内容推送的形式如何，都可以根据用户偏好，利用大数据计算进行适应性的改进，在最优的时间点分别发送给目标用户。

（3）大数据+移动互联网营销思维模式。这种思维模式是基于众多移动通信终端，通过无线通信技术和互联网技术完成企业与客户之间的产品交换的过程，开展各项在线活动创造和传递客户价值，统一系统管理企业与客户的关系，为企业布局高效的营销活动做好铺垫（黄升民和刘珊，2012）。大数据+移动互联网的营销模式展现出强灵活性、高精准性、强互动性等特征。

可见，在全面、及时的"数据+"模式下，数据挖掘和数据分析开始盛行，企业精准营销的构建趋于多样化，从而为企业管理层对市场的精准预测提供了更好的支持。

专栏 2-1

兴长信达：大数据助力营销，助力品牌精准引流

一、企业简介

北京兴长信达科技发展有限公司（以下简称兴长信达）是国内专业的电商代运营机构和整合营销解决方案供应商，致力于中国电子商务行业的开拓和实践。在行业迭代加速的大环境下，兴长信达依托自身的技术和资源实力，从创新营销内容、一体化服务、多渠道推广等方面布局，不断发挥自身的专业优势，为新时代电商格局注入新动力。

二、数字化赋能，精准触达目标用户

首先要在锁定目标用户之前了解消费者的需求和市场趋势。兴长信达借助大数据分析、人工智能、物联网等先进技术，通过对用户浏览记录、购买记录等数据进行深度挖掘，充分把握了市场的消费趋势和个体的消费特征。

其次要精准获客。兴长信达借助淘宝、抖音、轻店、千人千面等营销平台，从爆款引流、活动拓客、无限裂变、直播带货、流量变现等方面入手，通过多渠道的推广，将不同平台的流量整合到一起，打出营销组合拳，助力品牌的精准获客。

最后要精准触达二次复购和消费的用户。兴长信达建立了专属的会员营销体系，通过推送爆款视频、优惠券、代金券、红包拓客、消费返现返积分等形式培养品牌的忠实客户，利用老客拉新、裂变分销等方式，不断拓宽有效引流渠道，带动品牌营销额和业绩增长。

因此，大数据技术助力品牌制定精准化的营销策略，提供更智能化的操作平台和营销方案，最终推出了更符合用户需求的产品和服务，提高了用户满意度和忠诚度。

三、打通多平台流量入口，打造会员营销生态圈

为了更好地将大数据与会员营销相结合，兴长信达创建了专业的数据营销平台，不仅打通了微信、视频号、百度等多平台的流量入口，让品牌快速触达多方流量池，还利用自身擅长的大数据、云计算为每位会员绘制独有的会员画像，进而对会员进行标签化管理，实现对精准用户的数据采集，为吸引新会员的加入奠定基础。

此外，为实现会员的精细化运营，兴长信达实行按会员消费行为而分层管理的办法，针对不同层次的会员进行分类营销，实现个性化服务，如生日优惠、会员活动专享折扣、周年庆活动、新人推荐礼、积分兑礼等，进而通过消费习惯的养成和品牌信任度的加强，拓宽消费品类，最终让消费者找到自我归属感，实现会员数量的增长与裂变。

同时，依托对消费者标签的分析，兴长信达还创建了会员体系，让营销在特定场景中能发挥更高效的作用，如生日专属优惠、入会周年优惠等定制化会员服务，在促进流量转化的同时，加深了消费者对品牌的印象。

会员营销已成为流量变现、新用户拉新、老用户留存的一剂良药。兴长信达针对不同品牌特性设计富有品牌特色的个性化会员体系，使会员与品牌之间建立起亲密关系，从而加强了品牌效应。

四、构建一体化数字管控系统，提高库存周转效率

为了满足新时代互联网用户的个性化、多样化需求，兴长信达还自主研

发了全渠道 ERP 系统、WMS 仓储系统、CMR、PEC 零售商城、评价分析系统、互动营销工具等，通过智能化管理系统，实现对订单、库存、物流、支付等环节的一体化管控，在确保对订单高效管理的同时，提高用户体验度。

此外，为了解决库存问题，兴长信达依托一体化的智能管理系统，帮助企业实现更加科学的库存管理。例如，通过预测销售趋势和库存状况，自动调整采购计划和库存容量，避免产生过多的库存压力和资金损失。

参考文献

[1] 王睿. 电子商务背景下企业营销策略的变革路径与措施分析 [J]. 国际公关，2022（24）：131-133.

[2] 杨明. 大数据背景下电子商务精准营销措施分析 [J]. 中国产经，2023（6）：61-63.

四、IP 跨界营销

在这个快速发展的时代，IP（Intellectual Property）概念的内涵被不断地扩大，其一般性解释为智慧知识产权。从商业的角度出发，其可以指某些智力化的劳动成果依靠媒介进行多元化展示，展示形式可以是一个故事情节或者是一个名称等。

因此，在新媒体环境下，IP 是一个流量的入口，也是一个交易的入口。而跨界营销首要的是寻找到合适的合作伙伴，改变企业之前固化的产品信息传播方式，然后双方进行多维度融合，利用新颖的营销策略获得大众的关注和好感，从而发挥最大的协同作用。最后是 IP 的跨界营销，也就是企业凭借自身的 IP 属性开展与多方的合作，可以理解为产品和内容之间的跨界。因此，跨界营销是将两个没有关联的 IP 混搭在一起，发挥各自产品或品牌之间的内在联系、打造新颖构思开发的 IP 跨界产品，强化顾客对企业产品的印象，且不会降低产品自身的固有价值，最终实现 1+1>2 的成效。

IP 跨界营销的本质在于促使各个品牌文化之间发生碰撞和催生有趣的

化学反应，自然地产生话题点和共鸣点。然而话题点的产生，并非企业进行跨界营销的终极目的（孟令光和程文倩，2022）。总之，IP 的跨界营销有两个主要的目的：第一，在短期内，IP 跨界营销可以深度融合双方的消费场景，强化大众对品牌的认知，以获取新的客户和实现产品的销售转化；第二，从长远来看，IP 的跨界营销通过互通双方的渠道，赋能自身品牌，创造新的无限可能和维持品牌的年轻化。因此，这一模式是众多新成立企业进入细分市场重要的营销手段，可以让其在跨界联动中不断强化 IP 内核，传递潮流艺术文化。

企业要真正发挥跨界营销的价值，不仅需要强大的品牌洞察力，还要有营销策略的支撑。随着新一轮消费的升级，生活的品质化和多元化逐渐受到人们的关注，企业同时也希望能打造出更具新鲜感的消费体验。为此，跨界营销的组合不但能吸引大众的注意力，还能提升大众对企业品牌的好感度，如今各大品牌热衷于跨界营销，既能实现资源整合，又可以放大传播效果。

除了明确消费者诉求，品牌在跨界的时候还需要注意以下几点：首先，跨界基于合适的契机，不能盲目跟风。品牌要先明确自己的合理诉求，然后选择适合自己的跨界创意，最终才能达到意想不到的效果。其次，需要找到合作双方的契合点。这个环节至关重要，在找准核心契合点后，叠加上双方的诉求，再通过内容创意成功吸引客户的眼球，从而使双赢的局面成为可能（吉扬怡，2020）。

综上所述，IP 跨界营销的核心思想是融合不同界别的营销元素，最终实现营销成效的最大化。然而，在策划 IP 跨界营销的策略时，企业需要完成精准、细致的市场洞察工作和创意的积累，明确自身品牌的营销诉求，最终才能触达高价值消费者，保障企业品牌可持续发展。

第三节　精准营销路径

在大数据背景下，精准营销对企业的重要性不言而喻。此外，企业要实现精准营销，关键在于能够通过数据分析找到五个合适：合适的时间、合适的地点、合适的产品、合适的方式、合适的受众。

一、云服务

在云商业时代下，企业的营销模式从3.0时代的媒体营销过渡到了以内容营销为核心的云营销时代，媒体营销的本质属性是资本与权利之间的较量，而如今的内容营销是创意与创新点之间火花的摩擦。

云营销即通过中间渠道，例如搜索引擎、云软件以及社会化媒体等，同时借助互联网的力量，将众多低成本的计算实体，构建一个具备强大营销能力的系统云平台，实现跨地区、跨渠道、跨终端的系统营销，获得强大经济利益。

云营销是在不断的技术革新中产生，并且承载在云平台之上的一种新兴营销模式。随着云技术的不断发展、数据云平台的持续完善，"云营销"模式越来越受到企业的欢迎，同时为企业营销带来新动力。与传统营销模式相比，云营销具有两个方面的优势：一方面，云营销完美地化解了企业无法完整采集用户偏好的难题；另一方面，云营销让企业走出了新用户和新产品之间的冷启动困境，而所谓的冷启动问题，是指在没有任何历史信息沉淀的情况下，企业如何挖掘用户偏好这一难题。

云营销网络覆盖搜索引擎、博客、论坛及微博等社会化媒体（云媒体），是分布式计算、网络存储、虚拟化等先进技术发展融合的产物。其强大的资源整合能力将传统上各个网络营销企业的计算机软硬件资源和零散的互联网资源上传到"云端"，因此云服务营销模式使企业开展各类营销活动更加便捷、精确、高效。不仅如此，云营销还促使企业产生各种新颖的服务或产品，以满足消费者多样化、个性化的需求。它能够同时管理多个终端的消费者偏好数据，把传统营销方法与软件服务化的理念融为一体。

云营销是网络存储、分布式计算、虚拟化等众多技术发展结合后的产物，不仅展现出了云计算超大规模、安全可靠、虚拟化、成本低等特点，还将传统存储于企业计算机软硬件中的资源和网络资源汇集到"云端",使营销的实行更加高效、便捷,呈现的营销效果更加可靠、全面和高效化。

● 专栏 2-2 ●

神策数据:云服务助力企业数字化营销

一、企业简介

神策网络科技(北京)有限公司(以下简称神策数据)于 2015 年创立,从一家只做产品的公司逐渐成长为拥有神策营销云、神策分析云、神策数据根基三大平台的公司。目前,神策数据的强大产品功能足以为客户实现全渠道的数据分析,精准触达目标用户的目标,可以全方位助力企业完成数字化营销转型。

二、全角色、全渠道、全场景分析云

神策分析云是驱动经营增长的全链路数据分析平台。该平台负责整合广告投放、用户行为、业务经营等多种数据源,负责投放效果分析、全链路的用户行为及经营分析,可以全方位洞察用户行为及价值分层,并提供统一口径,助力企业实现全链路经营分析,支撑公司业务决策。

神策数据的分析云享有用户行为分析、用户画像分析、经营数据分析、A/B 测试和 BI 可视化报表等众多功能。在经营数据分析中,一方面,分析云可以整合企业内部所积累的数据和第三方的流量数据,为实现企业的高效运营提供细致全面的分析技术;另一方面,分析云拥有时实且灵活地对用户、产品、流量等全域的经营分析能力,为企业的经营决策带来强有力的数据支撑。分析云享有应用事件分析、漏斗分析、用户路径分析等多种分析模型,可以充分满足企业多场景的分析需求,实现全业务数据化。另外,分析云不仅可以完成数据结果的计算,还可以分析任意用户的种种行

为，让企业能完整地了解每个用户。因此，分析云可以在每个场景中感知业务变化，洞察用户的真实需求。

三、精准、实时、智能的营销云

神策营销云是打通全域数据、链接全场景的自动化营销平台。神策营销云贴合实际业务场景，以营销策略的引擎平台化，灵活满足不同行业的特征性业务需求。通过精确用户圈选与精准用户触达、及时的营销效果反馈等方式，帮助企业实现实时、自动、智能的全场景营销闭环。

营销云拥有一个强大的业务系统，其核心功能包括全域标签、内容管理、营销活动和流程画布。首先是全域标签体系，基于全触点数据，构建覆盖线上线下、公域私域的用户标签体系。全域标签可以对用户进行圈选和分层管理，这是实现精准营销的关键。其次是内容管理，包括内容的创作和管理、内容的对接和同步、营销素材库、内容标签管理等。再次是营销活动，营销云触达用户的途径包括企业微信、短信、邮件、在线弹窗服务、微信小程序等，实现精准和实时性触达，响应速度快到毫秒级别，强化了与用户的连接。最后是流程画布，通过实际运营场景配置多个策略，助力营销人员创建复杂的流程。因此，流程画布是营销云的高阶模块，可以实现对多种目标人群的精细化运营和持续性运营。

四、神策数据根基平台

数据根基平台是针对企业大数据治理的一个开放性平台，其为神策分析云、营销云提供基础数据的支撑，可以实现从数据采集、数据查询到数据展示的实时同步，同时凭借数据智能引擎，快速打通企业的整体数据链路并完成数据资产的高效积累，最终打破企业面临的"数据孤岛"困境。具体来看，神策数据根基平台通过数据建模，完成对用户进行分群、得出用户画像、输出标签数据等工作，最终赋能企业多业务的应用场景，助力企业打造扎实的数据根基。在数据仓库方面，数据根基平台拥有值得信赖的数据存储，可以进行实时查询，满足任意结构化的数据存储，并且涵盖多种类型数据，支持数据的多场景应用。

参考文献

［1］4.0：新营销，云时代［J］.国际品牌观察，2022（26）：18-19.

［2］侯浩大.汇量科技重磅发布新一代智能驱动的营销云产品矩阵［J］.计算机与网络，2021，47（18）：75.

二、私域运营

1. 私域运营的产生

在互联网和电商行业的快速发展中，私域运营这一营销理念成为企业在数字化转型过程中的关键一站。与面向所有消费者的公域运营模式相比，私域运营可以极大缩短品牌与顾客之间的距离，最大限度地降低获客成本，提高用户的留存和转化率。

私域运营所衍生出来的流量被称作私域流量。总的来看，私域流量指在品牌或个人渠道所沉淀的，被多次、免费、随时触达的，同时可以实现精准营销的用户流量。通过社会各企业的不断实践和总结，私域流量运营的模式已初具雏形，企业一般通过"引流—留存—变现"这一流程模式实现数字化闭环经营。私域流量运营中的引流指将用户从公域引流到私域，留存指企业需要制定精准且具有差异化的营销战略，实现长期的用户促活管理，提升用户对产品或者对品牌的忠诚度和重复购买的概率，最终实现私域流量的变现，即完成产品或服务的交付与品牌效益和价值的提升（张宏伟，2022）。

2. 私域运营的关键点

在私域运营中与用户建立联系，产生信任尤为重要。概括来说，关键点如下。

（1）深化用户情感。人设的构建是私域运营的第一步，途径来源可以是朋友圈文案、语言风格、评论点赞等，无论借助何种途径，都要以传递价值上的认同感和归属感为中心，在输出相关优质内容、提高用户参与度、开发新创意的同时，要以朋友的视角与用户进行交流讨论，深入了解用户个性和需求，而用户认可企业的情感价值后会反作用于企业，带来更大的裂变价值，如用户可能会选择复购、与周边人分享等。若仅仅把户当看作数字化的工具人，则将使用户渐渐失去对企业品牌的信任感和品牌情感价值的认同感，进而降低私域流量的活力。

（2）精细化运营。在获取用户信任，详细了解每位用户不同的兴趣、需求和喜好后，企业要针对用户群体制定个性化运营策略。精准推送迎合用户偏好的内容，增强用户对企业的信任感，最终成功实现用户的转化（薛可和余明阳，2022）。其中，精细化运营的实现有两个核心环节，首先是给用户贴上标签，需要对所有用户进行分类分组；其次是利用之前对不同组别的用户群体设置的标签实行针对性运营管理，如制定新用户的复购营销策略、老用户的会员转化策略等。

由此看来，企业利用私域运营，需要将核心思想从"流量"转为"留量"，即将"以流量为王"成功转变为"以服务为核心竞争力"。企业在借助数字化工具时，唯有以优质的服务和真诚的情感，才能留存各渠道下积攒的客户资源，才能将数字时代的挑战完美转化为机遇。

• 专栏 2-3 •

瑞幸咖啡：私域运营助力企业业绩实现质的飞跃

一、企业简介

瑞幸咖啡（中国）有限公司（以下简称瑞幸咖啡）成立于2018年，总部设立于厦门，是中国最大的连锁咖啡品牌之一。近年来，瑞幸咖啡充分利用移动互联网和大数据技术的新零售模式，开始布局私域运营，如在线上搭建起App、小程序、建立了微信群等。至今，私域订单对其的贡献已成第三大销售渠道，已经超过第三方外送平台渠道，其中包括瑞幸咖啡App和小程序。由此可见，瑞幸咖啡的私域运营给企业的业绩带来了突飞猛进的增长。

二、私域的获客和转化

瑞幸咖啡私域运营的第一步是将其公域中的流量引流到私域中，源源不断地为私域流量池引入新的用户、注入新的流量。瑞幸咖啡的企业微信中的私域流量大部分源于小程序、App。基于瑞幸咖啡小程序和App的流量属性，公司在这两个平台首页和购买支付成功页利用小图标、横幅广告和在最明显的位置上设置了优惠券领取的提醒，吸引用户点击优惠券，进入引流页，最终将用户转化至社群。

其中，公众号引流的基本思路如下：首先通过公众号底部菜单栏的福利诱导，引导用户添加企业微信号；其次企业向用户推送福利链接，引导用户入群。值得一提的是，瑞幸咖啡的社群裂变模式，具体来看是瑞幸咖啡会不定期向顾客推送分享裂变的小程序，如奖励邀请2人入群的用户3.8折的优惠券和100元新人券包等，这些邀请规则清晰、入群门槛低、路径简短，可以最大化地拓宽推广人群。

三、社群持续触达

在通过第一步大范围的新客获取，将用户引流至距离最近实体店社群后，瑞幸咖啡在线上可以轻松完成对客户多次触达，开启线下用户自提或近距离配送的高效运营模式；第二步则是精细化社群运营，即将其私域运营的关键词重新定义为留存。瑞幸咖啡通过社群管理，根据用户属性精准发放优惠补贴，持续激活存量用户，具体来看，瑞幸咖啡以地理位置、门店、喜好口味等为出发点，根据目标人群的消费日程，平台会在一个合适的时间点主动向用户推送其感兴趣产品的优惠券及优惠套餐活动。

此外，瑞幸咖啡也会通过开展群内各种活动的形式发放优惠券，如拼手气抢券、社群福利专享价、小游戏抽奖等优惠模式，极大地调动了客户参与的积极性，使客户快速下单购买。总之，瑞幸咖啡利用"一对一"精准营销的同时，以较低的成本实现持续触达用户的目的，提升用户活跃度和产品的复购率，同时培养用户对品牌的忠诚度。

四、私域复购经营

在私域运营的模式下，企业的用户成本包括获取成本和维系成本，被极大地降低了。因此，瑞幸咖啡想要提高用户价值，就需要提高产品收入。瑞幸咖啡除了通过每日在社群内持续触达提升复购率，还打造了一系列促使用户持续购买的活动。此外，瑞幸咖啡还经常利用"微信服务通知"给予用户优惠券过期提醒，刺激用户持续消费，也培养新用户初期产品购买习惯的养成。

参考文献

[1] 孟汇鑫. 新零售视角下瑞幸咖啡营销策略分析 [J]. 老字号品牌营销, 2022（21）：15-17.

[2] 吴凤颖. 私域营销：品牌破局之新方向 [J]. 传媒, 2022（2）：30-32.

[3] 张宏伟. 私域运营：企业数字化转型"不打扰"用户 [J]. 数字经济, 2022（8）：34-37.

三、数字信号处理

随着网络世界更加便捷和丰富、获取信息的渠道逐渐趋于多样化以及大众阅读习惯的改变，移动营销理念应运而生。因移动营销平台拥有大量活跃的用户，故为其有力争夺市场广告主的投放选择和投放资金打下了有力根基。其中，因在精准广告投放和程序化购买方面发挥着显著的作用，数字信号处理（Dsp）成为活跃在移动营销领域的广告公司所普遍采用的重要渠道（张静等，2018）。

Dsp 极大地改善了传统的广告投放模式，其可以在移动互联网中精准找到真实的受众群体，最终使企业营销的投资回报率有了显著的提高。Dsp 平台的广告投放流程，涉及众多的第三方，具体包括广告主代理商、媒体供应平台、DMP 和 Dsp 等，其运作模式拥有一定规律，如图 2-11 所示。

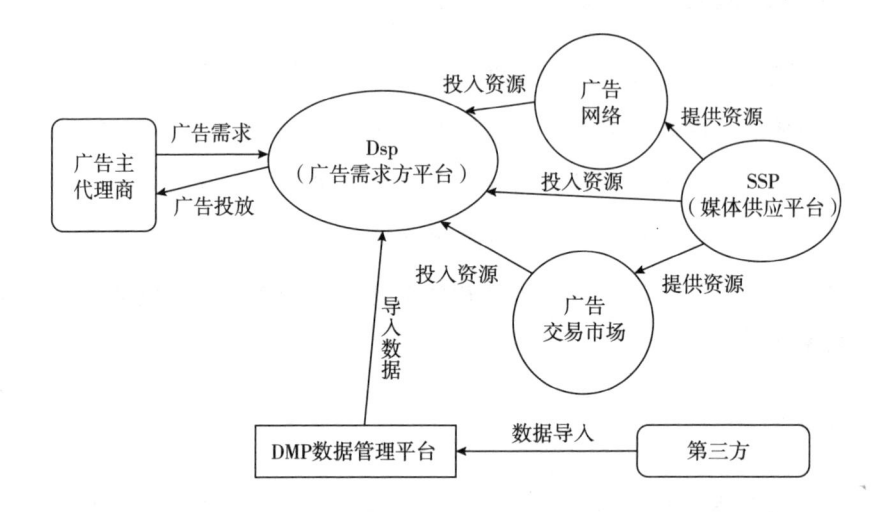

图 2-11 Dsp 营销的运作模式

Dsp 营销模式精准把控了媒体资源，在精准定位人群、提升内在技术能力等方面都展现出强大的优势，促使互联网广告的价值最大化，为移动营销累积了系统化的广告投放经验，且 Dsp 营销模式的优势也很明显，如图 2-12 所示。

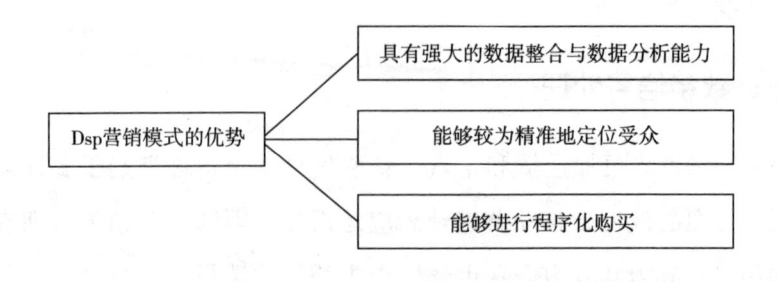

图 2-12 Dsp 营销模式的优势

（1）具有强大的数据整合与数据分析能力。Dsp的数据主要有三个来源：一是数据管理平台（Data Management Platform）；二是广告主自有的数据，包括会员系统、销售系统、客服系统等数据信息；三是广告平台历史的投放数据及数据供应商提供的服务数据。

（2）能够较为精准地定位受众。Dsp另一个主要的核心特征是基于数据的用户定向技术，得出的分析结果将直接影响广告主的广告投放效果。此外，广告主的最终目的并非购买媒体，而是希望媒体可以与品牌的潜在顾客之间进行广告投放和广告沟通。

（3）能够进行程序化购买。Dsp需要跟进互联网广告交易平台（Ad Exchange）每次传过来的曝光机会，随后根据每次获得的相关数据，包含此次曝光的网站和页面信息、曝光的受众人群的标签属性、人群定向的分析等，这些综合的数据将直接决定Dsp的竞价策略（黄超，2017）。但若竞价一样的情况下，则是先到先得，即实时竞价购买（Real Time Bidding）模式。在传统的广告投放模式下，广告主联系广告代理商，以广告联盟等方式在媒体网站投放广告，完成触达目标受众的过程。然而，程序化购买完全改变了原有的广告产业链，构建了一条全新的产业链，对各媒体进行了资源统筹和预算分配。

第四节　实施精准营销策略

当下，企业的营销推广形式趋于多样化，更多企业开始摒弃通过广撒网式的宣传模式展开对所有用户的营销，而转向通过制定精准的营销策略。在精准营销策略下，企业可以科学化地利用用户数据，降低企业的营销成本。因此，制定和实施一项高效且有针对性的营销策略对企业营销的成功至关重要。

一、网红带货

随着网络时代科技信息日新月异的发展和新型社会化媒介的流行,"网红带货"这一新型营销模式进入大众的视野,成为众多电商青睐的主流营销手段之一,从而催生出了"网红经济"这一名词。

1. 网红带货的概念与途径

网红带货是指网络达人借助互联网的各个平台,利用其自身所特有的流量,通过产品试用或产品讲解的方式,吸引大众眼球,使大众可以更直观且详细地熟悉产品的各类信息,最终促成交易的一种企业营销模式(于鑫等,2023)。

网红带货有三种主要途径,如图 2-13 所示。

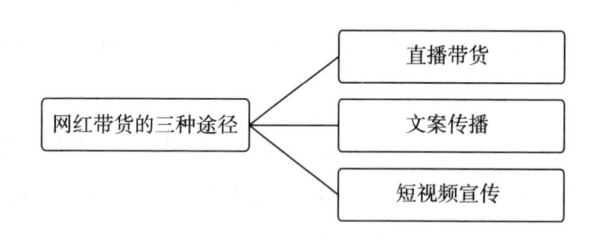

图 2-13 网红带货的三种途径

一是直播带货。简单来说,直播带货是找一些有影响力的人,如 KOL(关键意见领袖)等通过直播的方式与用户互动,同时进行带货。因此用户对产品的任何疑问都可以通过评论留言咨询,随即会得到产品信息的相关解答。

二是文案传播。自媒体平台,如公众号以及今日头条、小红书等 App 也可以进行带货,不过和第一种形式不同,自媒体平台需要凭借优秀的推广文案才能最大限度地实现裂变式传播和分享。

三是短视频宣传。网红通过短视频的制作和剪辑,将产品的信息巧妙地融入视频,然后在抖音、快手等短视频平台进行推广传播。

上述三种网红带货模式都有较好的营销效果，其中短视频的传播效果最为有效，因为短视频不受时效性限制，可进行重复利用，对于产品展现效果最佳，从而相对更容易分享和裂变。

2. 网红带货的优势

传统广告与网红带货的产品宣传地点、宣传方式和宣传途径都大相径庭。二者最明显的不同在于后者的营销主体——网红，享有强大的粉丝效应，与自身粉丝的亲密互动频率明显高于明星，与大众的距离感更加真实。因此，在网红带货过程中，其大批量粉丝能够及时参与到各项产品推介、折扣等众多活动中，推出的产品更加符合消费者的需求（秦勇等，2017）。此外，借助先进的技术贯穿在网红与粉丝的互动过程中，消费者可以实时感受身临其境般的购物体验，让粉丝更加熟悉各类产品的性能，最终提升潜在人群的转化。

在营销成效的可衡量方面，传统媒体广告的目标受众较为模糊，同时其广告宣传的触达率和转化率等数据的监测和计算也较为复杂，对目标受众的精准定位较为困难。而如今的网红营销在一定程度上走出了之前的营销困境，因为网红带货面向的对象绝大部分是自身的粉丝，此模式下目标受众更加具体和明确（杨娟，2022）。在营销成效衡量方面，网红带货可以通过自己营销后的产品销售量和销售额进行检测和衡量。

确保网红带货成功的关键，第一步是企业需要选择与产品定位一致的网红。一方面，要确保合作的网红所输出的价值观与企业品牌价值一致；另一方面，需要考虑营销内容和策略与粉丝群体的相关性、网红与其受众互动的频率等方面，确保网红发布的带货内容是与企业品牌价值相一致且真实的内容。

第二步是企业需要借助深度链接，对网红活动进行跟踪和归因。要衡量网红对 App 安装和销售的影响，并自动归因到网红，需要给予网红一个产品的深度链接，此链接可以将用户直接引导到他们想要去的位置，无论是 App 主页还是特定产品。这项技术可以打造无缝平滑的用户体验，减少用户流失概率，提高用户完成预期操作的概率。此外，深度链接可以帮助企业轻松跟踪网红分享的所带来的销量情况，并此后不断优化网红带货营销策略，从而提升投资回报率（田明和，2022）。

当网红带货成为一种新兴产业时，企业逐渐倾向于借助网红的巨大流量扩大自己产品的销售额和知名度，但同时也会伴随一定的风险。因此，当下理性合作显得尤为重要，前提一定要明确双方的权利和义务，企业不可尽信一些网红的粉丝数、影响力和其带货的能力，以免最后获得的成效和企业的预期相差甚远。

二、多平台运营

随着现代技术的迅猛发展，企业的销售平台、营销渠道也随之变得多元化、个性化。多平台运营是指企业通过上传产品信息到各个不同的平台，同时进行多平台的产品销售。进行多平台运营的原因是，企业可以花费较低的成本进行引流，以此获得更高的浏览量和曝光量，最终可以将沉淀的流量成功转化为成交量，从而增加产品的销量。

与传统的单一平台运营相比，多平台运营具有四个方面的优势，如图 2-14 所示。

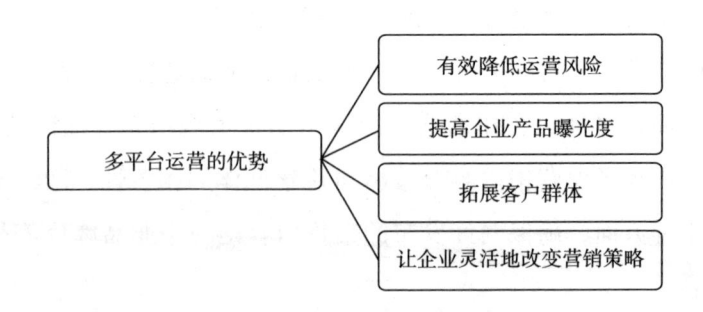

图 2-14 多平台运营的优势

（1）有效降低运营风险。多平台运营能够分散平台被取代的风险。企业对单一平台越依赖，其面临的不确定风险也就越大。而一旦由于平台规则而导致企业运营失常,在单平台运营模式下企业产生的损失将是十分惨重的。因此,企业需要布局多个营销或者销售渠道,开拓更多平台,展现自己的核心优势,最大限度地提升企业运营时的风险抵御能力。

(2)提高企业产品曝光度。在应对激烈的市场竞争中,企业除了要以产品质量和服务质量为核心,还要提高企业产品在海量商品中的曝光量。因此企业要获取在大众视野中更高的曝光度和收获更高的页面浏览量,必须摆脱之前单一的平台运营模式,逐步开始在多个平台上运营和营销自己的产品(Liu Jingwen,2023)。

(3)拓展客户群体。每个运营的平台都有某些特征较为相似的用户定位和客户群体,简单来说,每个平台上的客户喜好、购买习惯和消费能力都呈现出很大的不同。因此,在多平台运营模式下,企业可以吸引之前在单一平台运营时无法触达的客户群体,从而拓展产品的受众群体的种类。

(4)让企业灵活地改变营销策略。不同的平台都拥有自己特有的商业模式,因此企业可以根据各平台的商业模式相应地改变自己的营销策略。具体来看,企业以各个平台的受众特征为出发点,进行差异化营销,如加大折扣力度、产品搭配营销等,使不同类型的用户群体都对企业的产品或品牌拥有清晰的认知,最终提高产品的购买率。

三、平台直播

近年来,直播模式成为大众获取信息、消磨时光、拓宽视野的重要途径。"直播+电商"的营销模式一举成为新媒体时代的关键营销手段之一。直播是一种依托互联网技术,利用强大的信息接收平台和终端,最终呈现实时的视频和音频信息,传输实时互动信息的网络发布方式。近年来,在技术的进步、购物体验的升级、消费者消费能力的提升、社交渠道的拓宽、国家层面的鼓励等因素的助推下,"直播+电商"的营销模式一举成为新媒体时代的关键营销手段之一。

1. 平台直播营销的特征

网络直播的平台展现出突飞猛进式的发展,不仅体现直播时的观看人数和主播的数量增加，在直播的形式和内容上都呈现史无前例的扩张。因此网络直播营销是目前品牌、产品营销战略的重要组成部分。网络平台直播营销拥有三个特点，如图2-15所示。

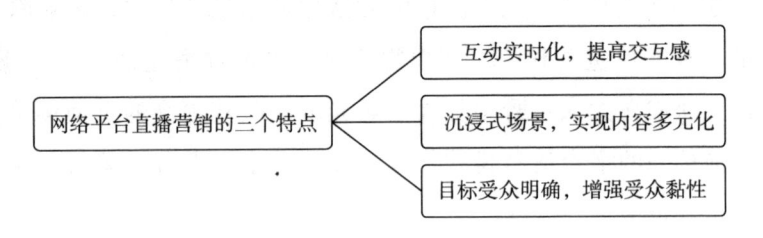

```
                                    ┌─ 互动实时化，提高交互感
网络平台直播营销的三个特点 ────────┼─ 沉浸式场景，实现内容多元化
                                    └─ 目标受众明确，增强受众黏性
```

图 2-15　网络平台直播营销的三个特点

作为随着互联网蓬勃发展的产物，网络直播填补了单纯图片、文字或者视频的时效性较差的缺点，而实时互动性成为平台直播营销中的关键优势。在吸引大众聚集在某个直播平台或直播间之后，受众可以通过刷礼物、点赞、弹幕评论等方式与主播或者其直播间其他在线用户进行实时深入的互动交流，产生一种缺席的在场感。在与直播间受众互动的过程中，直播平台的主持、运营人员等会向他们全方面讲解和介绍品牌和产品信息，以实现在最短时间内促成产品成交的目的。因此，网络直播营销突破了时空的限制，与各地区的受众实现实时交流，构建了双向互动的模式，极大地提升了消费者的购物体验，丰富了媒体的传播形态。

2. 平台直播营销的要素解析

直播营销的三大要素：人、货、场。由此可见，场景布局在直播营销中的重要性占比最高。作为一种新型互动式营销平台，网络直播可依据活动内容、活动主题布置场景，如温馨自然场景、简约纯色场景等，同时通过灵动的音乐、优质的主播、有趣的活动等吸引受众的注意力，使其沉浸在直播的营销场景中，激发其在线交流和互动的积极性。因此，平台直播中场景构建的重要性日益凸显，这种方式进一步缩短了消费者与产品、品牌、商家的距离，实现了由观看体验向消费体验的快速转化。

此外，网络直播营销还展现了营销的精准性，具体包括精准的选品、精准的渠道、精准的圈层。在选品方面，网络直播营销可能会首选品牌旗下的引流款、福利款、利润款、主推款产品，增加客户留存率，稳定客户粉丝群；在渠道方面，网络直播可以在各大平台进行线上营销，克服线下销售的弊端；在圈层方面，网络直播营销主要表现为不同主播、不同直播平台的受众群体也是不同的，即享有的粉丝群体的属性和标签各不相同，因此在营销战略制定方面表现出显著的差异性和针对性。

● 专栏 2-4 ●

海澜之家：平台直播模式，实现精细化运营

一、公司简介

海澜之家集团股份有限公司成立于 1997 年，是多品牌服饰生活零售企业，旗下拥有"国民品牌"海澜之家、男装黑鲸、女装 OVV、婴童装英氏和男生女生、职业装圣凯诺、运动品牌海德及生活家居品牌海澜优选。近年来，海澜之家加强数字化营销，开始以新兴传媒媒介为载体，聚焦消费者关注点，以优质内容提升品牌曝光量，挖掘品牌增量。

二、核心靠私域拉动直播流量

微信小程序是海澜之家进行直播的平台之一，因为其可以通过微信这一现有的工具进行引流，所以该直播平台成为了海澜之家营销高效率低成本的途径之一。海澜之家经过多年的精细化运营，在微信上有了百万的粉丝。海澜之家在开始直播前，会提前在微信公众号上发布品牌的直播信息。首先会预告这一天最值得期待的新品发布时间，同时预告直播间将会出现的福利，通过红包狂撒、1 元秒杀等活动吸引用户进入直播间。对于进入海澜之家直播间的用户，主播会利用有效话术引导用户登录、订阅直播间账号和加入粉丝群，从而实现私域流量闭环。

三、多元化活动引爆直播间

直播中设计精巧的互动环节大幅提升用户的参与感与黏合度，进一步增强了海澜之家品牌与用户的连接。直播多方位破圈后，不仅为品牌原有用户提供了互动机会，更吸引了大量的新用户，助力海澜之家实现用户增长与市场拓展。例如，海澜之家在长白山开启的一场融入自然、感受时尚的冬日限定超能之旅慢直播中，演绎"超好看、超有料、超好穿"的超能新品，诠释海澜之家在都市户外领域的强大科技力与潮流时尚感。作为首创长白山赏冬超长慢直播，海澜之家首次在直播间内呈现了多元化的户外细分场景，让穿搭与景物遥相呼应。直播间通过超能大片拍摄、森林夜话团建，演绎极光系列与户外运动场景、日常生活场景的适配性。

此外，海澜之家的直播时间是早上10点至晚上10点，连续进行6场直播活动，无缝接档开播，每场直播的时间长达2小时，其中有5场直播是为了预热，剩下1场是压轴。同时每场直播会发布一款新产品，订阅用户可以随时进入直播间进行观看，白天5场直播的预热是为晚场的直播来积攒人气。而晚上黄金时段的直播，海澜之家则采用"明星+总裁"的直播模式，同时通过发放抵扣券、红包抽奖和极限秒杀等活动引导直播间的用户选购。

四、直播平台前中后端精细化管理

目前，海澜之家直播矩阵账号主要以小镇青年、都市蓝领、精致妈妈、Z世代、新锐白领五类人群为主导。海澜之家拥有强大的数据分析能力和海量数据库，因而可以实现对直播整个过程进行精细化管理，从而构建差异化的直播服务体系。具体来看，直播前端通过线上平台的公域流量和线下门店的私域流量进行推广引流，中台则提供技术支持和完成直播过程的互动环节，而后端需要迅速且精准地进行数据的整合、反馈和品牌内容的沉淀，同时需要优化品牌的产品品类和直播渠道。海澜之家的这一套操作简单、成本较低、见效较快的直播运营矩阵，使得品牌沉淀了私域流量的同时，也使其C端运营实现了降本增效。

因此，现阶段品牌服饰直播营销已陆续进入精细化运营阶段，作为中国代表性的服装品牌之一，海澜之家的直播之所以取得了优异的成绩，得益于其对线上直播营销的精准把控。

参考文献

［1］马骁骁；刘达明.品牌服饰直播营销中的商品优化策略研究：以海澜之家为例［J］.上海商业，2023（9）：58-61.

［2］娄爽爽.服装行业网络直播营销策略分析［J］.产业创新研究，2023（5）：67-69.

四、大数据分析

企业通过大数据分析扩展出了更加丰富多样的经营内容，可根据消费者行为调整经营策略，完善发展战略，促进可持续发展。大数据分析时代对品牌的营销和推广产生了重大的变革，如图2-16所示。

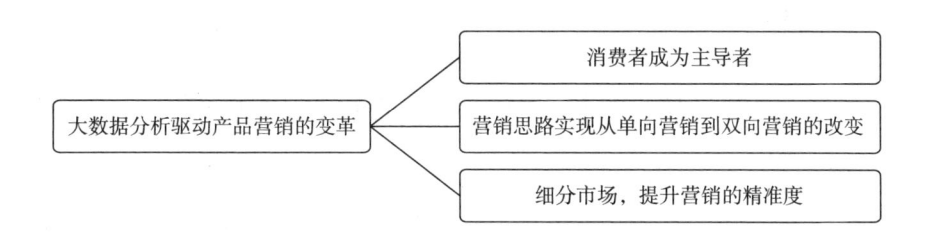

图2-16 大数据分析驱动产品营销的变革

新媒体时代的到来，不仅拓宽了消费者发表诉求的渠道，还为消费者提供了多样化的选择，使其可以清晰、客观地表达自己的消费体验，同时方便消费者通过关键字样进行搜索和多维度综合比对产品信息。从企业视角看，这些媒体平台最直接、最客观的产品反馈信息无疑是一笔宝贵财富，将所有数据汇总并加以技术分析可快速、精准地获悉消费者的消费需求和消费特点（翟金芝，2020）。与先前通过市场调研综合采集消费者信息的途径相比，大数据分析的营销手段更加及时、准确，同时也降低了成本，使企业能够洞察消费者聚焦点，便于产品的研发和改进。这充分说明，消费者已经成为市场营销的主导者。

在传统的单向营销模式下，企业虽然投入了大量的人力、物力，却无法获得理想的投入产出比。然而在大数据技术的强有力支撑下，企业实现了产品的实时双向营销，打破了时间和空间的限制。通过分析实时更新的海量数据，企业可以知悉各消费群体对各类产品的体验，及时调整市场营销策略，满足目标群体的偏好，解决企业端和消费者端信息输出不对等的问题（曾忠禄，2017）。

在产品性质、市场同质、产品生命周期等因素的影响下，企业无法满足所有消费者的市场需求，只能通过细分市场，提取分析非结构化的数据，聚焦部分消费者的消费需求、能力、心理、定位等信息，建立差异化营销战略，实现精准营销，提升产品的市场占有率，增强客户黏性。

篇末案例

沸彻科技：品牌营销，成长为行业"领头羊"

随着网络技术在大众生活中的不断渗透以及大众需求的崛起，运动健身行业呈现诸多新趋势，其中智能健身领域逐渐发展成为备受社会各界关注的主流趋势。与此同时，另一个显著趋势是大众需求逐渐趋向个性化，大众逐渐期望在生活的各个方面都能享受到富有个性化的产品和服务。

一、企业简介

成都沸彻科技有限公司（以下简称沸彻科技），开创了家庭科技健身模式。自2019年成立以来，沸彻科技凭借"硬件+AI+内容+服务"的创新模式帮助大众打造健康的生活方式,在给消费者带来全新体验感的同时,也给居家健身行业带来了巨大的变化,旗下产品 FITURE 魔镜在智能健身领域的产品优势与核心竞争力迅速得到了市场的肯定。因此,沸彻科技逐渐成长为该行业的独角兽企业。

二、硬件+课程双升级,打造"交互式"内容

成立至今,沸彻科技一直深耕自主研发和自制内容两大板块,推出了多款由核心 AI 技术打造的各具特色的 FITURE 魔镜终端产品。其中,最具特色的是软硬件技术与课程的融合产出"交互式内容"。沸彻科技尤其注重教练团队和课程内容的打造。其除了新建 FITURE FORCE "全明星教练"团队,还拥有教学研究、影音制作、AI 技术等多个团队,合力上线数千节"交互式内容"的课程,内容涵盖高强度间歇性训练、瑜伽、搏击训练、有氧舞、武术等,能够满足全年龄段用户的需求,为用户带来更具沉浸感的运动体验。

其中,在面向儿童用户方面,沸彻科技全新推出了针对亲子人群的大量课程,包括英文跳跳操、国风古诗、ID 酷街舞等科学益智儿童运动课程,通过趣味沉浸式教学,解锁全龄段儿童运动学习的新场景。沸彻科技还与国家认证运动教练和国家快乐体操优秀裁判共同携手研发,根据"少儿体能运动模型"中不同性别的儿童在幼儿、学龄前、学龄阶段的人体基本运动机能、身体发展情况、身体素质情况,建立具有体系化、针对性的运动课程。

三、多措并举,培养用户对品牌的信任感

1. 免费试用 14 天

沸彻科技清晰地认识到智能健身镜是一个低频高价的健身产品,在此模式下的运营核心是培养信任感。而信任感的培养最重要推动因素是顾客的体验感的培养。为此,在线上渠道,沸彻科技推出了"14 天无忧体验"

产品，通过线下门店导流、公域流量广告投放，促使更多的目标用户进入自己的私域流量圈，包括企业微信号、微信服务号、小程序等。同时让存在潜在兴趣的用户填写问卷调查，如家庭情况、需要魔镜的原因、准备摆放的位置等。通过对大批用户进行筛选，最终选择符合14天免费体验条件的用户，沸彻科技会安排人员免费上门安装，让这些用户体验14天，对产品满意则付款留下，如果不满意可以选择退回。

最后，计算相关的数据得出，免费体验14天后选择留下付款购买FITURE魔镜的用户比重高达70%，据分析，占比如此高的原因应该与启动了用户的"现状偏见"心理有很大关系。概括来说，"现状偏见"是人们不愿改变当下已经习惯的"现状"。因此，这些用户在家里体验了14天的FITURE魔镜后，由于"现状偏见"心理的存在，就会自然而然地选择为健身镜付款埋单。最终，沸彻科技成功地开启了第一波体验式种草，实践证明切实的体验能促使产品的购买转化。

2. 巧用用户标签

FITURE魔镜的目标人群主要集中在30岁左右的女性用户，因为这个人群对家庭健康的关注更加强烈，加上她们拥有的空余时间也比较琐碎。同时，由于一些因素的出现，健身的场景更多地被局限在家里，因此，用户的居家健身需求被进一步放大。FITURE魔镜利用碎片化的课程内容和游戏化的激励机制，有效地解决了用户健身既没时间又不自律的问题。

此外，沸彻科技为了给用户提供信任的服务，FITURE魔镜在线下会让用户直接添加服务店面的工作人员。企业在成功添加了一位用户后，通过各种办法给用户贴上标签，如用户所在的城市、年龄、性别、健身的兴趣、健康状况、体型、家庭人数等标签。于是根据这些标签给此类用户推送相应的内容，如根据节气的变化推荐不同的饮食食谱、给处于雾霾天气的用户推送不要出门跑步的提醒、给用户发送健身、塑形、减脂的短视频课程等。当然，在私域运营中，也会把企业的一些关键营销节点的优惠信息推送给用户。

3. 促进用户的产品转介绍

在用户对公司产品建立了基本信任后,沸彻科技提升产品销量的另一途径是转介绍。据了解,FITURE 魔镜目前销量的 35% 都是由老用户转介绍而来的。

沸彻科技促进转介绍的营销手段主要包括三种:第一,打造拼团模式。例如,用户在 14 天免费体验产品时,沸彻科技会鼓励所有的产品试用用户和他的同事、朋友一起来参与试用公司产品。如果三人成功组成团队,一起锻炼,并且完成打卡,沸彻科技就会额外赠送这组团三人每人一张 200 元的产品优惠券。第二,鼓励用户分享海报。用户在根据 FITURE 魔镜的计划上完课后,沸彻科技就会将一些有趣数据,如该用户在这个课程上的排名、本周的锻炼时长、击败了全国多少用户等,绘制成直观的海报,用户打开产品 App 就可以保存图片,轻松分享给朋友或者分享到其朋友圈。此外,对于 FITURE 魔镜试用的用户,沸彻科技会把他们拉入一个微信群,不定时开展一些分享打卡活动,对打卡完成的用户奖励一些小礼品,如健康日历、水壶等。第三,设定"超级用户"。沸彻科技将在 FITURE App 上活跃等级达到 5 级以上的用户设定为"超级用户",并为这些用户开放一些特殊权益,如邀请他们到场免费参与公司举办的会员盛典活动,并获得精美的纪念品,在公司产品大促期间,会在第一时间告知他们公司的优惠信息等。

此外,沸彻科技还构建了基本的积分、勋章系统,使用户在积极完成一系列任务后,即可获得相应的积分和勋章。因此,FITURE 魔镜的设计始终以如何让用户更好地学习健身课程、如何更好地坚持锻炼等内容为出发点,从而开发出了各式游戏化、社交化的应用和功能,在很大程度上调动了用户的健身积极性和提高用户体验。

4. 提供个性化服务

在此前各种途径触达用户后,双方之间构建了牢固的信任关系,此时,沸彻科技的产品能否满足用户的个性化需求对产品的销售至关重要。为此,沸彻科技创作出了顶级的原创健身内容，拥有领先的全流程生产系统，专注研发丰富优质的课程内容并保持定期更新的频率，致力于让用户保持对健身训练的新鲜感，让健身这一运动更加生动。此外，FITURE魔镜还拥有真人指导，可以使训练更有效。FITURE魔镜用户将享受一对一专属FITURE健康顾问服务，包括日常饮食指导、个性化运动方案定制和运动指导、督促陪伴、定期福利活动邀约等。

同时，沸彻科技利用先进的技术优势和丰富的数据积累，全面布局智能健康管理领域，通过健康顾问为FITURE魔镜用户定制餐饮规划建议、健身管理计划等众多细小的生活服务，切实为用户打造专属个人的健康生活模式。此外，沸彻科技还为用户创建了"沸活圈"的社区，目的是促进用户与用户之间及用户与教练之间的交流与分享。

目前，沸彻科技面向全线产品的重磅功能"魔力计划"也已正式上线。用户可通过"测评"和"定制问答"的方式定制最适合自己的专属"健身计划"。该计划生成后，AI将科学分配出"激活阶段""进阶阶段""冲刺阶段""巩固阶段"四个阶段的详细健身内容，同时也会参照用户的卡路里消耗量以及个人承受度推荐最适合的健身课程，赋能用户在最短时间内塑造最优曲线。

四、IP跨界合作，拓宽产品的应用场景

在线下，沸彻科技不断通过和其他品牌达成IP跨界合作的方式，获得更丰富的用户体验场景，进入更广泛的圈层。例如，沸彻科技与致力于打造理想而卓越的办公体验品牌Element Plus达成紧密合作，并且Element Plus也同样一直关注用户健康，因此二者所坚持和传递的价值理念是一致的，同时旗下产品的定位也是趋同的。此次跨界合作意味着企业健身房将摒弃之前固定的空间形式，将FITURE魔镜这一智能健身服务正式引入办公场景，极大地满足了绝大部分企业员工对健康办公的需求，同时优化了企业健身房的搭建成本和使用效率。

此外，沸彻科技不断扩展核心用户的生活场景，寻求与其标的人群重合度极高的合作方，触达新的圈层用户。目前，沸彻科技已与众多品牌实现了跨界的战略合作，包括蔚来汽车、威尔仕健身、PURE、和睦家医院、国贸大酒店等。很快就能看到沸彻科技的产品出现在健身房、线下酒店、康复医院等众多场景中。未来，沸彻科技计划继续扩大其品牌的影响力，积极展开与康复中心、学校、月子中心等多个领域的跨界合作，从而分析用户的运动健身需求并不断开发产品功能。

五、携手亚马逊云科技，进军海外市场

近年来，在国内业务不断完善的同时，沸彻科技将目光聚焦于海外市场，致力于为更多用户提供定制化的健身服务。因此，为了加速海外业务部署，沸彻科技选择携手亚马逊云科技，因为亚马逊云科技平台拥有多重业务优势。

首先，该平台上丰富的服务种类可为公司业务提供灵活的支持。沸彻科技的产品团队考虑到国内外各种人文差异的存在，没有将适用于国内的应用和内容模式直接迁移到海外，而是致力于推出更多具有差异化的服务，以面向不同的市场。亚马逊云科技可以提供包括无服务器、容器、数据分析等数百项云服务，这些服务的应用可以让公司产品的研发变得更加灵活，产品功能更新迭代的速度也变得更快。

其次，该平台能够提供安全可靠的网络链接服务。沸彻科技产品拥有丰富的互动式健身课程内容，对存储、传输和分发的要求也更加严苛。而亚马逊云科技的骨干网络与广泛的边缘节点优势和亚马逊云前端低延迟与高吞吐量的分发网络集成优势，使用户可以轻松流畅地体验FITURE魔镜"即点即播"式的互动健身模式。同时，亚马逊云科技专业媒体处理服务Amazon Elemental Service的视频云方案，可以帮助FITURE魔镜构建安全可靠并能够适配不同网络环境的流媒体服务能力，最终保障公司产品的高质量视频播放效果。

未来，FITURE与亚马逊云科技将继续深化合作，持续在媒体服务领域开展更多业务的创新，快速实现在全球不同市场的内容交付，为FITURE魔镜用户提供更具新意的健身内容和健身体验，进一步强化公司产品与服务在全球市场上的竞争力。

参考文献

［1］解磊.FITURE沸彻魔镜双线布局助力全民健身［N］.消费日报，2022-09-28（A04）.

［2］卢岳.FITURE魔镜：居家锻炼需求井喷 智能健身镜成"新顶流"［N］.消费日报，2021-10-14（B03）.

［3］曹彦君.FITURE加速跑［J］.21世纪商业评论，2021（4）：76-77.

第三章 平台生态：共情共治与共享共赢

　　由于互联网科技和数字技术的快速发展，竞争也日趋激烈，企业希望通过构建生态系统融合跨界资源形成优势，增强竞争力。一些平台企业凭借自身拥有的流量优势、技术优势、资金优势等，会集了众多互补的合作伙伴以及广大客户，形成了平台的生态系统，以推动平台、互补企业和客户之间的共治、共享，实现平台生态的共赢。平台生态是数字经济时代下重要的商业模式创新。

对于天使投资人，一个游戏规则是不要越俎代庖。你可以为创业者提建议，但不要替创业者做决策。投资人得清醒地意识到自己是辅助角色，这个企业不是自己的。

——360创始人　周鸿祎

学习要点

☆平台生态模式

☆平台生态的实现

☆用户价值

☆数据治理

☆资源融合

开篇案例

石头科技：创新简化生活

一、企业简介

北京石头世纪科技有限公司（以下简称石头科技）于2014年在北京成立。石头科技致力于研发和生产智能清洁机器人及其他智能电器，以创新简化生活为使命，重视技术创新，持续探索人工智能、软件算法、机械结构设计等前沿科技，优化现有产品、升级更多功能并不断丰富产品线。目前，石头科技已在海内外拥有了一定知名度，全球渗透率持续提高，成为扫地机器人行业的有力竞争者。

二、行业发展

一方面，家庭清洁是刚需，但由于生活节奏的加快，人们不希望在家庭清洁上浪费太多时间；另一方面，由于互联网时代的发展，人们的思维观念发生转变，对智能产品的接受度越来越高，导致智能清洁机器人及其他智能电器的市场需求逐渐增长。扫地机器人诞生于20世纪末，随着人工智能、激光和视觉等技术的发展，扫地机器人的功能更丰富、清扫能力更强大、应用更智能，用户体验也更良好，扫地机器人越来越受到人们的青睐，成为中国居民使用率最高的智能家居清洁产品之一。目前，扫地机器人在一、二线城市应用很广泛，随着居民购买力的上升以及产品本身的性价比的进一步提高，扫地机器人逐渐向三、四线城市渗透，意味着其市场仍有很大的增长空间。

在竞争对手方面，扫地机器人的销售渠道以线上销售为主，各大电商平台上销售的扫地机器人品牌众多，高价、低价的兼有，包括新兴的、专业的智能清洁电器公司以及传统的家电公司等，但大部分市场一直被几个有力竞争者占据着。根据奥维云网的数据，2022年全年扫地机器人线上市场占有率排名前三的企业是科沃斯、石头科技和云鲸，三家企业市场占有率之和达到76%，头部集中效应较为明显。

在产业链方面，产业链上游是原材料和零部件，原材料主要是塑料粒子、金属等，核心零部件包括芯片、传感器等，目前较为成熟的厂家有春光科技、欣旺达等；中游涉及扫地机器人的研发和制造，市场上品牌众多并且不断涌现新的市场参与者；销售渠道和最终消费者属于产业链下游，销售渠道包括线上和线下两种。石头科技位于产业链中游，供给和需求有所保障，但是行业竞争可能越发激烈。

三、加入小米生态链

石头科技成立不久就受到小米的青睐，成功进入小米生态链，这一举动成为石头科技成功的关键因素。小米生态链对石头科技的赋能主要体现在三个方面。

第一是品牌。小米品牌的知名度和影响力是受到消费者认可的，消费者对小米产品已经产生了性价比高的品牌印象，并且小米拥有一批忠诚度和黏性较高的"米粉"。2016年，石头科技推出旗下第一款产品"米家扫地机器人"，使用"米家"品牌并且保持了小米产品性价比高的特点，创造了极大的销量，迅速成为爆款产品。2019年，石头科技又推出了米家手持无线吸尘器，也取得了优异的成绩。凭借"米家"爆品，石头科技迅速跻身扫地机器人行业前列。

第二，资本输血。石头科技的整个发展过程都受到了小米及其相关资本的持续帮助。2014年，石头科技刚成立，小米就投资入股，成为石头科技的股东。2015年3月，石头科技再次增资，由小米公司控制的天津金米加入其中，其后，顺为资本也参与了石头科技的增资和股权转让。小米系资本的入场为石头科技提供了强大的背书效应，带动了高榕资本、启明创投等资本方的加入，使石头科技背后的资本力量越来越雄厚。资金的支持对初创的科技企业发挥着至关重要的作用，让石头科技能够聚焦技术研发，提升技术硬实力，运营得到保障，生产出令客户满意的高质量产品。

第三，供应链和渠道。石头科技处于扫地机器人产业链的中游位置，上游的供应商和下游的销售渠道对公司的发展都极为关键。作为小米生态链的一员，石头科技受到小米在供应链和渠道方面的全力支持，小米为石头科技引入了欣旺达、夏普等高质量供应商，同时允许石头科技的"米家"系列产品在小米的官方渠道销售。如此成熟、高质量的供应链和小米渠道巨大的流量、曝光度是一个初创企业远不能达到的，依托小米生态链的模式，石头科技仿佛站在了巨人的肩膀上，从而才能如此快速地走到今天的位置。

四、专注核心技术研发

昌敬是石头科技的创始人之一，华南理工大学本硕毕业，曾经在遨游天下、微软、腾讯等科技公司担任技术和产品经理，公司还有很多来自知名科技公司的技术人才，在创立之初就奠定了技术创新的基因。石头科技采用轻资产模式，不自建生产基地，将优势资源集中于技术研发，不断加大研发投入，聘用高学历人才，获得了大量专利成果，公司自研的扫地机器人产品荣获中国优秀工业设计奖等多种奖项。石头科技在激光雷达与定位算法、基于人工智能技术的导航算法等方面深入研究，将激光雷达导航技术应用于2016年推出的"米家扫地机器人"，改变了传统扫地机器人的避障方式，使扫地机器人进入全局规划的智能化时代，引领该行业的突破性发展，成为行业标杆。石头科技持续专注于技术研发和产品的迭代升级，雄厚的技术实力让企业生产出多款爆款产品。2021年3月，石头科技推出智能化程度更高的自动集尘扫拖机器人T7S系列，采用激光导航+AI结构光避障技术；8月，推出自清洁扫拖机器人G10，性能更加强大，具备基站自清洁功能。2023年，石头科技在AWE中国电子消费博览会展出搭载"超能双驱模组"的G20，大幅提升了清洁能力，能够应对复杂地面环境，实现高效清洁。

五、产品策略

石头科技凭借强势的技术研发能力，推出多元化的产品，覆盖高端、中端、低端多种市场，满足用户的多元化需求，快速抢占市场份额。石头科技为三个市场分别推出三款品牌，首先，石头科技借助小米名气推出的"米家"系列，延续了小米性价比高的特征占领中端市场，为企业积累了口碑和知名度。其次，石头科技经营了自有品牌石头和小瓦，"石头"智能扫地机器人针对高端市场，运用了较为先进的激光导航技术，定价较高；而"小瓦"扫地机器人瞄准低端市场，采用了随机清扫方式，定价较低。此外，石头科技还推出手持吸尘器、商用清洁机器人等，不断丰富产品种类、扩大市场，对商用清洁机器人的布局使石头科技的未来增长充满想象空间。

参考文献

[1] 柯雯璐. 轻资产模式下石头科技盈利能力分析 [J]. 合作经济与科技, 2023（5）：163-165.

[2] 董静怡. 业绩承压扫地机器人期待创新 [N]. 21世纪经济报道, 2023-03-06（008）.

第一节 "数据+"平台生态

平台生态以平台为核心，连接了供需双方，具有较大的灵活性和竞争优势，数字技术的发展又为平台生态这种商业模式插上了腾飞的翅膀，使"数据+"平台生态成为企业转型发展的方向。数据赋能够使平台生态内部实现更好的协作和资源共享，有利于打破"信息孤岛"，形成价值共创，使企业能够在激烈的市场竞争中脱颖而出，实现各方主体共赢。

一、平台生态的数智化场景

由于互联网的普及和数字科技的发展，人们的生产生活方式发生了很大改变，企业的组织形态、商业模式、竞争环境等也发生了剧变。跨产业、跨业务的企业间竞争与合作成为常态，借助互联网平台可以大幅提升不同企业之间的协作效率、解决信息不透明问题、促进资源的整合、优化跨界协作的流程。平台将客户和多个提供产品或服务的企业连接在一起，可以构建一个商业生态系统，生态系统能够实现系统内所有角色的利益最大化，达到"1+1>2"的效果。对于提供产品或服务的企业来说，加入生态系统可以获得平台的流量、客户、技术等资源，有利于企业的发展壮大；对于客户来说，生态系统内提供了丰富的产品和服务，可以获得更好的体验感；对于平台来说，生态系统吸引的客户和企业越多，平台赚取的佣金就越多。因此，平台生态系统可以实现多方共赢。平台生态成为目前重要的商业模式，改变了传统的企业价值创造和企业竞争的方式。

随着大数据、云计算、物联网和人工智能等数字化技术的广泛应用，数据资源变得更加丰富、更有价值，成为重要的生产要素，为平台、企业、客户之间的协作提供了良好的土壤。在数字经济的浪潮下，企业正加快布局数智化转型步伐，进一步优化价值创造和价值获取活动。平台生态系统内包含技术研发、生产制造、产品销售、服务提供、运营管理等一系列价值创造流程，基于企业的数智化转型，平台生态也涌现出丰富的数智化场景，如图3-1所示。

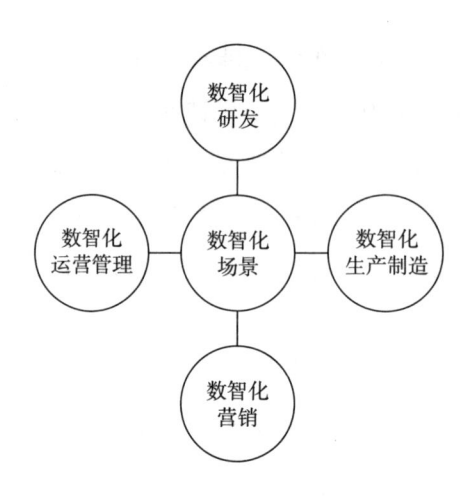

图3-1 平台生态的数智化场景

（1）数智化研发。近年来，随着商业环境的改变和科技的创新，技术研发转向以客户和数据为导向，这正是数智化研发的两大特征。满足客户的需求是平台生态生存的根本，依托互联网科技和大数据分析等技术，基于海量的客户数据可以精准获知客户的需求，也可以让客户参与产品的研发过程，广泛收集创意和建议。研发不再是"闭门造车"，而是开放、融合和共创，以客户需求为关键驱动力、以数据为关键依据，保障企业的产品满足客户需求。在人工智能等技术深度应用的今天，研发人员借助AI、机器人自主完成简单、重复的实验成为可能，企业着手构建数据库、模拟真实世界进行测试等，可以有效地提升研发工作的效率，让研发人员将更多精力放在更具创造性的工作上。

（2）数智化生产制造。企业将数字化技术运用于生产制造过程，建设自动化、数字化、智能化的工厂，收集全流程生产数据，实时监测生产过程，实现生产过程的智能化控制和自动化调度，优化生产流程，避免资源浪费。对生产设备实现实时监控，及时维护和检修，提高生产效率；利用数据搭建质量管理系统，持续把控产品质量，保障企业的产品口碑。由于生活水平的提高，客户的需求变得更加个性化和定制化，企业的生产制造也需要随之改变，通过大数据、物联网等技术的支持，企业可以实现柔性生产、灵活制造，从而适应市场需求。

（3）数智化营销。随着互联网和智能手机的普及，人们在电子设备和网络上花费了大量的时间和精力，许多优质的网络平台应运而生，以满足人们在网上分享、交流、娱乐、购物等需求，由此网络平台积累了流量和影响力。企业营销可以借助这些网络平台收集用户数据，进行数据分析，对用户画像，实现精准营销，还可以通过建立社群、会员群等方式从公域流量中引流，进行有针对性的深度运营，培养自己的私域流量。利用这些方法能够快速增加曝光度、提升知名度，吸引大范围的潜在客户，依托私域流量的运营，可以和客户形成情感联系，增强客户对品牌的满意度和美誉度，形成品牌口碑进行传播。此外，企业的营销还运用有全面数据支撑的智能分析，形成科学决策及快速响应能力，提高企业的营销效率，扩大营销成果。

（4）数智化运营管理。平台生态系统的建立必须由多方主体参与，不同主体之间的开放边界、互联互通、相互协作是基础。数智化运营管理体系将数据贯穿整个工作流程，设置数据指标对业务进行量化统计，依据量化结果提高决策的准确性，分析和指导业务，优化运营流程。得益于数据价值的发挥和运用，同一平台生态内的企业可以统一系统、统一数据指标、统一标准，实现数据资源的通用，避免数据收集等工作的重复进行，借助平台实现信息共享、资源整合，促进整个平台生态的利益最大化。

如今，数智化转型已经渗透进各行各业和企业价值创造的各个环节，平台生态改变了传统的价值创造方式，由企业的单打独斗转为多个主体协同共生，价值创造也转向价值共创，多样的数字化技术为价值共创的实现提供了技术保障。未来，平台生态的数智化场景还在不断丰富。

二、平台生态系统的概念与特征

1. 平台生态系统的概念

平台生态系统是平台和商业生态系统两个概念的交融。由于互联网的蓬勃发展,出现了一种新兴的、可以实现快速规模化增长的商业模式——平台。平台成为学者研究的热点,平台内涵的研究视角有四种:技术视角、战略视角、组织视角和生态系统视角,如图 3-2 所示。

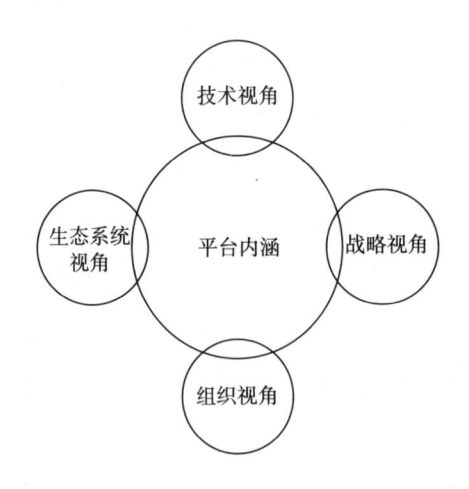

图 3-2 平台内涵的四种研究视角

第一,技术视角,有学者认为平台是由核心组件、互补组件以及界面和接口组成的模块化架构;第二,战略视角,有学者认为平台是为了应对复杂变化的商业环境,对资源进行灵活整合,提高资源利用效率,快速响应市场需求,适应环境变化的一种组织架构;第三,组织视角,有学者认为平台发挥了交易中枢的作用,连接了双方甚至多方主体,平台可以提供公共资源和能力,从而提高交易效率、增加交易频率,实现各方均能获利;第四,生态系统视角,有学者认为平台生态包含平台企业、有消费需求的客户以及满足消费需求的互补企业,三者之间形成相互依赖、竞争与合作并存、协同共生的生态系统。对生态系统视角平台的理解是平台生态系统概念研究的基础。

商业生态系统的概念起源于美国著名经济学家詹姆斯·穆尔（Moore, 1993），他认为商业生态系统是一个由不同组织动态结合构成的经济联合体。Lewin（1993）提出，处于同一商业生态系统中的不同企业，由于企业性质和特性不同，在系统中的地位也有所不同，同时，不同企业之间是相互关联、相互影响、追求共同进步的关系。此外，Lewin（1993）还指出了商业生态系统和自然生态系统最大的不同在于商业生态系统的参与者是有主观意识的。国内学者陆玲（1996），把商业生态系统理论和国内的企业实践结合起来，将企业视作一个完整的生态系统，认为企业可以参照自然生态系统的概念进行管理。赵道致和李广（2005）将网络组织和商业生态系统进行对比得出，商业生态系统更具竞争优势，网络组织需要进一步创新和优化。丁玲和吴金希（2017）提出了互利共生和捕食共生两类共生战略有利于中国等新兴市场国家的企业构建商业生态系统。还有众多学者基于企业案例对商业生态系统进行研究。例如：Iansiti和Levien（2004）研究了微软、IBM等企业的成功经验，认为商业生态系统内部每个成员的生存和发展都非常重要，各自发挥作用，是不可分割的共同体；朱跃东和柴欣（2010）以阿里巴巴为研究对象，探究了商业生态系统的基本构成；李怀政（2000）对连锁超市商业生态系统的构建与创新提出一些建议和对策。

通过研究上述学者的主张可以得出平台生态系统的概念，以平台为核心，设立统一的规则和标准，依据共同的价值主张，连接消费者和提供产品或服务的企业群体，形成平台化商业生态系统。系统成员是相互依赖、互利共生的竞合关系。

2. 平台生态系统的特征

完整的平台生态系统需要涵盖三个主体：平台企业、消费者和互补企业，数字技术的快速发展使跨产业、跨业务的不同主体之间的协作成为可能，随着技术的升级和优化，这种协作会更加便捷、简单和高效，数字技术是平台生态系统得以生存的支撑。因此，平台生态系统呈现出鲜明的数据赋能、多主体协同共生、用户驱动、价值共创、持续优化等特征,如图 3-3 所示。

```
                    ┌─ 数据赋能
                    │
                    ├─ 多主体协同共生
平台生态系统的特征 ──┤
                    ├─ 用户驱动
                    │
                    ├─ 价值共创
                    │
                    └─ 持续优化
```

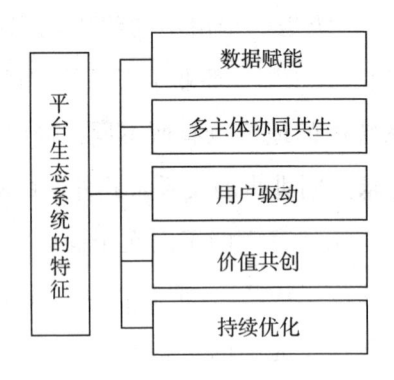

图 3-3　平台生态系统的特征

(1) 数据赋能。平台企业、互补企业的运营及消费者的活动都会产生大量数据,通过数据分析得到需要的结果,是企业开展活动、进行决策的重要依据。数据可以在不同企业之间流动,解决信息不透明、传递效率低下的问题,数据可以广泛应用于价值创造的各个环节,赋能平台生态系统的运转。

(2) 多主体协同共生。平台生态系统有多种类型的主体参与,主体之间相互作用、相互影响,进而通过信息共享、资源整合等协作实现各自的价值最大化,达到"1+1>2"的效果,因此主体之间具有协同共生的关系(艾志红,2023)。

(3) 用户驱动。平台生态系统要想持续发展必须创造价值,即为用户提供所需的产品和服务,激发用户的消费欲望,从而提高互补企业的销量,吸引更多企业参与进来,最大限度满足用户的需求,平台就可以从中获得更多佣金,形成一个良性循环,这一循环的基础是围绕用户创造价值,用户需求是关键驱动力。

(4) 价值共创。平台生态系统内部企业的边界是开放的,彼此之间的信息、资源可以实现交互,用户也可以凭借自己的创意和能力参与企业的价值创造过程,利用群体智慧和群体力量创造更大价值,通过价值共创实现多方共赢(王倩和柳卸林,2023)。

（5）持续优化。由于商业环境的不断变化、科技的创新与发展等外界因素以及企业治理水平、发展阶段等内部因素的影响，平台生态处于不断演化中。因此，平台生态需要长期修炼，提高治理能力，持续迭代优化，适应各种变化，获得长久发展。

三、平台生态应用模型

1. 平台生态应用模型的关键点

近年来，随着数智化时代的发展，平台生态这种商业模式迅速崛起，成为企业转型的热点。如图3-4所示，平台生态系统涉及平台企业、消费者和互补企业三方，如何保障三方的利益，维持平台生态系统的良好运转是平台生态应用模型的关键点（刘斯佳，2023）。

```
┌─────────────────────────────┐
│    制定统一的规则和标准      │
└─────────────────────────────┘
┌─────────────────────────────┐
│  创造增量价值，树立共赢的理念 │
└─────────────────────────────┘
┌─────────────────────────────┐
│       赋能数字化技术         │
└─────────────────────────────┘
```

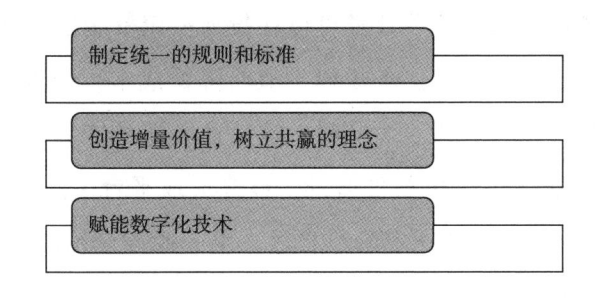

图3-4 维持平台生态系统的良好运转

（1）制定统一的规则和标准，以保证平台生态系统的可管控、可衡量性。平台企业是平台生态系统的核心，要担负起管控的责任，一旦发现互补企业的不当行为，要对其进行适当处罚，防止不当行为的重复发生，实时监管平台生态系统的运转，发现问题及时预警、及时解决。

（2）创造增量价值，树立共赢的理念。平台、消费者和互补企业之所以要形成一个生态系统，是为了获取更大的利益。因此，平台要依托各方的协作，进行资源整合，形成优势互补，提供更好的产品和服务以及高效的交易模式，由此形成生态系统的竞争优势，吸引更多消费者和互补企业，创造更多增量价值，实现各方共赢。在共赢的理念和目标下，为了获取更大利益，不同主体会主动遵守规则，共同努力，发挥各自的作用，维护生态系统的良好运转。

（3）赋能数字化技术。数字化技术是治理平台生态的关键武器，借助数字化技术实现对整个价值创造过程的实时监控，通过数据分析和智能决策，实现人员、物料的合理调度与利用，高效整合资源，优化运营流程，提高运营效率，加快响应速度，保障平台生态系统的良好运转，为平台生态系统创造更大效益。

2. 平台生态的设计路径

平台生态的设计路径要经历四个阶段：初生阶段、成长阶段、领导阶段和自我更新阶段。

初生阶段需要寻找一个具有"生态系统工程师"性质的平台业务，形成平台生态系统的基础。这项业务可以在投入一定资金的情况下实现快速增长，吸引客户流量，形成业务规模，从而降低成本，逐步实现盈利，在达到一定阶段后可以自我成长。同时，这项业务还要能够支撑其他业务的发展，围绕这项业务可以拓展价值链，最终形成平台生态系统（刘晓楠，2023）。当基础业务发展到一定阶段之后，单一业务开始向多元业务扩张，平台生态进入成长阶段。

成长阶段需要注意两个关键问题：新业务的选择和管控。要选择与原有业务具有互补性的业务并且平台能够支撑其发展，把握好新业务扩张的速度，控制在平台可以承受的范围之内。随着业务的增多，平台必须对这些业务进行管理和控制，决定哪些业务应该掌握在自己手中，哪些业务可以交给合作伙伴。当平台生态系统扩张到一定规模并趋于稳定时，就进入了领导阶段。

领导阶段的重点是对平台生态系统的治理，平台要搭建好整个生态系统的架构，保持对整个生态系统的领导地位，控制系统内的关键业务，使互补企业各司其职、良好运转。平台生态系统构建好以后，由于内外环境的不断改变，要不断更新和优化，即进入自我更新阶段。

在自我更新阶段，平台生态系统要及时关注环境的改变，特别是技术的创新、竞争者的动态、内部的治理等，要具备战略前瞻性和对危机的敏感性，不断迭代优化、适时转型，持续保持竞争优势，获得可持续发展（阳镇等，2022）。

平台生态的应用需要注意以下三个关键点：

（1）保证平台生态系统本身具有生存能力和竞争优势，能够比企业单打独斗创造更大价值、获取更多收益，更容易在激烈的竞争中获胜。通过生态建设，实现资源整合、优势互补，构建起平台生态系统的"护城河"。

（2）平台企业要起到赋能的作用，为生态系统内的其他企业提供资源、能力，帮助其成长壮大。平台可以利用流量优势帮助企业提升获客能力，增强营销效果，还可以利用自身的实力和资质为其他企业提供金融服务，同时凭借技术优势和研发能力，帮助其他企业进行数字化转型等。

（3）增强平台生态系统内合作共赢的文化氛围。平台生态系统要实现"1+1>2"的效果，就必须转变企业的思维模式，培养协作、共创、共赢的合作氛围，避免企业为了个人利益破环生态系统的整体利益（陈雪琳等，2023）。

● 专栏 3-1

神州数码：数字化平台生态

一、企业简介

神州数码集团股份有限公司（以下简称神州数码）成立于21世纪初，20多年来一直致力于建设数字化中国。作为国内领先的数字化转型服务商，公司在云计算领域拥有深厚的技术基础。神州数码创新地提出了"数云融合"的战略，通过平台生态的构建，帮助不同领域、不同发展阶段的企业实现数字化转型。同时，其独特的平台生态为不同行业的客户提供定制化的数字化解决方案，推动中国数字化进程的发展。

二、商业模式

1. 服务

神州数码的服务主要包括数云融合、全栈云服务及MSP、企业IT服务，构建了一个完整的平台生态，旨在为客户创造更大的用户价值。公司的数云融合服务促进企业数字化转型，增强数据资产化和业务敏捷能力，提高应对市场变化的机动性，为客户带来广阔的用户价值；全栈云服务及MSP提供咨询、迁移、运维、部署等专业化服务，解决客户全流程问题，提供全周期支持，为客户提供全面的用户价值；企业IT服务从烦琐的IT系统建设维护中解放客户，提供全栈的专业服务，使客户能更专注核心业务，创造更大的用户价值。

2. 产品

神州数码的产品主要分为云原生产品、数字原生产品和基础架构产品。公司始终以用户体验为核心，提供专业的技术解决方案。云原生产品基于先进的云原生技术，提供灵活可靠的云端运算体验；数字原生产品利用数字化、云计算和人工智能技术，挖掘数据资源，保障数据安全，并帮助企业实现数据价值，满足用户需求；基础架构产品包括商用终端、数据计算、通信和存储等，旨在提供优质用户体验。神州数码致力于构建以用户体验为中心的平台生态，为用户提供全面的技术支持，实现业务目标，并享受更好的数字化体验。

3. 解决方案

神州数码提供了"云+端"解决方案和通用解决方案，构建了供应链与价值链协同。通过"云+端"，企业可以实现仓储智能化转型，利用物联网技术建立资产管理系统等，使企业降低成本和风险。通用解决方案则利用大数据、云计算等技术为金融、教育、制造等行业提供全栈式服务。

三、发展优势

1. 深耕 IT 行业，软硬件分销产品齐全

自成立以来，神州数码始终专注于发展自己的平台生态。最初以分销联想台式机为主，逐步扩展产品范围，目前分销的产品数量超过万种。公司深耕 IT 行业多年，分销网络遍及全国，积攒众多合作伙伴。随着中国数字化进程推进，软硬件产品需求量不断增加。公司的 IT 业务将继续发展，平台生态将更加数智化。神州数码整合资源和技术，优化分销网络和合作关系，提供高效、智能的产品和服务，并且与供应商和客户加强沟通和合作，推动平台生态的数智化发展。

2. 华为生态坚实合作伙伴

从 2011 年起，华为和神州数码就已开始合作，目前已升级至企业战略层面。神州数码通过其遍布全国的经销网络和庞大的客户群体，与华为的领先全球技术支撑形成合作，共同营造了健康的平台生态，实现资源和信息的共享。华为和神州数码已成为彼此不可或缺的一部分，为对方的生态系统增添了重要的组成部分。

3. 云和数字化公有云厂商覆盖面广

中国公有云市场规模不断扩大，预计 2026 年将突破 1000 亿美元。神州数码作为领先提供商，以云管理服务为核心，通过平台生态和融合跨界资源，与多家云服务厂商合作，为企业提供全栈式数字化解决方案，降低了研发和管理成本，满足了客户多场景、多功能的需求。

参考文献

[1] 曾剑. 神州数码子公司豪掷逾 4 亿接盘　将成山石网科第一大股东 [N]. 每日经济新闻，2023-02-28 (008).

[2] 杨清清. 神州数码集团董事长兼总裁郭为：数云融合是数字化的重要方向 [N]. 21 世纪经济报道，2022-09-26 (011).

第二节　平台生态模式

平台生态模式颠覆了传统的商业模式，在竞争激烈的现代社会取得了良好的效果。平台生态模式的特征是多方主体参与，相互作用、相互影响，通过共享、共创实现多方主体的共生、共赢。平台生态模式的成功离不开互联网科技和数字技术的赋能，其发展是一个循序渐进、不断迭代的过程（张宝建等，2022）。平台生态模式是对其他模式的整合与优化升级，包括分享经济模式、私域运营模式和生态圈模式。

一、分享经济模式

1. 分享经济的本质与内涵

分享经济是指个人、组织或者企业将闲置资源通过社会化平台与他人分享，借助这种分享方式获取资源的成本更低，进而分享者可以赚取收入的经济现象。分享经济的本质是所有权和使用权的分离，以租代买。随着移动互联网技术和数字化技术的快速发展，闲置资源的整合、分享规模更大，操作更加方便，掀起了分享经济的浪潮。分享经济的内涵有以下四点：

（1）技术进步是分享经济发展的支撑和引擎。分享经济的概念早在20世纪70年代就被提出，但直到移动互联网普及后才得到快速发展。闲置资源的分享需要通过互联网平台连接供需双方，通过大数据分析可以精准匹配海量参与者，提高交易效率，远程支付技术也使交易更加方便、快捷和安全。可以说没有现代科技的支撑，分享经济就不会有进一步的发展空间（谢新水和谢爱莲，2021）。

（2）分享经济属于典型的双边市场，平台发挥重要作用。分享经济是由大众参与的，存在两类用户：提供闲置资源的人和消费闲置资源的人。互联网平台不直接提供产品或服务，而是起到连接两类主体的作用，双方借助平台这一渠道进行交易。一类用户数量越多，交易规模越大，而另一类用户就能获得更多收益，二者相互影响、相互促进。

（3）分享经济是对闲置资源剩余价值的释放，是一种新的消费理念和发展理念。由于经济的发展，生活水平的提高，现代社会中存在大量的闲置资源。分享经济将这些海量闲置资源通过网络整合起来，使其发挥最大效用，既能使资源所有者获取收益，又能为需求者降低成本，实现多方受益，促进可持续发展。

（4）分享经济提升用户体验。由于大数据、云计算等数字技术的发展，分享经济的供需双方通过网络平台可以实现精准匹配，降低交易成本，用户的个性化需求可以得到满足，且平台为了维护口碑和吸引更多用户，会提供优质的服务，使用户体验得以提升（陈广仁，2022）。

2. 分享经济的应用场景

在"互联网+"背景下，分享经济模式已经渗透到各行各业，消费者对分享经济的呼声也越来越高，众多采用分享经济模式的企业崛起，传统企业也纷纷拥抱分享经济。以下提出几种应用了分享经济模式的行业，如图3-5所示。

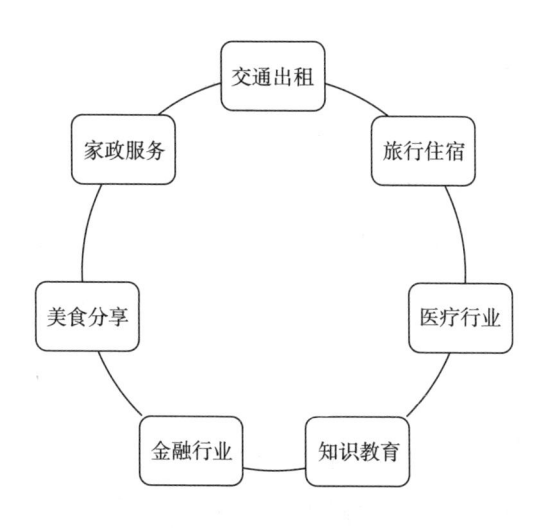

图3-5 应用分享经济模式的行业

(1) 交通出租。随着车载硬件的智能化升级以及相关软件的智能服务，共享出行成为人们新的出行方式。有车的人可以注册相关软件出租自己的车辆或成为司机，消费者打开相关软件就可以查询附近的车辆情况，根据需求选择专车、拼车、租车等，软件会向附近的司机派单，司机可以选择性接单，消费者到达目的地之后在线支付费用。共享出行为消费者提供了更方便的打车服务以及更低的用车价格，一经推出就引起了市场的巨大反响。

(2) 旅行住宿。住宿是旅行的重要支出之一，随着分享经济的逐渐走红，人们将自己闲置的房屋通过互联网平台进行出租，与传统酒店相比，共享住宿的价格更便宜，并且可以提供多样化的房源及个性化的服务，给予外出旅行的人家一般的体验，受到了消费者的喜爱。

(3) 医疗行业。医疗资源不平衡是我国医疗行业的痛点，由于互联网科技和医疗行业的深度融合，在线问诊、在线购药等方式成为可能，共享医疗的模式被创造性地提出，成为平衡医疗资源、解决老百姓看病难等问题的重要举措。共享医疗的方式有在线问诊、在线预约医生上门、医疗资源共享、互联网多点执业等。

(4) 知识教育。由于线上交流、分享渠道的丰富，以及网络课堂等教学方式的兴起，知识资源分享成为一种重要的知识变现途径，教育共享也让优质的教育资源出现在教育资源欠缺的地区，满足了人们的自主学习需求、个性化学习需求和对更高水平教学课堂的追求。

(5) 金融行业。依托大数据等技术以及金融方式的创新，可将线下的金融交易方式转变为线上交易，实现金融资源、要素、利益在供需双方之间的共享，催生了共享金融模式。

(6) 美食分享。民以食为天，美食在中国人心目中占据重要地位。在分享经济时代下，平台、在线支付等技术让餐饮业也实现了创新，共享厨房、私厨上门等美食共享模式得到发展，可以让消费者在美食和生活方式上得到全新的体验。

（7）家政服务。除了分享实物、知识等，服务也可以成为分享的资源之一。家政服务因其烦琐但又必须做的特点具有巨大的市场需求，通过互联网平台高效匹配供需双方，既能让提供服务的得到相应的酬劳，又能满足消费者的需求。

二、私域运营模式

随着互联网的普及，网民规模的快速扩大以及互联网商业模式的创新，造就了流量红利时期，借助互联网快速传播的特点和各种新媒体平台的巨大流量，企业很容易打造品牌知名度，从默默无闻到家喻户晓只需要很短的时间（杨蕙馨和宁萍，2021）。但随着流量红利见顶，企业获客难度增加，很多企业进入用户增长疲软阶段，因此，企业将注意力从公域流量转向私域流量，从关注用户增长到关注用户留存，私域运营成为企业目前更应该掌握、应用的运营模式。

1. 私域流量的获取途径

"私域"与"公域"相对，公域流量指公开平台上，人人可见，需要企业花钱购买的流量；而私域流量是一个相对封闭，属于企业自己的流量，企业可以借此重复、低成本甚至免费触达用户。私域流量的获取途径有以下四种：

（1）线下门店。线下门店是一个重要的流量聚集地，每天来往的客人甚至是路过门店的路人都是目标用户和潜在用户。门店可以展示品牌形象，让客户亲身体验品牌的服务，留下深刻印象，形成感情基础。企业可以在门店张贴海报宣传，鼓励客户加入会员群、微信群等，设置优惠券等福利吸引客户，将线下客户导入线上，再通过社群运营转变为私域流量（吴佳和张晓，2021）。

（2）新媒体平台。新媒体平台拥有大量的用户基础，如抖音、微博、小红书等，大家每天都会花费大量的休闲娱乐时间浏览其中的内容。因此，企业可以在这些新媒体平台上创建公司账号，发布具有吸引力的内容，和用户进行互动，培养粉丝群体，形成私域流量（杜锦铭，2021）。

（3）用户裂变。企业还可以利用已有的用户基础，通过分销、拼团、助力等形式，用适当奖励手段让老用户在自己的社交圈内进行宣传，吸引新用户，实现用户裂变。

（4）员工也是用户。员工也是消费者，是企业的重要客户，每位员工又都有自己的社交圈，是一个小小的流量池。重视员工的运营，让员工从内心深处认可企业的产品和品牌，使员工成为品牌的宣传者。

2. 私域运营的优势

随着私域运营越发到企业的关注，越来越多的企业加入私域运营的队伍。要了解私域运营是如何降低企业的获客成本的，其主要优势有哪些，才能获得企业的青睐（季凌昊，2020）。私域运营的优势如图 3-6 所示。

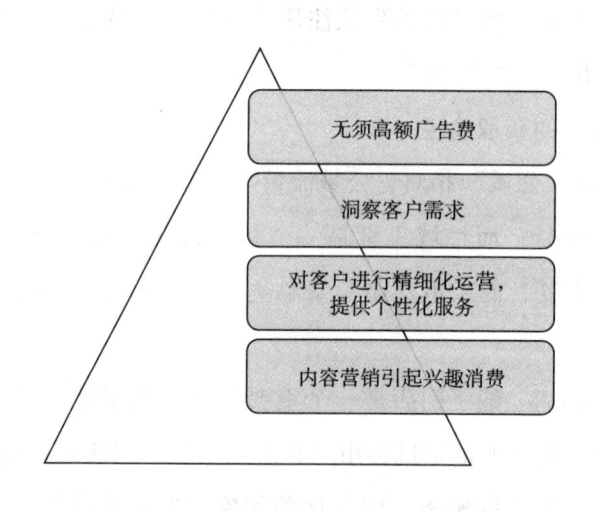

图 3-6　私域运营的优势

（1）无须高额广告费。公域流量的广告投放费用越来越高，而私域流量内主要通过客户关系管理来引起客户的关注，引导其多次消费以及老客户的宣传带新。

（2）洞察客户需求。企业建立了会员群、微信群，可以很方便地与客户交流、互动，收集客户信息，积累客户的消费数据、参与营销活动的数据等，直接调查客户对产品或服务的建议、想法等，通过数据分析，明晰客户的真实需求，有针对性地开发产品和提供服务。

（3）对客户进行精细化运营，提供个性化服务。针对客户的个性化需求，可以配备私人客服，为其答疑解惑，如卖母婴产品的企业，可以聘请具有专业母婴知识的员工形成顾问团队，在客户有问题时进行专业的解答、指导。

（4）内容营销引起兴趣消费。如今，市场竞争越发激烈，市场上的同质化竞品十分丰富，如何在一众竞品中脱颖而出，内容营销非常关键。消费者除了搜索关键词进行商品购买，还会在浏览各种内容分享的时候激起购物的兴趣，兴趣消费是一块巨大的潜在市场。

3. 私域运营策略

私域运营能够帮助企业完成客户的留存、转化、复购以及挖掘客户的潜在需求，企业做好私域运营有以下三个策略，如图3-7所示。

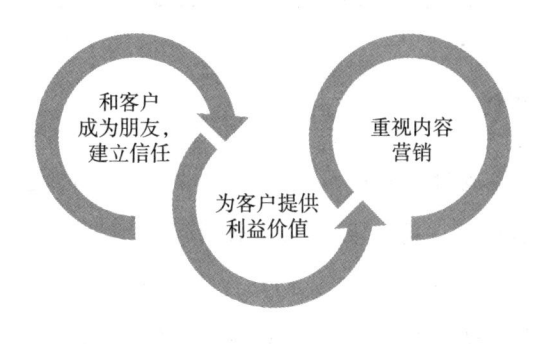

图3-7 私域运营的三个策略

（1）和客户成为朋友，建立信任。私域运营的本质是客户关系管理，通过和客户建立直接的互动渠道，为客户谋取福利，提供个性化服务，成为客户的朋友，与客户建立情感联系、建立信任，从而让客户心甘情愿地进行消费。私域运营不是收割流量，而是向客户传递品牌理念、企业文化等，让客户信任品牌，才是长久之计。

（2）为客户提供利益价值。客户愿意长久留存是出于情感价值，但刚开始能够吸引客户进入私域的是利益价值，因此，企业可以为进入私域的客户提供与普通客户不同的福利和服务。如设置会员等级，根据用户的消费金额和参与活动等情况进行升级，级别越高，享受的优惠、福利越多，还能拥有一些特殊权利等，客户的品牌转换成本就会增加，从而提高客户对品牌的依赖。

（3）重视内容营销。内容营销是私域运营成功的关键，企业要输出对客户有价值、引起客户兴趣的内容。企业可根据客户的需求以及自身的产品定位，输出专业知识、品牌文化、产品创新、优惠福利等内容，如美妆企业可以分享化妆知识、产品的使用效果等（康彧，2020）。

专栏 3-2

孩子王：私域运营领跑母婴行业

一、企业简介

孩子王儿童用品股份有限公司（以下简称孩子王）成立于2009年，总部位于江苏省南京市。公司的主营业务针对母婴童用户群体，提供品类丰富的产品和各种解决方案以及育儿成长、社交互动等服务。孩子王的核心优势在于开创了母婴童零售行业的"商品+服务+社交"的大店模式，重视社群运营，准确把握客户需求。孩子王包括线上和线下两个服务平台。2019年，孩子王入选《2019胡润全球独角兽榜》；2023年，孩子王被评为江苏省信息消费十大影响力品牌。

二、商业模式

1. 行业趋势

由于时代的发展，新生代父母育儿观念发生转变，导致母婴行业的需求发生重要变化。现代家庭以一个或两个孩子为主，并且上面有父母和四个老人，有能力且愿意在孩子身上花费金钱和时间，注重孩子早期的教育和培养，重视母婴产品的安全和质量，倾向于选择品牌商品，对价格敏感性较低。孩子王基于母婴市场的转变，开拓了多元化的母婴专业特色服务，以用户为中心，提供个性化的育儿指导和各种母婴服务，注重品牌和口碑。孩子王构建了差异化的线下门店，首先选址多在大型购物商城；其次门店面积远超其他母婴店，平均门店面积达到2500平方米，彰显了孩子王的大品牌定位，加深用户对品牌的印象，获取用户的信任。大面积的门店也让孩子王除了销售产品，还配备了儿童游乐设施以及相关母婴服务，门店内设有育儿服务中心、成长教室、妈妈交流休闲区等，门店不仅是购买商品的渠道，更是客户享受服务、社交和互动的生活体验店，契合了新生代父母的育儿需求。

2. 私域运营

孩子王早在2015年就意识到了存量用户的重要性，发展了"商品+服务+社交"的领先商业模式，打通线上、线下全渠道，以会员为核心资产，将私域运营做到极致。孩子王的引流渠道有线下门店、公众号、孩子王App和视频号等。孩子王会在线下举办丰富的互动活动，和客户建立密切的联系，提升客户体验感，增强客户黏性，从而引流至私域内。线上的渠道也会提供众多的母婴知识和经验分享、商品购买、优惠福利等，引导用户加入公司社群，并且公司设置了不同类型的群，如福利群、育儿群、孕妈群等，引导消费者根据需求加入，对私域流量进行精确划分。孩子王还提供付费会员项目，针对会员用户提供个性化、专业化的服务解决方案，公司拥有上千名具备职业资格的育儿顾问，可以担任营养师、儿童成长培训师等角色。

3. 大数据治理

孩子王将自身定位成一家数据驱动的公司，借助大数据技术深度挖掘用户价值，精确把握用户需求，提供"千人千面"的个性化服务。孩子王在布局私域运营的同时，收集了大量用户数据，建立了 400 多个基础用户标签和 1000 多个智能模型，精确洞察消费者需求，实现精细化运营与精准营销。此外，公司自主研发了一款"人客合一"的内部管理 App，借助前端运营获取的客户身份信息、消费信息、行为信息等，利用大数据技术在系统内部给客户打标签，工作人员可以根据标签向客户提供对应的服务，系统内可以快速查询会员名单并且系统内具备丰富的育儿知识。

参考文献

[1] 张晓丽. 数字营销时代关系范式下母婴品牌社群运营模式研究：以品牌"孩子王"为例 [J]. 金陵科技学院学报（社会科学版），2021，35（4）：25-30.

[2] 韩青宇. 孩子王 A 股上市：做大母婴产业引领者 长远发展潜力不俗 [N]. 每日经济新闻，2021-10-14（004）.

三、生态圈模式

由于科技的快速发展，数据要素发挥着巨大作用，跨领域、跨业务的企业间协作成为可能，商业模式也得到不断创新和变革，如社群商业模式、跨界商业模式、O2O 商业模式、平台商业模式等，商业模式的发展趋向开放融合、共创共赢和科技驱动。企业希望通过合作的方式实现资源整合、取长补短，增强自身的竞争优势。由此，诞生了商业生态圈模式，生态圈一般由一家较为强大的企业作为核心企业，围绕自身业务进行拓展，与上下游产业链上的相关企业建立合作关系，形成业务互补，通过企业之间的互帮互助和共同治理构成一个强大的联盟，具备极大的竞争优势，可以满足消费者的系列消费需求，实现多方获利。

1. 生态圈模式的核心理念

生态圈模式包括以下四个核心理念（见图 3-8）。

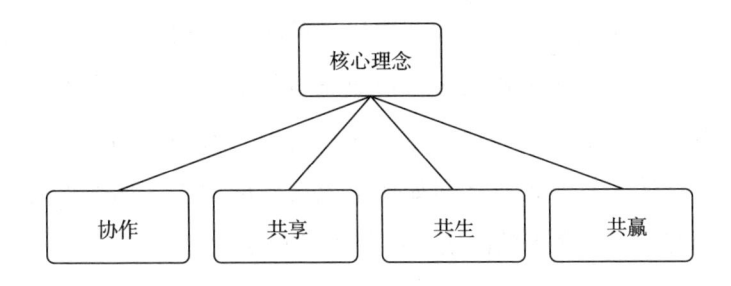

图 3-8　生态圈模式的四个核心理念

（1）协作。生态圈模式不是简单的加法，将几个业务互补的企业放在一起，而是通过企业之间的协作、互助，建立联系，促进企业和整体的进一步发展，达到"1+1>2"的效果。依托数字技术的广泛应用，利用企业运营产生的数据，可以快速传递信息，协调资源，让企业之间的协作更加便捷、高效。

（2）共享。要实现生态圈的强大竞争优势，需要依靠企业之间的资源整合、取长补短，因此，共享是生态圈内每个企业必须保持的理念，如果企业只想享受不想付出，则必然会导致合作破裂。在共享理念下，各个企业都发挥出自己的优势，共享自己的信息和资源，利用共享的优势弥补各自的劣势，才能形成一个强大的整体（米海峰，2020）。

（3）共生。生态圈内的企业要树立一荣俱荣、一损俱损的共生理念，生态圈的命运和每个企业的发展都是相互关联、相互影响的，因此，企业之间需要通过互帮互助保证每个企业的生存和发展，生态圈模式有效缓解了企业独立生存的压力。

（4）共赢。仅仅获得生存能力是远远不够的，生态圈要能够创造比单一企业更大的价值，让每个企业获得高于原先的收益，以保证企业愿意达成合作关系，愿意为生态圈的繁荣贡献力量。生态圈模式要在协作、共享、共生的基础上添砖加瓦，实现各个主体的共赢。

2. 生态圈模式的运转机制

生态圈模式改变了企业传统的单打独斗的生存模式，有了合作伙伴的帮助，减轻了企业生存的压力和获取资源的难度，放大了企业扩张的能力和价值创造的能力，使企业更容易形成竞争优势。发展生态圈模式已经逐渐成为企业应对复杂商业环境的重要手段，但生态圈的构建并非易事，如何选择合作伙伴，不同企业之间如何形成良好的协作、如何维持生态圈的持续运转等都是需要考虑的问题，如图3-9所示。

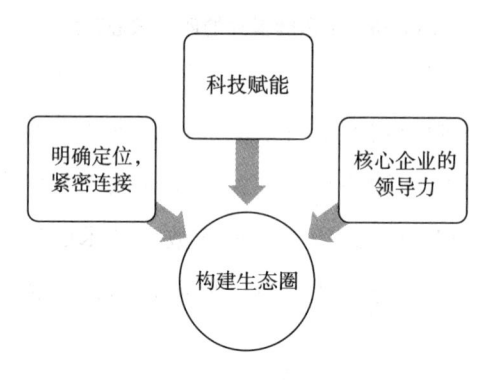

图3-9 如何构建生态圈

（1）明确定位，紧密连接。生态圈要实现资源整合、优势互补，就必须接受拥有不同资源、发挥不同作用的互补合作伙伴，一般围绕核心业务向上下游产业链延伸。不同的定位会影响企业在生态圈中的地位和作用以及可能获得的收益。连接决定了企业间协作的效率，如果连接力比较强，企业之间共同创造价值的能力就会比较强。企业可以从内部生态圈的构建开始，优化升级企业内部的运营流程，开放企业边界，借助数字化技术实现跨边界的高效协作。

（2）科技赋能。在数字化时代下，数字化转型已经成为企业的必然选择，由于数字技术和数据的通用性，可以在不同企业之间广泛应用和自由流动，大幅提高企业之间的协作效率，降低协作成本。例如，处于产业链前端的企业容易接触到用户，可以收集、存储用户数据，共享给产业链后端的研发、生产等，就能够省去数据的重复收集，优化流程。

（3）核心企业的领导力。核心企业是生态圈中至关重要的一个角色，核心企业一般拥有突出的资源优势和影响力，包括流量优势、客源优势、资金优势、技术优势等，核心企业要起到指挥、领导、管控生态圈的作用。核心企业需要在生态圈的业务选择、扩张节奏、发展方向、转型升级等问题上做出准确判断，因此核心企业的领导力在很大程度上影响了生态圈的未来。

● 专栏 3-3 ●

惠龙易通：打造物流生态圈

一、企业简介

惠龙易通国际物流股份有限公司（以下简称惠龙易通）成立于2007年，主营业务包括惠龙易通水铁公多式联运数字交易平台、惠龙易通大宗商品数字交易平台、惠龙易通工业品（惠龙专品）直销平台、车联网和物联网五大部分。公司专注于深耕数字物流，重视技术研发，打造物流信息平台，实现物流资源的实时监控和科学调度，首创了国内没有一辆货运卡车、没有一艘货运船的网络货运新模式。

二、商业模式

1. 行业发展

物流业是促进经济增长的重要力量，是支持很多行业发展的关键因素，随着国民经济的快速发展，物流业也保持了较快的增长速度。长期以来，物流行业的痛点在于资源整合低效，供需无法及时匹配，导致车船空驶增多、成本增加、效率降低。但是数字技术的发展，让这一痛点逐步得到解决，数字物流、智慧物流成为物流行业发展的重要方向。2014年，惠龙易通率先获得交通运输部无车无船多式联运临时许可，凭借全国货运在线交易互联平台，有效提升物流行业效率，推动物流行业转型升级。

2. 数字赋能加持

惠龙易通让物流插上互联网和数字科技的翅膀。走进惠龙易通的大厅，墙上是巨大的电子屏，滚动展示全国的物流信息，公司的工作人员可以实时掌握物流订单运输交易情况，从而实现物流资源的整合，在线配对货主与车主、船主，高效利用空驶运力。惠龙易通的物流信息平台一方面可以节约贸易公司的物流成本，提高供需匹配效率；另一方面可以增加车主、船主的生意，尽可能减少空驶的情况，提高收入。物流信息平台的构建离不开惠龙易通对技术创新的重视，公司引进高科技人才团队，攻克算法、软件等技术难关，取得多项软件著作权、商标及发明专利，最终研发出具有自主知识产权的物流信息系统，并且不断升级更新。平台刚上线时，会员数量只有1万左右，如今，会员数量已经突破300万，实现百倍增长，成为国内领先的智慧物流平台。

3. 构建物流生态圈

惠龙易通打造了两张网：天网和地网。惠龙易通在高科技人才和高新技术的基础上，联动银行、保险等运营商以及相关企业的全国网络资源，推出多式联运在线交易，形成天网。通过天网的资源和信息，惠龙易通可以对物流运输交易过程进行全程跟踪调度，匹配空驶运力和货方资源。同时，惠龙易通在全国上千个县区建设了上千家园区或物流企业，提供线下服务保障，发展当地的车船会员、货方会员，形成地网。惠龙易通借助天网和地网整合全国各地的物流资源，使各地物流要素向园区集中，依托自身的企业实力和合作伙伴资源，聚集生产加工商、货运服务商、仓储服务商和银行等各方，营造多方协作、合作共赢的物流生态圈。

4. 物流金融联动

惠龙易通除了融合物流和互联网，还联动物流和金融，不断创新商业模式。惠龙易通是中国建设银行全资子公司建银国际投资入股的企业，具有天然的银企合作优势。因此，惠龙易通与中国建设银行达成合作，协同银行打造一系列金融服务产品，同时，公司和银行之间实现会员数据共享。

一方面，惠龙易通的会员数据可以成为建行授信放贷的依据；另一方面，中国建设银行关于会员的金融、消费数据可以帮助惠龙易通更好地评估会员的信用。惠龙易通还与太平洋保险达成合作，会员可以通过平台办理保险，并且获得较低的保险费率，惠龙易通和天平洋保险也通过数据共享实现双方获利。依托和银行、保险企业的合作，惠龙易通推出了惠龙卡、惠龙运费贷等增值服务产品。

参考文献

[1] 杨文轩. 惠龙易通无车承运人运作模式研究 [J]. 江西煤炭科技，2022（4）：226-228，232.

[2] 郭贤贤. 基于无车承运人的优势与发展趋势研究 [J]. 安徽电子信息职业技术学院学报，2020，19（6）：76-78.

第三节　平台生态实现路径

平台通过数据、算力、算法可以实现资源的有效利用，精准匹配供需双方，搭建起平台生态。平台生态拥有平台的巨大资源和能力、强大的用户市场和众多互补的企业，能够弱化自身劣势，放大优势，形成核心竞争力，在激烈的市场竞争中获胜。平台生态有三条实现路径：一是用户体验升级更新，二是供应链和价值链协同构建，三是"中心→重心→去中心化"演化路径（刘征驰等，2022）。

一、用户体验升级更新

随着人们生活水平的提高，人们对消费的需求不再是简单地买到所需产品，而是注重整个过程的体验感，包括消费前、消费中和消费后，这意味着社会已经从商品经济时代转变到体验经济时代。企业为了提供最佳的用户体验，可以通过跨界融合的方式，借助大数据、物联网等科技手段，与用户零距离沟通、互动，洞察用户需求，定位用户不同的消费场景，为用户提供个性化和定制化的产品与服务，连接资源互补的企业和众多消费者进行价值共创，构建起平台生态，如图3-10所示。

图 3-10　用户体验升级更新

1. 数字技术提升用户体验

数字技术可应用于用户消费的全过程，包括售前、售中、售后。售前主要是信息的传播和获取，互联网技术可以让用户方便地在线上搜索信息，平台积累了大量用户之后，收集用户的数据，分析数据，获取用户需求，匹配供需，引进业务、资源互补的企业。企业还可以利用用户数据进行个性化营销，提升用户搜寻产品的体验感。销售过程中的环节包括下单、支付和物流等。下单和支付都可以通过互联网实现，流程简单，无须等待，节约了用户的时间和精力。借助物联网、数字化系统等，可实现人与物、物与物之间的全面连接，用户可以随时查询物流进度，了解产品已经运送到何地，还有多久可以送达，实现信息透明。售后涉及咨询、保修、反馈等，用户收到产品后有任何疑问都可在线咨询，常规问题由智能客服24小时随时响应。产品出现问题也可在线报修，获取解决方案。企业还可以在线收集用户的使用体验、建议意见等，建立用户群，根据用户需求对产品进行迭代优化。用户的消费全过程涉及多个环节、多个业务领域，通过数字化技术实现它们的串联，全面提升用户体验。

2. 零距离互动培养私域流量，影响用户心智

由于互联网的普及，企业和用户的沟通渠道更加丰富，可以零距离与用户互动，了解用户需求，尤其是新媒体平台的兴起，如微信、抖音、小红书、哔哩哔哩等，聚集了巨大的用户流量。企业可以在平台上创作和发布内容，与用户直接互动，借助平台的流量，获得曝光度，企业创作的内容质量越高，和用户互动越频繁，越容易受到用户的喜爱和认可，与用户建立感情，由此形成企业自己的私域流量。企业在私域流量内能够以更低的成本和更快的响应速度服务用户，通过持续的内容输出激起用户购物欲望和消费兴趣（张宣和孙广哲，2022）。因此，平台和企业之间形成合作，企业通过平台实现用户的拉新和留存，不同企业之间可共享用户数据，共享资源和信息，更好地实现用户价值，由此造就平台生态。

3. 消费场景的延伸和丰富

为了更好地留住用户，企业通过消费场景的延伸和丰富，扩大业务领域，提供全流程、无断点的消费体验，形成完整的价值服务，提高用户转换成本。例如，家电企业的消费场景延伸可以覆盖用户整个家生活的场景，从用户进门到客厅、厨房、卧室、卫生间、阳台等，涉及家装、家居、家电，通过物联网链接所有设备，用户可以使用指定 App 或者通过语音就能指挥设备的运转，实现智慧生活，在此基础上，企业为用户提供一站式解决方案，根据用户的个性化需求，进行产品组合，为用户提供极大的方便，实现体验溢价。而一家企业往往很难有实力和资源包揽各项业务，其成本和风险都是极高的，因此，企业可以通过合作形成平台生态，围绕核心业务进行延伸和扩张，打造丰富的消费场景。

4. 价值共创实现用户需求

科技的发展让企业实现大规模定制，面向用户的企业收集用户数据，应用于研发、生产、营销等其他环节，有利于提高其他环节的准确性，加快响应用户需求的速度，保证企业的产品是用户真正需要的。围绕用户需求，企业进行价值创造，形成一条完整的价值链，价值链上的企业可以达成合作，进行数据共享、资源共享，用户也可以加入价值链，依托企业的私域运营为价值创造提供想法和创意等，借助群体的力量，将"饼"做大，从而构成了平台生态。一方面，平台生态满足了用户需求，关注了用户的想法，让用户的价值得以体现，获得了成就感等情感体验；另一方面，平台生态整合了不同企业的资源，形成业务互补，降低了企业的运营成本，通过价值共创实现价值增值，增强企业的敏捷性，更快进行产品或服务的迭代升级（苏星月，2022）。

二、供应链与价值链协同构建

价值链关注的是价值的生成和创造，主要涉及企业层面的种种活动，如研发、生产、销售、售后等，企业通过这一系列的活动创造了价值。供应链关注的是产品的生产和流通，从原材料到变成产品送到消费者手中，围绕这一流程涉及的供给方、需求方或上游、下游企业，形成一个链式形态。价值链是供应链的微观基础，通过构建上下游协同配合的供应链，确保供应链能够以更低的成本、更快的速度、更优质的产品或服务满足用户需求，为用户创造价值。因此，将供应链与价值链协同构建，使供应链的上下游企业围绕统一的价值创造目标开展业务，在合作的基础上形成一个整体，提升整条供应链的响应速度、降低企业之间的交易成本、使企业可以专注于自己的优势领域，从而放大整体的价值创造能力，搭建起平台生态，如图 3-11 所示。

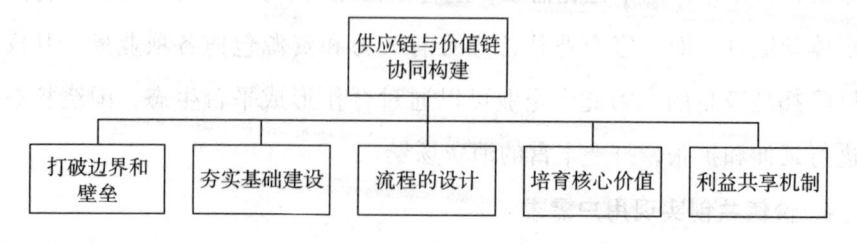

图 3-11 供应链与价值链协同构建

1. 打破边界和壁垒

供应链和价值链的有效运转涉及多元主体，构建供应链和价值链的协同，必须保证供应链和价值链上的企业之间相互连接，打破边界和壁垒，实现数据、信息的顺畅流动，使价值创造的各个环节都有据可依，做出正确决策。例如，生产商从销售商那里获得销售数据，通过数据分析预测下一周期的销售量，从而决定生产多少产品，采购多少原材料，保证产品库存合理，避免出现产品积压或供不应求的情况，合理控制库存成本。除了企业之间要开放边界，共享资源，企业内部各部门之间也要破除"部门墙"，加快信息流通速度，高效对接工作，以防信息堵塞，业务难以推进。打破边界和壁垒是构建协同的基础。

2. 夯实基础建设

在数字化时代下，技术的快速发展让跨组织、跨部门的沟通和共享变得更加高效、便捷和安全，因此，数字技术能力、搭建系统等基础建设显得尤为重要。企业内部的系统建设需要打通采购、销售、财务等各个价值创造环节，设置数据指标，建立统一的标准，保证信息实时同步，企业各个部门有相应的权限顺利完成工作，在各个节点进行智能管控，保证节点不阻塞，及时发现解决问题。企业之间在建立标准化的前提下实现系统对接，实现信息的实时交互、流程可视，使企业之间的业务对接更加顺畅。例如，供应商的送货进程下游企业可以在系统中实时查询；同时，下游企业可以查询库存情况和人员工作情况，准备好库房和充足的人手，保证货物的顺利入库。

3. 流程的设计

实现供应链与价值链的协同要设计好流程。流程设计要确保一致性、通用性和衔接性。一致性要求流程设计从全局的视角出发，设定统一的流程规则，新的流程要和已有的流程相融合，在已有流程的基础上优化更新；通用性要求搭建的流程体系不能只适用于一家企业或一种业务，要保证在不同企业之间及不同业务领域可以兼容；衔接性指流程和流程之间能够互相连接，形成一个完整的传递信息、创造价值的闭环。

4. 培育核心价值

供应链与价值链的核心价值在于一系列互补的资源、能力的结合，实现价值增值，使其优于竞争对手的价值创造能力，从而获得更大的收益。构建协同的供应链与价值链需要其中所有企业秉持合作共赢的理念，开辟多元化的合作渠道，发挥各自的优势，互帮互助促进共同发展，共享资源和信息，通过群体力量放大整体的能力和价值。培育核心价值即培育供应链和价值链整体的竞争优势，是企业生存和发展的根本，是构建协同、实现生态的关键。

5. 利益共享机制

供应链与价值链的协同能够创造增量的价值，是吸引企业达成合作的重要原因。企业在合作中占据不同地位、发挥不同作用、贡献不同力量，共同创造了价值增值，因此要基于共创共赢的原则，实现供应链和价值链上多方主体的利益共享。价值共创是利益共享的前提，合理的利益共享是供应链上下游企业参与价值链不同环节创造价值的重要动力。秉持贡献和激励对等的原则，公平、准确地评价和度量各自的贡献，共享创造的利益，确保每个主体都能获利，维持良好的合作关系。

三、"中心→重心→去中心化"演化路径

1. 互联网时代的更替

互联网技术的诞生对人类社会造成了深刻的影响，带来了丰富的商业创新，改变了人们的生产和生活方式。互联网的发展经历了从 Web1.0 时代到 Web3.0 时代的三次转变，这三次转变表明了互联网朝着一个更开放、更民主、更透明化的方向演变。

自 1991 年第一代互联网诞生，直到 2003 年都属于 Web1.0 时代，用户只能单向地接收互联网上的信息，无法进行交互，这一时期的代表性公司是提供互联网信息技术，利用"点击流量"盈利。

Web2.0 时代是 2004~2020 年，这一时期，用户既可以接收内容，也可

以自己创作和发布内容,与他人进行互动交流。平台型公司由此兴起,各种社交软件、内容分享软件遍地开花,平台提供了一个交互的渠道,用户可以在平台上自由发布内容,但这些内容都会变为数据归平台所有,平台积累了庞大的数据资产和流量资源,并且掌握了一定权力,如用户需要遵守平台的规则,平台可以自行删除不合规的内容,甚至进行封号处理。在此基础上,平台获得了巨大收益,成为商业中心。

Web3.0 时代从 2021 年开始,仍处于不断发展之中。在这一时期,用户拥有创作内容的数据所有权和控制权,数据资产不再属于平台,而是属于创作者,且创作者可以自行决定利益分配,平台不再是一切的中心,每个人都可以享受去中心化的服务。

2. 时代变迁的影响

互联网时代的变迁也导致了商业模式的转变。在 Web2.0 时代,信息、数据大量集中在平台公司的数据库中,具有中心化的特征,平台借助这些数据资源产生了巨大的商业价值,连接了消费者和企业双方,建立起平台生态,形成强大的竞争优势。一方面,平台通过多种内容生产方式创作丰富的内容,吸引了不同领域、不同需求的众多用户聚集于此,产生了流量,有了流量就有了市场,企业就可以在平台上打广告、带货等,将流量变现,产生收益;另一方面,庞大的用户群体会产生丰富的数据资源,包括用户基本信息、消费数据、搜索数据、浏览数据等,这些数据资源将成为企业研发、生产、运营等环节的重要依据,有利于提高企业决策的准确性及决策效率。因此,这一时期建立的商业模式是以平台为中心的商业生态系统,这一生态系统是高度中心化的,由平台占据中心地位,掌控关键资源(曲鸿楠,2022)。

为了分散平台公司的权力,避免数据垄断的出现,平台中心化的趋势渐渐被削弱,经历了从中心到重心再到去中心化的演化路径,如图 3-12 所示。平台依然是构建平台生态系统的重要载体,一方面,平台是生态系统的组织者,那些分散的资源通过平台得以聚集,使单个企业依托生态系统中的平台和其他企业的资源突破自己的能力上限,平台使生态系统中的企业获得更大的发展空间；另一方面，平台能够高效地进行供需匹配，既为消费者提供了便利，又为商家提供了广阔的市场，同时，平台可以利用大数据、算法等技术精准分发流量，为商家增加曝光度，激发消费者的消费兴趣。因此，虽然平台不再是中心，但仍然要以平台为重心做强平台生态系统。

中心 → 重心 → 去中心化

图 3-12 平台生态的演化路径

随着 Web3.0 时代的到来，互联网技术又获得进一步突破，区块链等技术为数据资产的确权、私有化提供了技术基础，平台生态去中心化成为一种趋势。去中心化并非没有中心，而是中心多元化，每个人都可以拥有自己的数据资产，从而实现普惠。在去中心化的模式下，平台不主导流量的分配，而是平均地掌握在用户手中，企业为了获得更大的曝光度不是通过购买流量，而是通过吸引更多用户的关注，即从平台的公域流量中引流构建自己的私域流量池，私域流量池中产生的数据资产属于企业自身，企业可以多次、免费使用。去中心化代表了全体成员共同参与、共同创造、利益共享，每个成员均可以自由安排活动、自由连接资源，积累自己的数据资产，自己成为中心。去中心化的优势在于分散中心的权力，降低风险；用户可以自由创造，场景、内容更加丰富；每个企业都可以获得更多收益；等等。

• 专栏 3-4 •

快手：去中心化实现差异化竞争

一、企业简介

北京快手科技有限公司（以下简称快手）创立于 2011 年，最开始是一款供用户制作和分享 GIF 动图的手机应用。2012 年，快手转型为短视频社区，供用户制作、上传和观看短视频，逐渐成为用户记录和分享生活的短视频社交平台；2016 年，快手推出直播功能；2018 年，快手开始发展电商业务；2019 年，快手正式推出快手极速版。经过多年的扩张，截至 2022 年 12 月底，快手应用累计互关用户对数达 267 亿对，全年总收入达 942 亿元，成为中国短视频行业的龙头企业。

二、商业模式

1. 去中心化

快手作为较早进入短视频领域的企业，树立了短视频社区的理念，重视培养社区内人与人之间的关系，建立连接，形成依赖和信任度，造就了一批忠实的粉丝群体。快手发端于下沉市场，用户主要来自北方城市和三、四、五线城市，形成快手特色的"老铁文化"。在这样的用户理念下，快手选择了去中心化的流量分发机制，旨在形成流量普惠的局面，将内容选择权交给用户，鼓励用户创作多元化的内容。与之不同的是，抖音采取的中心化流量分发，平台基于内容质量和算法控制流量的分发，导致流量容易集中到头部主播，分发效率高但是用户黏性不强。快手的去中心化流量分配将 70% 的流量给予了中腰部主播，基于热度和时间权重，择优择新出现在发现页，虽然降低了分配效率，但是用户黏性高，给更多长尾主播"露脸"的机会，让用户真正选择自己喜欢的主播。快手去中心化的方式吸引了众多新主播和中小商家入驻，丰富了快手的内容生态，增强了快手差异化的竞争力，成功占据了中国短视频市场的"半壁江山"。

2. 直播+广告+电商

快手于 2021 年上市，其营收表现非常亮眼，主要来自三大领域：直播、广告和电商。快手于 2016 年推出直播功能，作为短视频的自然延伸，直播也是主播进行内容创作的一种方式。直播可以增加用户和主播的实时互动，也能让用户更加了解主播，与主播建立更加紧密的关系。快手曾邀请周杰伦、张雨绮、董明珠等明星和企业家进行直播，吸引了大量粉丝的围观，引起了强烈反响，让快手直播成功出圈。用户可以给喜欢的主播打赏虚拟礼物，快手从中抽成形成营收。起初，快手专注于私域流量的培养，更注重直播业务，但随后快手意识到广告业务也是一个体量巨大的存在，因此上线了自己的磁力引擎，聚焦线上营销服务。快手广告涉及各行各业，包括电商、游戏、汽车、娱乐等，同时，快手还为内容创作者提供付费推广的服务。由于快手一直以来对用户的培养，与用户形成较强的连接，快手直播的火爆，也使直播带货快速成长为快手的支柱性业务。快手还和京东联合举办了多次活动，促进电商业务的进一步发展。

3. 和外界合作

2022年"双十一"期间，快手选择开放外链，快手平台上的小黄车也可以使用天猫、京东商品的链接，这一举动表明了快手转换了闭环思路，和外界形成合作，促进双方共赢。此前，快手选择做闭环是在有能力的基础上防止流量外溢，但是这种闭环思维创造的价值远不及开放带来的多方共赢和可持续发展。对于用户来说，在快手平台上也可以方便地享受其他平台的优质商品和服务，避免了用户来回切换软件的麻烦，让用户体验感更佳；对于其他平台来说，快手是一个巨大的流量入口；对于快手来说，开放外链可以为用户提供更好的服务，也可以为内容创作者增加创收机会，从而使快手获得更大收入。此外，快手在和外界的合作中始终保证一定的主动权，适度开放，旨在为用户提供最佳的体验感，创造最大价值。

参考文献

[1] 葛小敏，许延明. "快手"盈利模式探析 [J]. 合作经济与科技，2023（5）：124-125.

[2] 吕通. "老铁"：快手社区共同体的文化生产探究 [J]. 视听，2023（1）：128-131.

第四节　平台生态的实施策略

如今，很多平台企业经过多年的发展积累了一定的资源和实力，逐渐构建起平台生态，建立了竞争优势，借助群体的力量占据了更广大的市场。平台生态实现之后，如何实施和治理这一新型商业模式成为重点。平台生态的突出优势是拥有稳定的用户流量、丰富的数据资产以及资源整合、合作共赢的理念和实践，因此，实施平台生态有三点关键策略：一是挖掘用户价值，二是治理数据生态，三是融合跨界资源。

一、挖掘用户价值

互联网用户成为一个庞大的群体，推动了崭新商业模式的形成。一些企业经历了流量红利时期，借助内容创作、免费体验、大幅度优惠等活动抓住初期的互联网用户，以较低的成本获取了大量的用户流量，造就了淘宝、美团、滴滴、大众点评、拼多多等众多平台企业的崛起和壮大。随着流量红利的逐渐减弱与用户获取的成本升高，市场竞争也更加激烈，用户的选择性越来越丰富，导致用户的忠诚度和黏性逐渐减弱，流量容易分散到其他平台，因此，如何挖掘现有用户的价值成为实施平台生态的重要策略。

1. 用户价值分类

想要挖掘用户价值，就必须先了解用户价值有哪些，可以将用户价值分为以下四类，如图 3-13 所示。

一是直接收益价值，即用户购买产品或服务产生了付费行为，有了第一次付费，企业可以争取用户的二次付费，延长用户的消费生命周期。

二是用户关注价值，主要指用户在平台上花费的时间和注意力，用户花费的时间和注意力越久，即使没有产生直接付费行为，也能让平台获得

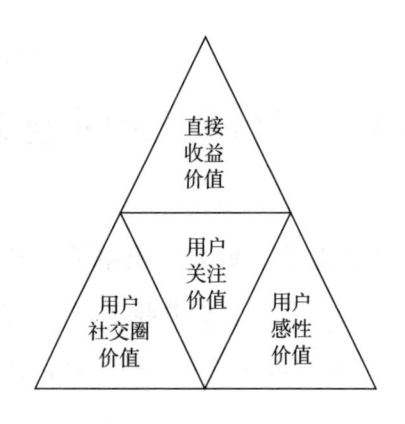

图 3-13 用户价值分类

收益，如广告、潜在客户的培养等。用户关注是深挖用户价值的前提，有了用户关注才能开展进一步的运营工作。

三是用户社交圈价值，指的是用户能够影响自己社交圈内的人，当企业提供了优质的产品或服务的时候，老客户就会不由自主地向身边人分享，在社交圈内推广，从而吸引新客户，塑造企业口碑，实现用户裂变增长。

四是用户感性价值，是基于用户对荣誉、成就等精神方面的追求，如用户通过消费、充值追求会员等级的成长，获取高于普通用户的权益。

2. 用户价值的挖掘

用户价值不仅直接创造收益，还有更多附加价值，在了解了四类用户价值之后，需要做的是深挖用户各项价值。

直接收益价值，最根本的就是要提高产品和服务本身的质量，产品和服务能够满足用户需求，用户自然会付费购买。企业也可以通过一些活动刺激用户付费，如充值返现、优惠折扣、赠送礼品等，但是这种活动吸引的往往是浅层的客户，一旦活动不发生了，客户也不会重复购买。促销活动可以用在初期吸引客户，但长期使用的话，会损害企业的利润率，也会让客户不愿再去购买没有活动的产品。

用户关注价值，就是要了解用户的需求，提供用户需要的内容或服务。要么让用户花费时间和精力关注之后有利可图，如从点赞、评论和关注的用户中抽奖、刷视频有奖励等；要么创作的内容吸引用户兴趣，提供情绪价值，如各种娱乐短视频、娱乐新闻等；要么创作的内容为用户提供专业知识，满足用户的学习需求，如专业博主的知识分享、经验分享等；要么为用户提供必需的服务，如通过订阅的生活号充值话费、缴纳水电费等。因此，企业要想获得用户的关注价值，可以根据自己的产品选择上述匹配的类型，在平台开设企业账号，分享合适的内容，吸引用户关注。

用户感性价值是指需要抓住部分用户的个性化需求，感性价值并不是普遍存在于每位用户的，往往只存在于部分群体，但是这部分群体可能成为企业的主力消费军。企业需要为这部分群体提供不一样的服务，如游戏企业为充值达到一定级别的用户设置不同的标志、享有不同的权利，奢侈品牌的限量款产品、联名产品，其象征意义远超实际价值等。获得用户感性价值的关键是挖掘用户的精神需求并满足。

二、治理数据生态

数据是平台生态的核心资源之一，平台和企业每天都会产生大量的数据，数据无法直接使用，需要通过一系列治理过程将庞大的数据资源转化为可使用的数据资产，然后赋能企业的业务、运营等，这些数据是企业科学决策的重要依据，可有效提升企业业务质量和运营效率。

因此，治理数据生态是挖掘、使用数据价值的基本途径，赋能业务、实现业务目标、提高管理能力是治理数据生态的关键驱动力。数据生态治理涉及企业的组织结构、管理制度、标准规范、治理活动、技术支持等，主要目标包括数据价值最大化、数据风险最小化、应用成本最低化等。

1. 数据生态治理问题的体现

治理数据生态先要明确数据治理的需求，了解企业在数据治理中有哪些问题，才能对症下药，实现数据生态治理目标。数字经济时代，数字化转型成为企业发展的必然趋势，一时间，打开了数据繁荣局面，海量数据涌入企业，包括各种用户数据、业务数据、生产数据、物流数据等。同时，不同业务需要不同的数据及不同的数据分析，个性化的找数、取数、用数等操作也变得十分频繁，跨领域、跨业务的数据融合和应用需求更加丰富。数据生态治理中的具体问题体现在以下三点：

（1）缺少数据规范和标准，数据应用效率低。由于平台生态的建立，数据经常在不同企业之间流动，而不同企业可能有不同的数据格式、存储系统，导致数据流动效率低，其他企业应用数据时还要再次沟通，对数据进行规范化和标准化处理。在企业内部也可能存在不同业务部门数据标准不统一的情况，数据不能在部门之间顺畅地共享，形成"数据孤岛"现象，影响企业整体的效率。

（2）数据安全问题。随着数据量的增大，数据应用的广泛，数据使用人员增多，数据出口增加，数据安全问题也逐渐突出，如用户信息违规获取、数据操作不规范行为、人为泄露数据行为、网络爬虫窃取数据等。有关数据安全的法规也在不断更新，企业对数据的分类分级以及敏感数据的获取与管理更要慎重对待，防止不合规、不合要求，引起声誉风险。

（3）数据成本增加。由于数据量的不断增长，数据价值不断挖掘，数据和业务的结合越来越紧密，数据使用的时间跨度增加，意味着数据运维难度增加、相关技术需要不断升级更新、人员的工作量增大，数据存储、计算、管理和应用成本不断攀升。对自己的数据资产不清晰，数据应用在了哪些业务上，服务了哪些客户，数据不敢删，任务不敢下等问题也导致了数据成本的增加。

2. 数据生态治理策略

根据数据生态治理中存在的问题，可以提出以下三条治理。

（1）统一来自不同部门、不同企业的数据。在平台生态圈内设置一致的标准和规范，数据标准化要实现对数据定义、数据分类、记录格式、编码等的统一。数据标准的制定和实施需要得到企业高层和领导的支持和重视，借鉴国家标准、行业先进标准以及企业现状进行制定。标准的制定涉及业务人员、数据管理人员和技术人员，意味着设计的数据标准要方便业务的运行、便于管理以及符合技术要求。并且数据标准的制定不能只考虑当下，还要考虑企业未来的业务发展。

（2）保障数据安全。及时了解数据安全相关法规的更新，提高企业和员工的数据安全意识，成立专业化的数据安全团队，重视数据安全工作的开展。企业要确立并落实数据安全方针政策，明确数据使用规范、操作标准、人员权限等，按照规则和标准严格进行数据的分类分级，划分敏感数据的使用部门和人员。企业相关技术部门要及时更新和优化数据安全保障技术，建立数据安全技术架构，如数据访问权限技术、认证机制、数据库防火墙技术、数据存储加密技术、数据库脱敏技术等，借助技术筑牢数据安全体系，管控数据被窃取或泄露等风险。

（3）控制数据成本。企业首先要对自己的数据资产进行核算，了解总的成本以及成本构成，评估浪费的成本，识别产生浪费或不合理的数据任务，从而设置降本目标以及针对性的改善措施。例如，针对数据的存储成本，可以从数据压缩、数据重分布、存储治理项优化、生命周期管理四个方面进行优化。针对数据计算成本，可以重新梳理数据链路，对计算任务进行优化，提高任务效率；合理分配任务时间，错峰调度，利用闲时更低的计算费用降低以总计算成本（杨姗，2022）。

三、融合跨界资源

随着互联网时代的快速发展及数字技术的不断创新，促使人与人、人与物之间有了更多连接，数据成为五大生产要素之一，供给和需求信息的流通达到了空前水平。一方面，导致市场竞争更加激烈，企业甚至不知道竞争对手是谁，市场上的需求和供给都更加丰富，企业不得不进行跨界融合以应对市场的新兴变化；另一方面，技术的发展是实现跨界融合的基础，没有移动互联网、大数据、人工智能等技术，跨界融合只能是空中楼阁。

跨界融合已然成为时代发展的必然趋势，是企业寻求新一轮增长的关键途径，也是促进创新的重要来源。平台生态之所以拥有竞争优势，是因为融合了跨界资源，主要的方法有以下四种：

（1）高新技术与企业组织的融合。一方面，高新技术的快速发展和广泛应用促进了新的商业模式的实现，如"互联网+传统行业"催生了在线办公、在线教育、互联网医疗、电子商务等新型商业模式的崛起。在线办公的实现得益于协同办公软件的支持，在线教育的实现需要各种智能硬件产品、高清互动直播技术等，互联网医疗的实现离不开物联网技术以及各种可穿戴智能设备、人工智能技术等，电子商务的实现依托电子支付、大数据技术、网页浏览技术等。这些技术和传统行业融合颠覆了以往行业的运作方式，实现了更多商业可能。另一方面，高新技术正以前所未有的广度和深度渗透到企业创造价值的各个环节，加速了企业的数字化转型升级，提升企业了竞争力。

（2）不同产业之间的融合。通过产业间的互补和延伸，使原有产业增加新的功能，产生新技术、新产品和新服务，焕发新的活力，从而满足日益丰富的市场需求，增强竞争力。目前，较为普遍的是服务业和第一产业、第二产业的融合，例如，传统制造业专注于产品的生产制造，如今，制造业不得不重视服务发挥的作用，金融服务、法律服务、客户服务、营销服务等在制造业中的比重加大。服务业也可以向制造业渗透，衍生制造业务或者作为制造业的中间投入，制造业和服务业的融合造就了制造服务业的诞生，两者形成资源整合、优势互补，促进了产业的优化升级，同时也有利于提高制造业和服务业的发展水平（孙雪娇，2022）。

（3）不同行业之间的融合。跨行业融合是创造力的发挥，是企业另辟蹊径以应对商业环境的复杂变化。越来越多互不相干的行业走上了跨界融合的道路且取得了惊喜的效果，让跨行业融合成为一股热潮。例如，物业行业和养老行业的相互融合，由于物业贴近小区居民生活，可以挖掘小区内的养老需求，老人的基本信息、生活情况、需要哪些养老服务等，养老驿站可以和物业达成合作，提供专业化的养老服务。

(4) 不同组织之间的融合。组织是平台生态中的基本单元，组织间的融合在平台生态的发展中起到了重要作用。组织间融合是一种深度合作，双方需要打开组织边界，让对方参与自身的价值创造环节，形成新的业务模式和运作流程，实现价值共创和价值互增，促进双方共同成长进步，例如，销售企业参与制造企业的新产品开发、产品优化等活动，平台企业为供应商企业提供流量资源、技术支持、销售渠道等，供应商企业为平台企业提供产品和服务。组织间融合围绕客户价值创造这一目标，整合不同组织的资源、能力和流程，连接不同组织的业务环节，构建一体化的运作方式，提高运作效率，形成"你中有我、我中有你"的利益共同体，保证组织间深度合作的有效开展，促进平台生态的有序构建（杨珊，2021）。

篇末案例

哈工智能：工业智能化缔造者

一、企业简介

江苏哈工智能机器人股份有限公司（以下简称哈工智能），前身为1980年成立的成都市工业展销信托股份公司。哈工智能的主营业务包括高端智能装备制造、机器人本体、工业机器人一站式服务平台三大板块。哈工智能拥有雄厚的科研实力，在总部下设研究院，聚集了众多高端技术人才，专注于机器人核心零部件与核心技术、工业机器人本体、机器人集成应用、人工智能等研究领域。哈工智能秉持搭建技术与产业的桥梁这一愿景，致力于推动中国制造企业工业智能化进程，助力中国制造的进一步提升。哈工智能在多年的发展中获得多项荣誉，积累了丰富的专利成果，生产出领先的智能机器人产品，成为中国智能机器人行业的引领者。

二、行业发展

中国机器人产业在近几年正处于蓬勃发展阶段，十分重视机器人关键核心技术的研发，逐步实现关键核心零部件的国产化。随着人工智能、工业互联网、大数据等技术的发展，促进机器人应用范围不断拓展，涉及各行各业，如制造业、物流业、医疗行业等。机器人可以应用在工业领域和服务领域，尤其是工业机器人的应用。

我国是制造业大国，制造业是兴国之器、强国之基，传统制造业的快速发展得益于我国的人口红利和成本优势，但随着这些优势的减弱和工业4.0时代的到来，传统制造业面临技术和设备的全面升级与改造，由制造向智造转变，这意味着制造业企业的智能化升级蕴含巨大的潜在市场。

工业机器人是推进智能制造的重要载体和使能装备，特别是人工智能技术、数据、算法、算力的进一步发展，使机器人更加智能，应用范围更广，能够代替人类从事更多工作，并且效率更高、成本更低、更加安全，如焊接机器人、装配机器人、喷涂机器人等。哈工智能重点布局工业机器人服务和高端智能装备制造两大领域，抓住行业发展热点，深耕人工智能、大数据等创新技术，利用技术赋能工业机器人全产业链发展，通过人工智能机器人的深度应用促进制造业企业的智能化升级。

三、机器人全产业链

工业机器人的完整产业链包括上游工业机器人核心零部件、中游工业机器人本体以及下游工业机器人应用和服务。哈工智能借助大量的旗下子公司在机器人产业链的不同领域进行布局，依托不同子公司的资源和能力，拓展业务领域，覆盖完整的机器人产业链。

针对上游工业机器人核心零部件，哈工智能于2018年入股江苏宝控精密传动科技有限公司（以下简称江苏宝控）。江苏宝控是一家能够规模生产谐波减速器的企业，减速器、伺服电机和控制器是工业机器人的关键核心零部件。江苏宝控的加入增强了哈工智能在机器人本体和核心零部件制造方面的能力，成为哈工智能布局机器人全产业链的重要一环。2019年，江苏宝控在江苏省东台市设立新生产基地，提高核心零部件生产能力，进一步扩大市场份额，强化哈工智能在工业机器人核心零部件领域的布局。针对中游工业机器人本体，哈工智能成立了哈工现代和哈工易科两家子公司，江苏宝控也涉及部分工业机器人本体业务。目前，哈工智能旗下子公司已经研发出众多可以应用于不同领域的工业机器人机型，包括应用于弧焊、涂胶、视觉检测的 HA006B 机型，应用于搬运、点焊、机床上下料的 HS220 机型，以及应用范围更加广泛的 HH050 机型、HH020 机型等。针对下游工业机器人应用，哈工智能关联了天津福臻、上海奥特博格、浙江瑞弗、哈工我耀、柯灵、哈工易科 6 家公司，福臻、瑞弗、上海奥特博格的主营产品是工业智能化柔性生产线、自动化控制系统。针对下游另一领域的工业机器人服务，哈工智能打造了 51 Robot 工业机器人一站式服务平台，平台对机器人相关资源进行整合，可以为客户提供机器人所需的系统、设备以及各种解决方案，同时，该平台还为客户提供机器人的维修、保养、再制造等服务。平台可以实现全程在线监测工业机器人，收集相关数据，既能及时发现机器人出现的问题，又能为企业的价值创造过程提供宝贵的数据资产。哈工智能的工业机器人服务涉及工业机器人的整个生命周期，从开始提供机器人本体、机器人标准系统到机器人使用过程中的实时监测、维修保养，再到机器人无法工作时的回收和翻新再制造，这一过程形成一个闭环，构成机器人服务的闭环生态链。

四、"AI+ROBOT" 生态圈

随着人工智能技术的发展，人工智能的应用越来越广泛，渗透至各行各业。人工智能技术就像是机器人的"大脑"，赋予机器人视觉识别、语音识别、智能决策等能力，使机器人的应用场景更加丰富。哈工智能深入研究人工智能技术，通过技术赋能机器人产业链，技术和产业融合促进产业的优化升级，通过技术赋能连接产业链上的各个企业，构建哈工智能"AI+ROBOT" 生态圈。

哈工智能布局"AI+ROBOT" 生态圈的关键核心是人工智能技术研发和

技术的应用。因此，哈工智能在总部设立了研究院，会集了大量科研人才，并且长期与高校进行合作，夯实自身的研发实力。目前，研究院基于哈工智能的主营业务领域进行相关技术的研发和创新，在 AI+ROBOT 的发展战略下，兼顾机器人和人工智能两大领域，致力于实现技术和产业的融合。

"AI+"代表的是哈工智能对技术研发的追求，ROBOT 代表的是哈工智能在机器人产业和产品的布局。"AI+ROBOT"通过人工智能技术研发和应用引领机器人产品的创新和发展，促进哈工智能机器人全产业链与高新技术的融合，推动哈工智能发展和机器人产业链的更新升级。

五、赋能各行各业

哈工智能的机器人产品主要应用于汽车集成生产线、医疗设备、工业自动化装备三大领域。哈工智能旗下子公司天津福臻长期致力于研发汽车车身智能化柔性生产线和自动化控制系统，已具备汽车集成生产线领域的多种技术能力，如高速传输、激光焊接、轻量化车身连接等。随着新能源汽车的异军突起，传统汽车行业陷入低迷，哈工智能把握这一发展趋势，积极入局新能源汽车。哈工智能和多家知名新能源汽车制造厂商达成合作，如蔚来、比亚迪、吉利 PMA 等，提供新能源汽车生产线，将工业机器人应用领域拓展至新能源汽车行业。全铝车身广泛应用于新能源汽车车身轻量化，天津福臻从 2010 年就开始关注到轻量化铝车身连接技术，目前已经能够提供完整的全铝车身解决方案，增强哈工智能在新能源汽车行业的优势。

医疗健康行业具有广阔的发展前景，2020 年，哈工智能与润达医疗达成合作，希望加快医疗健康行业的工业化、智能化进程，研究可应用于各种临床场景的机器人，推动中国医疗健康行业的转型升级。哈工智能研究院和三甲医院的院士、教授团队合作，致力于研究各种小型化穿刺机器人，可应用于血管介入穿刺、骨肿瘤的活检穿刺、积液引流穿刺、神经麻醉穿刺等。

哈工智能的"机器人3D视觉周转箱无序拆垛"标准化工作站，采用了HH050机型和视觉成像配套设备，让机器人具备了观察物品和周围环境、定位、抓取、精准堆放等功能，可同一时间识别多种物体，识别准确率高、抗干扰性强。哈工智能的HA006机型可应用于激光焊接，主要适用于精密微型器件的焊接。HA006机型的激光焊接效果良好，焊缝整齐，无须后续打磨，提高了产品生产的效率。HS220机型可以应用于筒子纱码垛搬运，人工搬运筒子纱工作任务繁重，劳动强度大，用工多，成本高，哈工智能的机器人可以准确识别筒子纱，精准、快速地对筒子纱进行搬运，提高搬运效率，降低人工成本。

六、研发和人才优势

哈工智能将研发置于公司非常重要的地位，在公司总部以及下属核心业务的子公司都设置了研发部门，专注于业务领域内关键技术的研发和升级以及核心产品的开发。例如，在汽车制造领域，哈工智能较早就进行了相关技术的积累，目前已经具备了领先的全数字化制造技术、车身轻量化技术、机器人门盖智能装配技术等，并且与众多知名汽车厂商达成合作，获得了客户认可。雄厚的研发实力背后是强大的研发团队，哈工智能积累了大量不同领域的专业人才，研发人员的专业领域涉及深度算法软件、机械设计、软件控制、工艺等丰富的领域，保障了公司对技术研发与创新的持续深耕。

此外，哈工智能还组建了AI研发团队，关注到人工智能技术对机器人产业发展的重要推动作用，提出"AI+ROBOT"的理念，借助各种人工智能算法技术，优化机器人的视觉引导、视觉识别等问题，使机器人更加智能，功能更加多元在各个领域都发挥出了很大的作用。目前，哈工智能在AI算法方面具有核心技术优势，人工智能的研发和应用仍有巨大空间。

参考文献

[1] 柳昕. 工业机器人行业运行情况及发展趋势分析 [J]. 中国国情国力, 2022 (7): 11-15.

[2] 王会芝. 工业机器人在智能制造中的应用 [J]. 南方农机, 2022, 53 (2): 78-80.

第四章 资本运营：企业基业长青之道

在新的时代背景下，企业要实现自己的科学、稳定发展，必须根据目前的市场经营环境的变化，适时地改变企业的经营观念，通过对资本运营改革途径的创新，优化和完善企业的管理机制、管理模式，能更好地顺应市场环境和社会经济的变化。资本运营是一种可以使企业内部策略有机结合，提高企业经营效率，增强企业管理的控制方法（张三丽，2022）。

阿里巴巴会由业务运营走向资产运营和资本运营，将更好地发挥大股东的作用。

——阿里巴巴集团首席执行官　张勇

第四章 资本运营：企业基业长青之道

学习要点

☆ 资本运营的主要内容
☆ 资本运营的模式分类
☆ 资本运营的三个最大化路径
☆ 资本运营筹融资的具体策略

开篇案例

怡亚通：供应链龙头企业

随着互联网经济时代的不断发展，企业的供应链管理已经成为企业提高工作效率的重要手段。由于供应链管理不断发展和完善，企业更加注重联合的横向管理模式，逐渐脱离传统的内部垂直管理模式。在未来的发展过程中，企业将把供应链作为企业之间的竞争。供应链管理是一种贯穿企业全产业链的管理模式，企业的运营和发展必须以长远的战略计划为导向。深圳市怡亚通供应链股份有限公司（以下简称怡亚通）是中国500强的民营企业，怡亚通充分利用全球的网络体系，把全球的采购和销售作为企业的共同目标，同时，它利用先进的信息技术，增强企业的资本和团队的实力，在知识和资源的基础上，提供一体化的服务，从而发展成为一个巨大的全球供应链市场。

一、企业简介

怡亚通是国内第一家以供应链为主要业务的上市企业，于1997年成立，2007年在深圳证券交易所中小企业板上市。主要从事物流领域的供应链管理服务。怡亚通率先在国内构建了以物流、商务、资金流、信息流为中心的服务载体，以生产为导向的供应链服务，以消费者为导向的供应链服务平台，帮助客户将研发之外的非核心业务外包，使客户企业专注于自己的核心业务，实现附加值增长和提升企业竞争力。

二、资本运营变革

怡亚通供应链的转型和迭代的实质是技术创新、新运营模式和新管理模式与新场景的深度融合，而以顾客为核心是达成这一切的关键。怡亚通凭借着25年的供应链经验，抓住了产业链中存在的问题，为合作伙伴提供了"1+N"的全方位服务，不局限于任何行业和任何产品，建立了一种可持续发展的商业模式，并在此基础上不断优化，帮助企业在市场上获得更多的销量、更大的市场份额、更大的品牌价值。

1. 引入深圳市投资控股有限公司，扩宽企业融资渠道

怡亚通在综合考量了各种可能出现困境的情况下，选择与国有资本合作，将自己的大量股份转让给深投控，实现国有资本控股的局面。这种"逆向混改"的方式不仅使怡亚通在短期内获得了大量的股权融资，还在一定程度上缓解了财务风险的程度，使产权性质从民营企业转变成了国有企业，得到了更多生产要素的支撑。

2. 从供应链到品牌运营转型

作为供应链龙头企业，怡亚通进行了全面的创新变革，深化实施"供应链+"的运营战略。怡亚通在供应链上积累了丰富的经验，为企业的品牌经营奠定了坚实的基础。怡亚通的经营模式虽然还是以供应链为基础，以分销渠道为核心，主要经营的还是原来的那些消费品领域，但企业所经营的业务已经从供应链扩展到了品牌，凭借多年的供应链的积累，怡亚通对品牌的经营模式有更深刻的理解，供应链与品牌形成了相辅相成的关系。尤其在深投控投资后，怡亚通有了国资背景的支持，谈判业务变得更容易。怡亚通的品牌运营包括代理、授权及独立经营。在这些模式中，独立经营对于怡亚通来说是最有价值的，通过独立经营模式，怡亚通对企业的品牌和价格具有决定权，其销售的毛利率是代理和授权的几倍。依据怡亚通的发展模式，建立企业自有品牌作为企业未来发展的首要目标。

3. 多元化运营，促进企业多元化发展

在进行酒类产品运营的同时，小家电也是怡亚通的一个重要运营领域。如今，小家电销售是一种未来的发展趋势，龙头公司如美的、苏泊尔、九阳以全品类著称，而跟在后面的一些品牌会利用单一产品打造成头部爆款的网红产品，瞬间占领市场。怡亚通也以这样的方式进军小家电运营。不仅如此，怡亚通还在医药、家电、母婴等领域板块推出了自有品牌的产品，并得到了用户的高度认可。另外，怡亚通与金圆股份签署协议，拟共同投资开发锂资源等相关项目，正式进入新能源产业，在合作过程中，金圆股份负责项目寻找，怡亚通参与供应链服务，被外界评价为"一场双向奔赴的战略赋能"。怡亚通在不断进行行业多元化发展的同时，还持续开发与探索新的业务领域，并形成了一定的业务优势，这是企业自身发展的需要，也是未来在市场竞争中能够持续发展的基础。

4. 加强与资本市场交流，提升资本市场信任度

近年来，怡亚通成立了一支由专业人士构成的资本运营队伍，这支队伍举办或参与了数百场的路演，以及沉浸式资本的品牌发布，使更多投资者认识到怡亚通的经营模式及企业价值。同时，怡亚通的供应链服务不断促进企业的转型与升级，增强了企业的市场竞争力，推动了企业的高品质发展。身为产业供应链的龙头企业，怡亚通与上下游企业及其他行业建立了合作的桥梁，以保证不断为企业的创新能力和管理能力赋能。

5. 对上下游提供融资服务

怡亚通供应链金融向上游供应商提供的融资模式有商票融资、订单融资、应收账款融资及融资租赁。为不同需求的上游企业提供多种融资方式，从而有效缓解资金的需求。订单融资是指在实际的交易背景下，以上游企业和核心企业所签订的贸易合同为依托，向怡亚通的供应链金融平台提交融资申请，待平台审核无误后，再为其提供资金服务，从而帮助企业盘活应收账款，缓解资金短缺的压力。

怡亚通供应链金融为下游的优质经销商提供线上信用融资，并伴有严格

的平台准入条件。怡亚通供应链金融根据真实的贸易为背景，经过审核之后为下游经销商选择在平台上发布适当的融资服务。其中，主要有返利融资、信用融资、保证金融资和库存质押融资，根据客户的实际需求选择适当的融资方式，减轻企业的资金运营压力，为中小企业的稳定发展做出巨大的贡献。

参考文献

[1] 王野，李金叶，杨明刚. 跨境电商促进中国对欧盟出口的机制与实证 [J]. 技术经济与管理研究，2021（5）：96-101.

[2] 王莎. "大数据"背景下供应链金融风险 [J]. 西部皮革，2020，42（14）：81-83.

[3] 冯珊珊，李永梅. 区块链技术在供应链金融信用风险管理中的应用研究 [J]. 征信，2022，40（2）：59-65.

第一节　资本运营：生存基础与发展能力

"资本运营"一词是20世纪90年代才在我国提出的，这是一个新的经济理念，在西方经济学中没有这一概念。企业的资本运营以企业利润最大化和企业的资本增值为目标，将价值管理作为企业主要的运营特点，使其资本在企业内部和外部进行流动重组，实现企业生产要素的最优配置，帮助企业调整产业结构，持续增加企业的自有资本。

一、四大财务管理活动

随着经济全球化的发展，市场的国际化程度越来越高，对企业的经营管理也提出了更高的要求。财务管理是企业经营的核心，对企业的可持续发展至关重要，这也成为企业走向国际化的前提。财务管理指根据特定的目标，将资产的投资、资本的筹资和资金营运以及利润分配四种财务管理活动结合在一起，对企业财务活动进行管理和组织的一项经济管理活动（张影和高赫，2020）。

1. 资产的投资管理活动

随着市场环境的不断变化，市场竞争愈加激烈，企业要在市场竞争中立于不败之地，就需要通过科学有效的手段提高资金效益，提高企业的资产投资管理水平，增强企业的综合实力。

资产的投资管理主要是将资产进行组合划分方便企业管理，使企业能够将自身内部有限的资金转化成为无限的经济收益，以实现经济可持续发展的目标。因此，要将企业内部资金开展科学合理划分，这就是资产投资的有效管理工作。企业资金在理论上可以开展多方投资，通过将其分配在企业运营的各项投资中，进行有效利用，收获经济利益最大化。在日常运营管理过程中，企业想要进一步扩大生产规模，就应重视资金分配与企业内部的资金再分配，经过合理的资金优化配置，保障企业在经营建设中通过投资获取更加丰厚的收益。

资产投资管理活动隶属资产管理一类，主要目的是让企业的有限资产得到最大化利用，在经营管理的过程中产生更多经济效益，有利于企业合理有效地配置资产，使企业所拥有的资金可以用于多个领域，从而通过多个渠道获取更多的利润。在经营管理的过程中，企业要想进一步发展，就离不开充足的资金。因此，上市企业能够有效地将本公司的闲置资本用于投资，从而获取更多的经济收益，以进一步增强企业的综合实力，彰显更多竞争优势。资产的投资管理在企业管理中具有一定的积极作用，如图4-1所示。

在市场经济的不断发展的过程中，多样化和多元化模式已经成为企业的投资和经营管理活动的发展趋势。在这样的发展背景下，我国企业的资产投资出现了一系列问题，其风险也随之增加，同时还受到内外多种因素的影响。因此，企业在开展金融投资管理工作时要提高风险识别能力和抵抗能力，强化管理效能的构建，为企业的长效发展奠定良好的基础。

166 商业模式管理

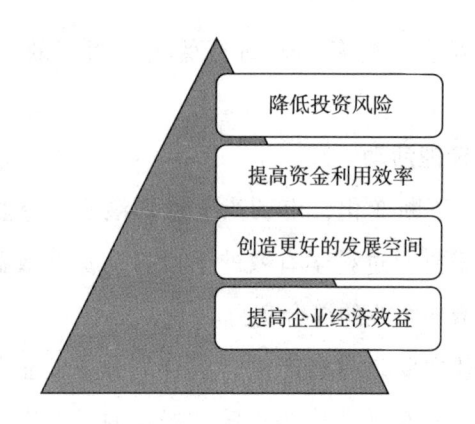

图 4-1 资产投资管理管理活动在企业管理中应用的意义

总之,资产的投资管理是企业能够长远发展并且安身立命的根本,面对经济环境如此复杂的今天,企业应当重视资产的投资管理。资产投资管理能够有效保证企业在日常运营的过程中,资金方面不出现重大失误,不断改进资产投资管理方法,使企业具有长远意识,助力企业实现可持续发展战略。

2. 资本的筹资管理活动

筹资管理是指企业以其生产经营、对外投资和资本结构调整的需求为基础,利用资金市场和筹资渠道,以最经济、最高效的方式筹集企业所需资金的一种财务活动(吴继良,2018)。常用的筹资手段如图 4-2 所示。

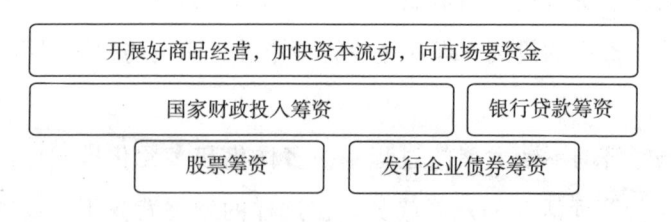

图 4-2 筹资途径

(1)开展好商品经营,加快资本流动,向市场要资金。通过提升企业的利润效率,使企业的自有资金得到最大限度的积累,是企业在筹资活动中首先考虑的方式。

（2）国家财政投入筹资。在国家经济政策和市场运营的基础上，能够与政府各方面进行有效的合作，从而得到财政资金的支持，这是一条企业发展必不可少且经济的筹资途径。

（3）银行贷款筹资。企业筹资离不开银行的支持，而银行贷款是企业筹资的重要渠道，通常可分为信贷和抵押两大类。在目前的经济形势下，这是企业优先考虑的筹资途径，但是企业应该对贷款的运用和还款做出一些切合实际的计划。

（4）股票筹资。在现代企业制度下，多数企业采取的是一种多元化的产权结构模式，通过吸收股票融资并调整股权结构，是目前企业发展的重要途径。而股票筹资的另一种方式是发行股票，以此来筹集社会上的闲置资金。

（5）发行企业债券筹资。对于销售收入和利润比较稳定的企业，在适当的条件下，可以采取发行企业债券的方式，向社会筹集资金。

筹资不仅是企业获取所需资金的重要渠道，也是促进企业持续发展的重要资源。对于一些发展状况不太好的企业，或者是一些刚刚起步的新兴行业，一个有效的筹资渠道显得尤为重要。在一些高科技产业或工程项目上，仅依靠企业内部资金是无法维持企业的正常运营的，因此，筹资是一家企业的生存资本，是企业不断发展的垫脚石。当然，并非每家企业都能顺利地实现筹资，很多企业由于缺乏足够的资金而濒临倒闭。企业在筹集资金时遵循一定的原则（见图4-3）。

效益性原则
↓
适度规模原则
↓
最佳时机原则
↓
合法性原则

图 4-3　企业筹集资金遵循的原则

综上所述，对资金的筹集管理工作已经成为企业在生产、经营管理以及发展中非常重要的财务管理工作，筹资情况可以直接影响到企业的正常经营状况及企业的发展壮大。在市场竞争激烈的今天，企业必须将筹资管理活动重视起来，建立完善企业管理的相关制度，培养优秀的筹资管理人才，提高筹资人员的业务能力，进而提升企业在激烈的竞争中的市场地位，推动企业高效地持续发展。

3. 资金运营管理活动

科学有效的运营管理可谓是企业发展的重要保障。运营管理除了要考虑传统的价格、质量、竞争对手等基本要素，还要考虑产品的附加价值。运营管理作为企业管理的一个重要内容，对企业的经营管理的效率和竞争力的提升都起着举足轻重的作用，对企业的长远发展也有着重要的影响，如图4-4所示。

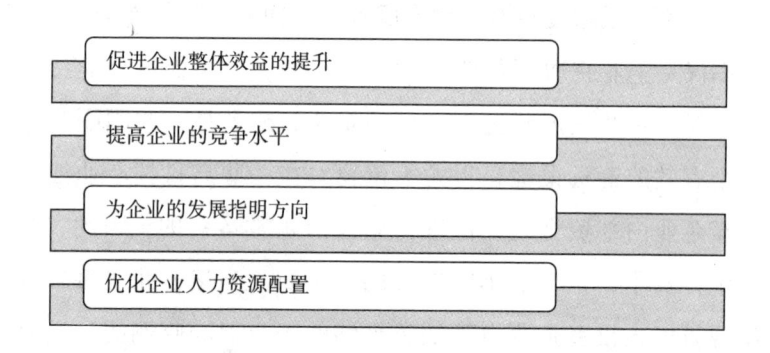

- 促进企业整体效益的提升
- 提高企业的竞争水平
- 为企业的发展指明方向
- 优化企业人力资源配置

图4-4 资金运营管理的意义

企业的运营管理是一项系统性的工程，涉及产品生产以及服务创造的方方面面，主要采取计划、组织、协调、控制等手段处理生产经营环节中的事务。也可以说，运营管理主要运用计划、运行、评价和改进等手段服务企业的整个生产流程，从而为顾客提供优质的产品与服务。

财务、运营、营销统称企业的三大职能，可见，运营管理在企业运行中的重要作用。运营管理也是实现投入—产出的关键。这也表明了运营管理对企业获取竞争优势地位的重要性。从企业发展的趋势来看，企业运营管理要朝着标准化、制度化以及完整化的方向进行,从而促进企业的健康发展(赵春月,2023)。如图4-5所示。

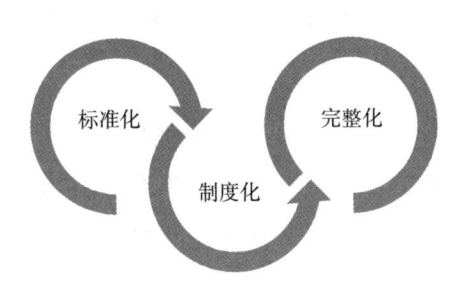

图4-5　企业运营管理的目标

总之,企业运营管理是所有企业的核心管理工作。随着企业经营效益的发展,企业运营管理直接影响企业经营效果的多个方面。在企业的运营过程中,要想在激烈的市场竞争中取得一席之地,就必须强化现代企业的运营管理策略创新,并根据企业运营管理的发展趋势,对其进行科学的优化与创新,从而开拓企业市场新领域,增强企业市场核心竞争力。

4. 利润分配管理活动

利润分配指的是企业根据经营情况,向投资者分发利润的行为。广义上看,利润分配指的是根据法律规定,从特定时期的利润中提取一定比例的金额,用于支付股东相应的红利;狭义上看,利润分配指的是企业对股东分发利润的行为。

利润是企业生存和发展的根本,任何一种经济活动都是对利润的追求。一个企业运营的状况可以通过利润反映出来,从利润中可以了解到企业的发展状况。在企业管理过程中,开展利润分配管理是企业内部管理的一项重要工作,利润分配管理工作质量的好坏对企业的稳定发展有很大的影响。利润分配管理的作用及意义具体如下:

一方面,利润分配管理工作能够调动员工的积极性。从实际情况来看,员工辛劳地进行工作是为了获得相应的回报,如果员工付出的劳动与回报是成正比的，员工会更加积极地工作，为企业创造更多的价值；反之则不利于企业的发展。因此，科学合理地进行利润分配管理能够最大限度地调动员工的积极性，对企业的发展有着积极的作用（倪睿，2014）。

另一方面，利润分配能够促进企业的发展，对于企业形成和谐的企业文化有着巨大的帮助作用。企业的和谐体现在员工之间相处和谐、互相帮助、企业健康发展等方面，这些和谐的现象都可以通过利润分配管理得以实现。企业拥有和谐的文化后，势必朝着更加健康的方向发展，才能实现企业的可持续发展。

总之，利润分配的管理工作对于企业的重要性不言而喻，做好利润分配管理工作势在必行，是企业获得发展的重要途径之一。企业应该将利润分配管理工作与自身的实际情况相结合，充分考虑自身的发展特点，制定符合实际情况的利润分配政策，才能做好企业利润分配的管理工作，企业未来的发展才会更加健康、顺利。

二、内部控制

1. 企业内部控制的内涵

企业在经营管理过程中，为保证经营和管理的正常有序运行，及时防范和纠正企业中的潜在风险和弊端，促使精确性和全面性能够在财务信息上得以充分体现，制定出的合理的制度、规则及政策并加以实施，这种手段、方法和措施是企业的内部控制。现代企业的管理水平完全能够从内部控制上得以体现，企业的经营收益、远期规划以及风险程度等众多方面都与科学完善的内部控制息息相关。因此，从企业良性发展的角度来看，企业内部控制对企业各个层面的发展具有显而易见的推动作用，已经成为企业良性发展的必经之路（张敏，2023）。

2. 内部控制的重要性

健全的内部控制体系是企业财务管理的一项重要组成部分，是企业持续发展的关键因素。企业实行内部控制，能科学有效地进行内部管理，有助于自身长期稳定地发展。内部控制在企业中的重要性为提高企业融资能力，降低企业风险；提高企业生产经营效率，提高企业抵御风险的防范能力。

3. 内部控制存在的问题

内部控制环境是企业内部控制的一个重要组成部分，是企业内部控制制度的根本。因此，内部控制环境的好坏不仅对企业内部控制体系有着直接的影响，还关系到企业其他因素的生产效率。目前，我国大部分企业的内部控制还处于尚不完善的阶段（陈燕霞，2023）。具体存在的问题如下：

（1）企业内部控制制度建设不健全。受企业对内部控制重视程度不足的影响，我国许多企业内部控制制度建设得并不完整，各项内容设计得并不合理，无法为推进内部管控工作奠定基础，增大了经营的风险。另外，众多企业在实际发展时会将内部控制工作侧重于事中或事后，对事前预测和相关控制工作涉及很少，并不能针对企业发展的实际状况科学有效地监督管理，这会使企业内部控制不切实际，并逐渐偏离企业发展方向。当然，许多企业管理者在制定内部控制制度时，具有很强的政府色彩，习惯用行政命令的方式对企业内部管理工作全面执行，这种生搬硬套和强制性的管理措施会使众多工作人员不满，影响企业的业务实质和发展规模。

（2）企业内部控制风险意识淡薄。内部控制措施的执行效果直接影响企业的运行风险，如果企业在竞争日益激烈的社会环境中提高内部控制力度，就会降低经营风险，而且会获得更多的社会效益。

总之，我国许多企业内部控制风险意识淡薄，大部分企业在实际运行的过程中没有健全有效的风险预警系统，当风险突发时，不能采取针对性、时效性较强的措施突破困境，使企业长时间处于风险经营的境地，不仅会消耗过多的维持资金，还会使企业出现破产问题。另外，受企业内部控制风险意识淡薄的影响，企业管理层的风险意识不足，在工作过程中无法对企业在日后发展时的风险进行详细评估，让企业在日益复杂且竞争日益激烈的社会环境中不断提高经营风险，一直处于波动较大的发展状态。

4. 解决内部控制问题的方法

内部控制对企业的发展有深刻的影响。有效的内部控制可以很好地防范财务风险，提高企业应对市场环境的不利因素，在激烈的竞争中抓住机会，获得有利的市场地位。加强企业的内部控制，对企业的持续发展具有积极的作用。

（1）提高企业对内部控制的重视程度。企业要提高对内部控制的重视程度，这样才能以战略的眼光对待内部控制工作，同时落实法律法规，明确企业负责人在工作过程中的相关义务，采取正确的内控制度提升内部控制水平，让企业在新时期社会发展中迈上新的台阶。

（2）健全的企业内部控制体系。在对企业的经营状况和经营过程进行科学评价的前提下，要加强对企业的内部控制。首先，企业要完善资产管理制度，加强对资产的监督，定期盘查，保证账目相符，避免财产损失和非法侵吞；其次，企业要按照实际情况合理地制定审批程序，在职权范围内进行严格的审核，保证企业的资金、资产正常使用；再次，企业要合理完善和优化企业的业务过程，确保各项业务活动都能按规范的流程和程序进行，使企业的内部控制体系能够真正落实到生产和管理中；最后，企业要把现有的经营体制与运行制度进行结合，使两者达到有机统一，真正发挥其应有的效力。

（3）强化企业的风险意识与评价。企业要有风险意识并采取相应的对策减少或规避风险，强化内部控制能力，合理进行风险评估，建立健全的风险评估体系和风险预防体系，从而实现企业的生产经营目的。企业可以建立各种财务指标和非会计指标，并对其进行风险评估与预防。

总之，企业内部控制成果对企业发展具有深远影响。良好的内部控制有利于企业进行财务风险防控，增强企业在应对市场变化中的不利因素和激烈竞争中站稳脚跟的能力，提高企业把握机遇赢得在有利市场中的整体地位。因此，加强企业内部控制是促进企业持续健康、持续发展的重要举措。

三、企业治理

在数字经济环境下,企业治理方式的创新和完善,是提升企业治理能力的一条有效路径,企业应当加大改革力度,在现有的治理结构基础上,制定出一套科学的企业治理改善方案,以指导管理者有针对性地采取新的企业治理方式,从而有效化解治理风险。

1. 企业治理的内涵

国内外学者对企业治理结构的内涵并没有形成统一的结论。一些学者从宏观概念上对企业治理结构下定义,认为这是一种制度安排。例如,马志奇和马立群(2018)认为,企业治理结构是基于信托责任而形成的互相制衡关系的结构性制度安排;美国著名管理学大师Stephen R等(2016)认为,企业治理结构是企业内部一种多方协作、互相制衡的组织制度。还有一些学者认为,企业治理结构属于一种组织结构。例如,石少侠(2007)认为,企业治理结构实际上是一种内部权力分配和制衡的关系;Ruth V等(2016)认为,企业治理结构不仅包括企业投资者,还包括企业员工、客户及供应商、企业利益相关者等。

2. 企业治理效能的体现内容

在数字经济的背景下,主要指的是利用信息网络技术收集知识,从而对经济效率和经济结构进行提升和优化的一类经济活动。企业在数字经济环境中形成的治理效率,主要体现在三个层面上:

(1)协同性。企业在多方治理主体的共同努力下,制定可行的治理方案,并通过对治理责任的划分积累治理权力。相对于在传统的治理环境中采取的单一治理模式,该模式在治理效果和预期效果方面都有着显著的影响,因此,构建一个协同治理的环境,是让数字经济治理效能得到最大发挥的关键。

(2)现代性。在进行现代化建设的过程中,企业的治理工作也要根据其所处的时代特点,体现出现代性的效率,从而促进企业的现代化发展。

（3）法治性。在数字经济的背景下，各种信息技术、网络数据都有广泛的应用，因此，企业在治理时，必须按照相关的法律规定进行治理，形成一种"依法治理"的良好气氛，推动企业的合法运营（徐子尧和张莉沙，2022）。

3. 企业治理模式

合理的企业治理模式可以有效管理企业在投资、筹资、生产、运营等方面的资金运用，促进企业治理结构改革，提升企业内部运营管理水平，如图 4-6 所示。

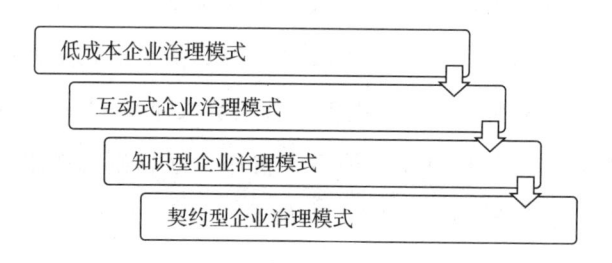

```
低成本企业治理模式
  互动式企业治理模式
    知识型企业治理模式
      契约型企业治理模式
```

图 4-6　企业治理模式

综上所述，随着数字经济时代的不断进步，企业治理结构将向低成本、互动型、知识型和契约型逐步转型。要对企业现代化治理思想进行更深层次的理解，应从治理结构、治理主体、治理制度以及善治理念等方面入手，让企业能够将有用的信息知识充分运用起来。

四、资源最优配置

资源配置是一个广义的概念，指经济活动中的人力、财力、物力等资源总和在各种不同用途中的配比选择。在社会经济发展过程中，相对于人们日益增长的物质需求，资源时常表现出稀缺性，从而要求人们对有限的资源进行优化配置，以便消耗更少的资源获得更高的效益。因此，资源配置已成为现代财务的基本功能，企业资源配置的核心在于生产要素的合理流动。企业资源配置的研究内容包含资本、人力、技术等内部生产要素，这些生产要素的流动效率体现着企业资源配置水平，是资源优化配置效果的基本判断指标。

在资本运营模式下，企业对资源运营的合理优化，为企业自身产业规模的扩大及跨业务运营活动的开展，提供了一种行之有效的支撑。但是，在运作资本运营模式的过程中，经常会出现运营模式与产业生产布局发生脱节的情况，使企业产生运营发展的风险，从而导致自身的资本运营效率大幅降低。因此，企业必须加强在资本运营过程中的整体布局理念，并从整体运营的视角分析资本的运营状况，最大限度地发挥资本的最优配置作用。

企业在开展资源优化配置工作时，首先，要从经济整体情况出发，对企业进行经济改组、重组，对一些小企业采取出售出租的方式，以优化企业资源配置；其次，可以采用职工入股、分红、股份合作等新的资源配置方式，调整原有的资源配置方式，优化和改进企业的运营状况；最后，企业在实施内部治理的同时，也要不断完善治理体系。

● 专栏 4-1 ●

腾讯：用户为本　科技向善

在互联网时代，轻资产运营模式越来越为企业所青睐。深圳市腾讯计算机系统有限公司（以下简称腾讯）作为目前拥有国内服务用户人数的企业和国内规模最大的互联网综合服务提供者之一，从成立到现在，已经积累了大量的"轻资产"资源。这一系列的优势，让腾讯可以高效地利用自己的资源，同时也通过整合业务流程，提高企业的价值，从而构建和强化企业的核心能力。

一、企业简介

腾讯由马化腾等创始人于 1998 年在深圳创立。在移动互联网迅速发展的大背景下，腾讯不断开拓业务范围，积极寻求与其他不同业务类型的互联网企业开展业务合作的机会。QQ与微信是我国最大的社交网络平台，腾讯同时还提供金融服务、娱乐服务以及应用软件。经历了20余年的发展，腾讯从最初的为中小型企业拓展网络寻呼业务系统的企业，成长为中国互联网行业的龙头企业。

二、腾讯轻资产运营模式

1. 腾讯轻资产模式下的投资战略

腾讯企业自成立以来，在我国互联网行业领域取得了很大成功，创造了巨大的品牌影响力。腾讯自创立至今，树立了良好的品牌形象。首先，在品牌推广方面注入资金进行广告宣传，向用户树立腾讯的品牌形象；其次，通过与大型国际会议达成合作对腾讯品牌价值的提升也具有重要意义。例如，联合国成立75周年的会议选择与其展开合作，会议将会通过企业微信、腾讯会议展开向全世界的对话，这将对腾讯的品牌影响力产生了很大的影响。

2. 腾讯轻资产模式下的筹资战略

轻资产运营企业需要借助内生的或外源的金融能力及相应的渠道，有利于降低融资的成本，方便解除固定资产下的现金流约束，对可用现金进行进一步释放，将内源融资充分利用起来，满足企业的再投资需求。

腾讯对留存利润的重视，为企业的持续发展提供了物质基础，也为企业的长远发展提供了有利条件。此外，腾讯能够有效地调整其资本结构，而企业的有息债务和股票融资很低，这为企业的价值提高打下了坚实的基础。因此，腾讯采用了以科技研发推动产品创新、适时对相关技术型企业进行投资并购，以开放式整合平台提升用户体验，以全球化税收筹划为目标的轻资产经营战略，取得了很好的财务业绩。

3. 腾讯轻资产模式下的运营战略

作为互联网行业的代表性企业，腾讯建立了自己的专业研发团队，团队人员的科研能力较强，为企业的发展提供了源源不断的核心竞争力。腾讯在建设科研团队方面注入了大量资金，超过一半的员工都是研发人员，其专利申请数量和授权总量在行业中均居于前列。

腾讯的使命是为用户提供互联网服务，将互联网业务与用户生活紧紧连接，提升人们的生活品质。从QQ与微信出发，腾讯一直在探索打造符合未来趋势、更便于广大用户使用的社交娱乐一体化平台，以技术创新为引擎，基于优质服务，对用户的不同需求，提供多元化的服务，以跨平台的模式特征丰富用户的使用体验。

此外，腾讯广告在国内遥遥领先，将大数据、人工智能、物联网等先进技术结合，面向教育、医疗、交通等领域，将先进技术与多元化行业相结合，旨在打造全方位智慧行业解决方案。腾讯企业小程序等多种互联网平台技术，将不同行业的服务连接起来，使传统行业与互联网行业都得到数字化升级，实现一体化战略，为用户提供更加便捷的服务，提高服务效率，打造新的商业模式。

参考文献

[1] 金千莉. 腾讯公司轻资产运营模式下的财务绩效研究 [D]. 兰州：兰州财经大学，2021.

[2] 于鸿翠. 浅析轻资产化转型的财务效果研究 [J]. 经济研究导刊，2020（9）：112-113.

[3] 关璐宁. 轻资产运营模式下财务战略研究 [J]. 合作经济与科技，2020（3）：114-116.

第二节 资本运营模式

资本运营是以实现资本有序增值、利润增长最大化为目标，对企业的所有生产要素进行匹配组合、动态重组、优化配置等运作，实现企业资本价值的最优化管理。企业不仅是经济活动的主体，也是资本的存续、增值和退出获利的主要载体。

一、股权投融资模式

近年来，我国股权投融资市场正在逐步扩大规模，打开了国有企业更广阔的发展局面，形成了向好的国有企业发展的态势。股权投融资模式逐步成为国有企业不断优化国有资本布局结构和提高资源配置效率的强劲动力。

1. 股权投资

股权投资是企业通过出资收购一家企业的股份，以参与或者控股的方式进行控制的一种行为。一般情况下，企业选择长期持有一家企业的股份，或对一家企业进行长时间的投资，以实现对被投资单位的控制，或对其产生很大的影响力，或是为了与被投资单位建立起紧密的联系，从而分散经营风险。如果企业发展得顺利，就会得到相应的分红，甚至是上市，获得更多的利润。但当被投资单位出现经营不良、破产等情况时，被投资企业也要对其投资亏损承担责任。甚至投资企业还可能面临投资资金不能收回、无法获得回报的风险。

股权投资一般具有投资金额大、投资周期长、风险大、收益大等特征。股票投资获得的利润很高，可以体现在两个方面：一是企业的分红多，二是企业上市后的利润高。另外，企业通过股票投资还可以获得一些特殊的福利，如配股、送股等。

2. 股权融资

股权融资指的是企业用增资的方式引入新的股东，使企业的总股本得到提高，而通过股权融资所得到的资金，企业不需要偿还本付息，且新股东同样和老股东一起分享企业的利润。股权融资是一种被投融资双方普遍认可的融资模式。对于企业而言，股权融资不存在负债压力；对于投资者而言，通过股权融资能够取得与之对应的收益。

股权融资有三个明显的特点，如图4-7所示。

图4-7 股权融资三个明显的特点

员工持股和股权众筹是股权融资的两种方式，其中，员工持股指让激励对象持有一定数量本企业的股票，是企业所有者与员工分享企业所有权和未来收益的一种制度安排。员工持股通过赋予员工双重身份，成为本企业雇佣者的同时，享受所有者带来的额外权利。在享受基本报酬的前提下，可以基于个人的努力程度获得相应的回报。

随着国内资本市场的逐渐成熟，实施员工持股计划的企业越来越多。员工持股计划的类型主要有以下三种：

（1）购股权计划。在这种持股计划中，企业给员工的并不是股票，而是购买股票的权利。对于员工而言，这是企业赋予他们一种权利，让他们能够以一定的价格买到自己的股份。如果企业的股票价格高于行使的价格，员工就可以在行使权利之后，可将股票卖掉，获取更多的利润。但如果股价一直跌下去，员工只要不行权，就不会有什么损失。而对于企业而言，期权可做到有效激励作用的同时，比起送同等数量的股票，对企业的费用影响会比较小，因此在成本上会更好控制。

（2）限制性股份。股票不是想拿就能拿的，企业可以设置业绩指标的要求，如果员工想得到股票，就得做好自己的本职工作，这样企业就能保证员工有工作的动力,提高员工的留存率。

(3)员工股份购买计划。在该方案中,员工可通过两种方式购买:一种是以市场价格购买;另一种是员工先自己购买,然后企业根据员工购买的数量按照一定的比例赠送。

一个管理成功的员工持股计划带来的绝不仅仅是员工福利,更多的是有助于企业发展的价值,如图4-8所示。

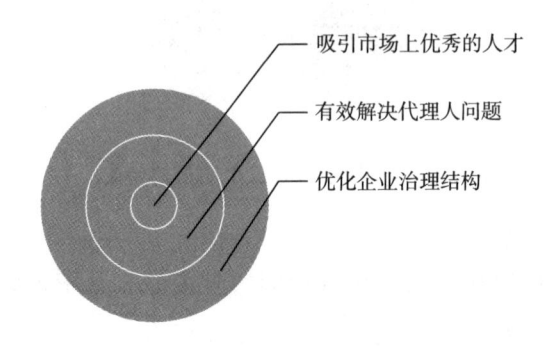

- 吸引市场上优秀的人才
- 有效解决代理人问题
- 优化企业治理结构

图4-8 员工持股给企业带来的价值

总之,员工持股计划作为企业增强创新活力、促进创新产出、提升创新绩效的一种激励策略,符合现阶段高新技术企业留住人才、吸引人才的战略目标,员工持股计划有助于建立风险共担机制,提高员工的工作效率,从整体上推进企业的创新发展。

股权众筹是指企业出让的一定比例的股份,面向社会上的大众投资者,投资者通过出资入股企业,在将来得到一定的收益作为回报,是一种通过互联网渠道进行的融资方式。股权众筹有三个明显的特征,分别为:①大众、公开、数额小。②直接融资、直接交易。③股权众筹具有参与感和社交性。

股权众筹融资模式在帮助企业缓解融资问题方面作用重大。与天使投资及风投等形式类似,股权众筹渠道是创业企业资金的主要获得渠道。但从行业偏好、投资阶段、企业控制程度和企业相关附加值方面进行对比,股权众筹与风险投资及天使投资之间存在一定的区别。除了科技行业，股权众筹融资模式还被应用于诸如连锁店、实体店等传统典型行业，所以来自不同行业的创业企业，都可通过股权众筹的方式满足自身的资金需求。相对于风险投资与天使投资，股权众筹对创业企业的控制程度相对更低，且创业企业的所有者仍然享有较大的自主权，如此能够更好地吸引创业者。股权众筹在提升创业企业附加值方面优势众多，因平台拥有便捷、透明的特点，能够更加详细、透明、透彻地展示项目内容，不仅让创业企业获得资金支持，还尽可能汇总投资者的各类资源，显著提升项目的成功率，增加创业企业的附加值。

股权众筹作为一种新兴的融资方式（于海丽，2021），是互联网金融的重要领域。在我国，股权众筹融资已经开始扎根，并且发展速度很快。股权众筹帮助了许多企业，使它们能够得到传统的融资渠道所不能得到的资金。因此，股权众筹对完善我国的金融业态具有非常重要的作用，如图4-9所示。

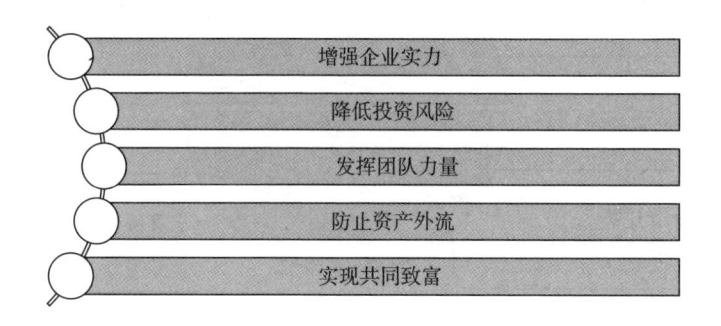

- 增强企业实力
- 降低投资风险
- 发挥团队力量
- 防止资产外流
- 实现共同致富

图 4-9 股权众筹的价值意义

总之，股权众筹是当前时代下，结合互联网所具有的共享、便捷与透明等特点，实现投资与融资双方有效连接的新型融资模式，在合理应用各融资模式后，企业可以有效缓解融资困难及成本高的问题，并构建多层次资本市场，促进普惠金融的实现。而且相对于风投融资，企业在创业初期可以更为灵活地控制自己,通过股权众筹平台实现领投人、跟投人与创业企业自身的多赢。由此可见,股权众筹作为促进创业企业与投资者间沟通的重要渠道,必须予以高度重视,要加强防范其中存在的信用风险,促进创业企业的健康、持续发展(江柯,2021)。

二、发行债券模式

通过发行债券,企业可以为筹措期限长、规模大的重点项目进行融资。对于企业而言,通过发行债券融资可以降低融资成本,放大收益,在资本市场上获得更多的融资机会,这是资本市场中较为常见的融资手段。

1. 发行债券的种类

债券发行的种类繁多,根据不同的标准可以分为不同的类型,如图 4-10 所示。

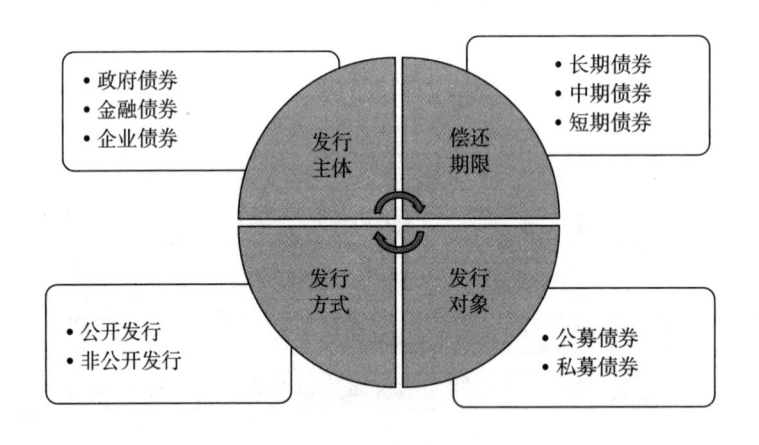

图 4-10 债券发行的种类

2. 发行债券的模式

债券发行是指发行人为了筹集资金,按照法律规定的程序,对投资者进行报价,并向其发行具有特定债权和支付条件的债券的一种法律行为。债券发行的模式主要有以下三种:

（1）按照债券实际发行价格与面值的差异，企业债券可划分为平价发行、溢价发行和折价发行。

（2）按照债券的发行主体不同，企业债券可分为公开发行和私募发行两种方式。

（3）按发行人是否向投资者选择权分类，企业债券分为附有选择权的企业债券和不附有选择权的企业债券。在附有选择权的企业债券中，最常见的是可转换企业债券。可转债同时具有债券和期权的双重属性，企业可以把它当作债券持有，并在到期时还本付息；也可以将可转换债券在规定的期限内换成股票，它既具有债券的防守功能，也具有期权的进攻功能。

在债券发行之后，债权人能够享有分红的权利，但如果企业出现了利润损失，那么该投资主体也必须承担相应的义务。因此，在购买股票之前，债权人可以对企业的运营状况有一个全面的了解，再结合企业的实际情况选择要购买的股票品种。

总之，发行债券对企业价值有重要的影响意义，企业利用发行债券的方式，不仅有助于优化债务结构，满足对资金的需求，增加投资机会，还有利于企业价值的提升，促进企业长期稳定地发展。

三、产权交易模式

产权交易指的是根据法律、法规以及合同的规定，通过收购、出售、兼并、拍卖等方式，把一方当事人拥有的企业产权转移给另一方当事人，使被交易企业失去法人地位或变更法人实体的一种法律行为。

目前，公开竞价是我国企业产权交易采用的主要交易模式。公开竞价是一种以市场为导向，以公开、公平、公正的方式，对商品或有关财产进行竞售的行为。产权交易模式有很多种，下面从知识产权交易模式和专利产权交易模式两个方面进行分析。

1. 知识产权交易模式

知识产权作为无形财产权，长期受到世界各国的广泛关注。知识产权交易不同于一般的商品交易，知识产权交易有自身的独特性，其独特性主要是由知识产权的交易对象决定的，具体体现在，如图4-11所示四个方面。

```
                    ┌── 知识产权交易主体的特殊性
                    ├── 知识产权交易客体的特殊性
产权交易的四个特点 ──┤
                    ├── 知识产权交易的高风险性
                    └── 知识产权交易成本的高昂性
```

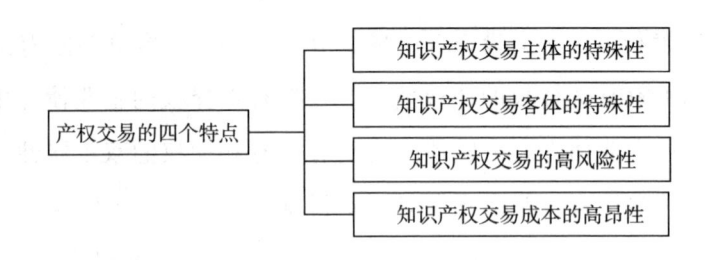

图 4-11　产权交易的四个特点

知识产权权利人通过几种交易获取知识产权的经济价值，如自行使用、转让、许可、抵押、投资等。在这些交易里，许可及转让是最普遍的两大模式。对于企业，将来社会竞争的本质在于知识产权的竞争，能够最大限度地转化知识产权，就越能激励相应的创新。当知识产权利用转让及许可等形式被转变成生产力之后，其具备的价值与功能必然可以充分发挥出来，能够促进经济与社会发展。

知识产权转让是知识产权应用的重要方面，一方面能够为权利主体提供一定的补偿，另一方面可以加快知识产权朝着产业化方向发展。潘文婷（2012）认为，产权转让可以协助技术发展滞后国家或地区提升技术水平，加快技术革新，实现社会经济稳定发展。佛罗里达大西洋大学经济学教授维什瓦斯劳·沙尔米拉（Vishwasrao，1994）研究了知识产权技术转让形式。目前，学术界针对知识产权转让所做的分析与探究基本上是以法律合约视角开展的。王定忠（2010）对产权转让合约的签署、相关条文的设计、合约具备的法定效力以及各方主体承担的责任等方面展开了深入剖析，使转让合约的签署拥有了坚实的理论基础。邱胜（2011）从法律的视角入手，深入剖析和研究的知识产权转让具有的特点。

知识产权许可指权利主体基于不出让所有权的情形之下，让渡财产权的一种行为。整体而言，权利人可被划分成两种类型：第一种是知识产权所有者处在使用知识产权制造和研发商品的市场中，即商品市场在位者；第二种是其并未处在使用知识产权研发和制造商品的市场中，即商品市场外部生产方。无论是上述哪种类型知识产权许可，均对其发挥出了积极的影响。由于知识产权所有者能够利用知识产权许可得到巨大的利润，并且得到利润的企业不单单限制在中小型企业，就算是全球知名的大型企业，同样也需要利用知识产权许可获得利润，这是一种非常普遍的方式（王波涛，2019）。

2. 专利交易模式

专利交易指将专利以有偿的方式，在不同的经济主体之间进行转让的一种行为。在这一过程中，买方可以得到专利的使用权和所有权，而卖方可以获得额外的经济利益（林小爱，2013）。

专利交易模式的选择，是全球科技竞争、经济全球化、经济体制改革及知识产权体制变革的必然产物，体现国民经济的重要比例关系，围绕专利交易行为而形成的特殊经济关系。具体交易模式如下：

（1）合同式专利交易。合同式专利交易指不由专利交易中介机构为主导，而是根据有关合同的法律法规所设定的合同要件，由专利出让者与受让人双方自主进行专利交易的方式。

（2）招投标式专利交易。我国的招标方式主要有两种：一是公开招标，二是邀请招标。招标代理的基本程序为受专利供给方和需要方的委托，由招标代理机构依据有关法律和法规，进行招标代理的招标代理工作。

（3）债务承担式专利交易。这是一种通过合理估价，让所有人将自己所持有的专利权用来偿还自己所欠的债务的一种方式。

四、资产转让模式

资产转让是企业资产交易的三种主要行为之一，它的主要交易对象是具体的有形资产和以知识产权为主要内容的无形资产等，以交接完成和相应权属变更为交易最终实现的标志。

1. 资产转让的内涵

资产转让实质上是一种商业买卖行为，在转让的过程中，被转让企业的资产总额不变，且该企业的股东身份不变。资产转让的发生，是企业为了改善经营状况，提高整体资产产生能力的客观需要而发生的一种企业行为。通过资产转让可以最大限度地优化资源配置，淘汰落后的技术或设备，从技术和设备的提升角度出发，对资产结构进行优化，减少由于资产浪费或不合理使用所造成的不利影响，提高了企业资产的整体产出能力。因此，资产转移是企业为适应市场需求而进行的一种积极行为。从宏观上讲，企业资产转移有利于社会产业结构与企业组织结构的调整，并以最优的资源配置方式，使社会总资产达到集约经营的效果。

2. 资产转让模式

资产转让指企业所有者为更好地利用自己名义下的资产，通过转让、调整等方式处理的一种经营管理行为。转让资产时，可以采用以下几种模式：

（1）有偿转让：资产是一种特殊的财产，能为所有者提供期望的收入。

（2）无偿划拨：是一种在计划经济条件下，以国有企业为主体、以政府为主导的有计划的资产转让方式。

（3）资产定价：指的是企业向关联方转让有形资产、无形资产、融通资金或提供劳务等时所依据的方法。关联方之间的资产转让定价是企业集团内部定价和营销策略的选择，不同企业对同类或类似的关联交易可能采用不同的定价方法。

（4）资产交易：指买卖资产的过程是一种金融市场上的活动。包括多种资产，如股票、债券、外汇、商品等。资产交易产生了一种资本市场，可以让投资者在有利收益上获得利益。在当今时代，由于金融自由化，各国也日益放宽了金融市场特定资产的买卖规模，使资产交易得以充分发展。资产交易的发展有利于现金流的正常运行，可以把资金从一个地方转移到另一个地方，以满足融资企业、银行、投资企业及个人的经营需求。资产交易的发展也推动了资本市场的发展，使资本市场上的投资者能够根据自身意愿投资，实现财富积累和财富均衡。另外，资产交易使资金得到最大效率的利用，大大满足投资者的投资需求。

（5）资产清算：指企业因某些原因解散或倒闭时，对企业的财产、未结束业务以及债务关系等进行清理的行为。资产清算的范围包括企业的现金、债权、资产、债务等。清算的目的是使企业权利和义务都合理终止。企业的资产清算涉及众多利益相关方，必须逐一按照相关规定进行处置和解决。

资产定价、资产交易、资产清算的原则，如图 4-12 所示。

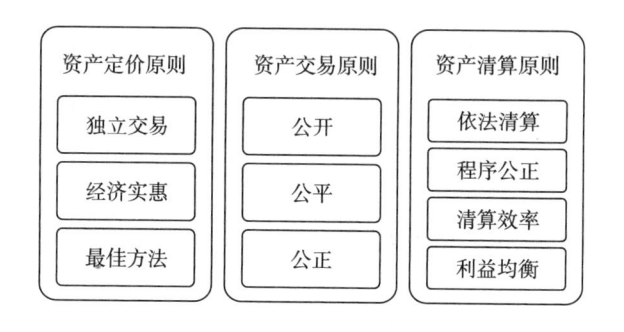

图 4-12 资产转让模式原则

总之，资产转让的目的是更好地分配企业资源，同时对一些闲置的资源进行处理，以推动企业的进一步发展和管理。

● 专栏 4-2 ●

中科创达：为技术赋能

软件与信息技术服务产业作为我国的基础型、支柱型以及战略型第三产业，其中的大数据、5G、物联网等新兴技术的突破与革新，正不断渗透在我们生产生活的方方面面，并且带来了积极的影响。软件与信息技术服务行业的繁荣发展，对助推我国"两化"融合，加快经济产业结构调整具有重大意义。中科创达软件股份有限公司（以下简称中科创达）作为国内乃至全球第一家先进的智能操作系统产品和技术提供商，一直将智能操作系统技术作为其核心业务进行打造，同时积极参与并且赋能于相关智能产业，为所处的软件行业提供源源不断的技术革新驱动力。

一、企业简介

中科创达成立于2008年3月，于2015年在深交所上市，是一家致力于安卓技术研发的企业，同时也是拥有世界领先操作技术与产品的软件技术服务商。中科创达目前主要包括软件开发、技术服务等业务模式，业务涵盖智能软件、物联网、智能网联汽车等诸多新兴热门领域。此外，中科创达子企业与联合企业遍及世界各地，可有效为世界各地的顾客提供支持和服务，拥有极其丰富、高质量的客户资源。

二、中科创达资本运营模式

1. 实施股权激励，促进运营战略转型

软件业属于技术密集型产业，掌握核心技术，扩大研发优势并保证核心人才储备是软件企业在激烈竞争环境中生存和发展的必要条件。在保障股东利益的前提下，为进一步吸引软件行业内优秀人才，中科创达先后四次实施股权激励计划，构建全面的薪酬体系及激励研发人员创新以形成行业领先优势，为员工提供额外经济回报从而提高技术以及业务骨干人员的积极性，增加员工对企业的归属感。

中科创达股权激励的实施提高了企业管理层研发创新投入力度，随着业务规模的扩大，市场份额的提高，持续吸引和培养研发人员等领域的高层次人才。此外，中科创达股权激励制度激发了研发团队的积极性和创造能力，使其可以不断巩固技术先进性，为客户提供高质量的产品和服务，

进而提高企业的整体绩效。

2. 企业并购，实现资本价值最优

作为软件与信息服务行业内的龙头企业，中科创达为了更快地研发新产品进入并占领智能汽车市场，通过技术并购 RightwareOy 提高创新能力，实现产业升级和战略转型。

中科创达一直致力于手机等其他智能软件开发，在智能汽车领域技术开发能力不足，RightwareOy 的智能车载软件技术已经相对成熟，尤其是中科创达需要的车载交互技术，因此，通过技术并购拥有先进车载人机互交和图片嵌入式技术的 RightwareOy，完成对其他先发企业的技术超越，同时快速占领有较大智能车载领域的市场份额。当然，对于 RightwareOy 来说，企业并购不但使企业免于走向破产，还使其进一步开拓了中国市场。中科创达与被并购方通过资源融合，使协同效应有助于企业实现有效的产业升级。

中科创达和被并购方 RightwareOy 在技术并购后进行资源交互整合，有助于其在智能车载领域的进一步发展，突破研发技术瓶颈的同时提高企业市场效益和营运能力。并购 RightwareOy 后获得了其企业的人机交互等先进技术，弥补了自身智能车载技术方面的不足，在短时间内完成了外部技术资源整合，降低了企业自主创新的风险，也提升了企业创新能力。

参考文献

[1] 彭宏. 高科技企业技术并购的创新激励效应研究 [D]. 长沙：湖南工业大学，2022.

[2] 张泽福. 中科创达连续并购动因及绩效研究 [D]. 重庆：重庆大学，2021.

[3] 朱小迪. 我国软件与信息技术服务企业股权激励实施效果研究 [D]. 贵阳：贵州财经大学，2022.

第三节 资本运营路径

资本运营是提高国有企业发展质量,扩大国有资本作用的一条行之有效的途径,是推动企业转型高质量发展的重要抓手(朱彩慧,2022)。在市场经济主导的体制下,资本运营是提高资本价值、增值和保值的一种重要方式。

一、利润最大化路径

对于企业来说,获取利润是其经营的最终目的。只有最大限度地获取利润,企业才能更好地生存与发展。

1. 利润最大化的理念

在经济学的概念中,利润最大化的表现是边际收益等于边际成本(姜春玉,2020)。但在会计学范畴,利润最大化指的是企业用一系列的经营管理活动提高总营业收入,减少总营业支出,从而达到利润最大化的一种方法。

企业将所拥有的资金投入生产经营后,若获得的收益大于花费的成本,则企业实现利润;反之,企业则亏损。在资本运营过程中,要使资金的价值最大化,就需要减少成本,因此,企业在经营过程中,既要提高当前的收益,又要增加长远的收益;既要关注利润总额的增长,又要关注利润率的提高;既要分析自有资金的收益率,也要研究总资金的收益率。

2. 利润最大化的经营路径

在"利润最大化"的经营目标下,以"利润=收入-成本费用"为导向,能够在短时间内明确自身的经营路径。

从收入的角度来看,增加销售,扩大收益。在市场竞争越来越激烈的情况下,企业一定要对市场进行充分的调查和分析,并以自身的经营情况和企业的优劣势为基础，制定出与企业发展相适应的销售战略，从而持续提升销售额和销售利润，扩大企业的收入。

从成本和费用的角度来看，对企业的生产和运营进行了严格的成本控制。企业在生产过程中的成本控制，包括固定成本和变动成本。固定成本是由企业对各种投资的谨慎程度决定的，包括对设备和人员的投入等。变动成本应该从对产品的研发、生产、采购等多个环节进行分析。

3. 利润最大化经营路径的优势和劣势

企业的盈利水平越高，投资者获得的投资回报就越高，企业的盈利状况也就越好。利润最大化的优势主要表现在以下几个方面：

（1）利润最大化的经营是企业持续发展的原动力，如果企业在很长一段时间内没有盈利，将无法生存。

（2）通过利润最大化的运营，可有效避免企业面临的市场风险。企业只有拥有充足的资本，才能在快速发展的市场中生存。

（3）通过利润最大化的管理，可以保证企业的持续发展与扩张，为建设新厂房、购买新设备提供资金，为企业生产经营提供必要的投资。

（4）利润最大化经营，在一定程度上也可以用来衡量一个企业的发展情况，具有长期盈利的能力。

利润最大化管理的优势是显而易见的，但是在具体操作过程中，也存在以下一些劣势：

（1）从本质上讲，利润最大化是一个绝对的指标，没有全面地考虑到企业的投入与产出之间的关系。

（2）在实际中，企业利润最大化缺乏对企业收益形成过程的考量，也未对资本运用的时间价值进行全面评估。

（3）在经营风险问题上，利润最大化没有得到全面的考虑。

（4）利润最大化往往会使企业在确定财务决策时表现出短视的行为取向，使企业对利益的追求变得更为急迫，而忽略了企业的长期发展。

利润最大化是企业追求的目标之一，可以使企业或组织获得更多的利润,从而为其未来发展提供资金支持。此外,利润最大化也可以帮助企业实现更高的市场份额和市场占有率,提高其在市场中的竞争力和影响力。

二、股东财富最大化路径

1. 股东财富最大化的理念

股东财富最大化指企业的所有股东通过将其资本投入企业,得到资产的最大限度增值,从而实现企业价值最大化。在股东财富最大化的目标下,企业以最少的资本投入获取最大的资本回报,使股东财富得到最大化。

2. 股东财富最大化的经营路径

股东财富最大化目标是财务管理的目标之一,而要实现该目标,并克服其存在的不足,就必须采取有效措施协调好各利益主体之间的关系,股东财富最大化的经营路径主要有以下三个:

(1)完善企业治理结构,建立真正的现代企业制度,克服国有资产的流失问题。建立现代企业制度的关键在于建立规范的企业治理结构。

(2)科学合理地考核国有企业。我国资本市场不发达、不完善,不能用股价考核国有企业。而股东财富最大化目标体现和概括了企业盈利的实践性、风险性、现在报酬、预期报酬等各种因素,因此在考核企业财务目标实现程度时,必须使用综合的财务指标体系。

(3)保证银行等债权人的利益。债权人一方面是得到约定利息,另一方面是在企业破产清算时优先于股东分得企业财产。如果企业能够享受剩余财产权的股东财富最大化,那么债权人的利益就能得到保证,而且以此为目标的企业往往注意投资收益与风险均衡,在相同收益下使风险最低。

3. 股东财富最大化的优势和劣势

股东财富最大化的优势表现在不仅克服了利润最大化目标没有考虑货币时间价值,还充分体现了企业所有者对资本保值与增值的要求,如果企业实现了股东财富最大化目标,则不但给投资者和经营者带来利益,而且给国家给企业和广大消费者都会带来较大的利益(黄海涛,2003)。

但是股东财富最大化也存在一些劣势：

（1）因为大部分的上市企业都是互相入股的，其目标是控制和稳定买卖关系，换言之，企业的股东并没有以股票价格的最大化作为其追求财务管理的唯一目标。

（2）股东财富最大化可能会导致企业的所有者和其他利益相关者产生冲突。股东财富最大化目标对企业所有者的利益进行直接的反映，是企业所有者想要实现的利益目标。但企业的管理者和股东的目标并不是完全相同的。债权人借款给企业，并非出于"股东利益最大化"的目的，与股东的目标不相符。

总之，股东财富最大化是企业管理中最重要的一环，不仅能够提高企业的经营效率，还能实现企业的可持续发展。此外，股东财富最大化不仅能够提升企业的财务状况和经营成果，还能够提高企业的利润和股东价值，增强企业的竞争力。同时，也能使投资者更好地了解企业的财务状况，为投资者提供更全面的决策依据。

三、企业价值最大化路径

企业在资本运营过程中，不仅要注重利润和股东财富的最大化的路径，更要重视企业价值的最大化路径。

1. 企业价值最大化的理念

企业价值的最大化，本质在于利用企业财务管理方法，通过最优的财务政策，全面考虑资金的时间价值、风险与利润之间的关系，在促进企业能够持续、稳定发展的前提下，使企业获得最大的经济效益。

2. 企业价值最大化的经营路径

企业在追求自身价值最大化的同时，也要兼顾各方利益，实现自身的可持续发展。从企业未来的持续发展角度来看，企业不能只关注企业利益，还应在价值最大化的理念下，制定合理的、长远的发展目标和规划。其经营路径如图4-13所示。

194 商业模式管理

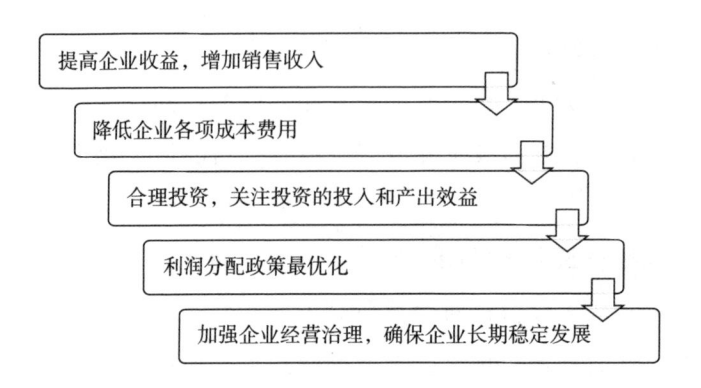

```
提高企业收益,增加销售收入
    降低企业各项成本费用
        合理投资,关注投资的投入和产出效益
            利润分配政策最优化
                加强企业经营治理,确保企业长期稳定发展
```

图 4-13　企业价值最大化经营路径

3. 企业价值最大化的优势和劣势

企业价值不仅反映了企业目前的价值,还反映了企业未来的盈利能力和风险承担能力。其优势主要有以下几个:

(1) 考虑到了企业取得现金收益的时间、资金的时间价值和风险问题。

(2) 可以让企业更加重视其长远和稳定发展的目标,有效解决企业在运营过程中遇到的问题。

(3) 从多个方面深入剖析了风险和报酬之间的关联性,避免了企业盲目追逐利益的行为(冯小越,2022)。

虽然把企业价值最大化作为管理目标,并将获取现金性收益的时间、风险等因素考虑在内,但其也有如下劣势:

(1) 企业价值同样是一项绝对指标,并没有将企业的投入与产出联系起来。

(2) 根据企业自身的特点,无法对其价值进行精确的评估,而利润比较容易计算,也比较容易掌握。

企业价值最大化不仅可以使企业实现可持续发展,提高员工工作效率,提高股东利益最大化,提高企业财务绩效和实现股东利益最大化,还能够让企业更好地管理资源,减少浪费,达到节约成本、提高利润的目的。

● 专栏 4—3 ●

比亚迪：新能源汽车领域的领跑者

伴随着新能源技术的不断革新，共享化、智能化、网联化、电动化已成为当今汽车行业发展的方向与趋势。新能源汽车是将人工智能、互联网、大数据、新材料、新能源等多项新技术融合在一起的产物，具有巨大的增长潜力和广阔的市场前景，将来会成为全球汽车产业转型发展的重要引擎。向新而行、技术创新是比亚迪企业的品牌价值理念。经过多年的发展，比亚迪企业始终致力于中国道路交通的电动化与智能化，为解决环境问题和资源问题做出了巨大贡献，将绿色出行进行到底。作为国内新能源汽车的"领头羊"，代表着我国新能源行业的发展水平和发展趋势。

一、企业简介

比亚迪成立于1995年，2003年在香港交易及结算所有限公司上市，经过20多年的快速发展，比亚迪形成了新能源汽车业务、手机代工业务、二次充电电池及光伏业务三大业务并驾齐驱的格局，三者均在行业内占据领先地位，跻身世界500强。经过多年发展，比亚迪的新能源汽车已经应用到多个领域。在乘用车市场，比亚迪推出的多款电动汽车如e网、王朝系列均获得市场的广泛认可。

二、比亚迪财务资本运营战略目标

1. 优化资产布局，实现利润最大化

比亚迪在面对新能源汽车市场的快速增长时，选择了聚焦主业的战略，剥离了一部分非核心业务，回收资金投入新能源汽车的产能扩张。这种该断则断的精神值得学习，采用剥离非核心业务的方式可以有效地腾出资金，优化资产结构，将资金投入利润更高的地方，抓住新的市场增长机会，及时调整业务方向，保持领先地位。

比亚迪将电池、IT和汽车垂直整合，自主研发电机电控甚至是零部件，自主空间较大，自家的电池自己用，自家的IT技术自家创新运用。坚持垂直整合战略，不仅降低了生产成本，更提高了生产效率。比亚迪善于利用合资的方式，与产业链上下游中具备竞争优势的企业达成战略合作，扩大产业链的覆盖范围。成立合资企业的方式可以保证上下游企业利益一体化，降低各方内部竞争风险，不失为一种良好的投资与扩张手段。

2. 技术为本，助力企业价值最大化

比亚迪通过持续进行研发投入，逐渐攻破了汽车电池、电机和电控三电技术，形成了独立自主的汽车产销体系。领先的汽车研发与生产技术正是比亚迪打造出的核心竞争力，以此为基础进一步打通上下游产业链，投资并购上游锂资源企业掌控原材料供应渠道，与优秀车企及互联网企业合资吸引并巩固了优质客户资源，完成了企业全产业链的布局，构造了企业长期良好发展的生态。技术对新能源汽车行业的发展起着十分重要的支撑作用，只有不断推进技术进步，才能在国内新能源汽车行业健康发展，获得国际的认可。

比亚迪企业自身也有很大的优势。比亚迪的锂电池具有成本优势和质量优势，将锂电池的生产技术与新能源汽车相结合，整车价格更低，因而比亚迪的新能源汽车更具有吸引力。各项研发技术均领先国内外市场，具有强大的科技创新能力和管理营销能力。新能源汽车覆盖面广阔，覆盖七大常规领域和四大特殊领域。

多元化的业务格局可以为企业的未来发展创造更多的机遇和利润增长点。比亚迪抓住新能源汽车市场爆发的机遇，实现了新能源汽车业务收入的多倍增长。比亚迪成立比亚迪半导体有限企业，旨在扩大该业务的销售量，势必会为企业带来新的产业结构变化和利润增长空间。企业在研发上的不断投入为未来的长远发展打开了新通道。

参考文献

[1] 韩星媛，纪晶华. 中国汽车行业可持续发展路径探析：以比亚迪

为例［J］．中小企业管理与科技，2023（6）：146-148．

［2］李思雅．创新成果、科研投入与企业绩效：基于比亚迪的案例分析［J］．现代营销（下旬刊），2023（2）：106-108．

［3］韩忠楠．比亚迪产能持续扩充 海外市场成新发力点［N］．证券时报，2023-02-18（A04）．

第四节　资本运营实施策略

资本运营能够有效提升企业的资源配置质量，很好地解放生产力，让企业的资本增值最大化（刘威威，2020）。随着市场经济体制改革逐渐深入，企业的发展目标更加明确，多数企业已完成现代企业制度改造，还有很大的提升空间，如何根据实际情况完成企业单位内部结构优化与战略改革成为企业关注的焦点，合理运用资本运营实施策略能够保证企业资源充足，发挥资本运营的优势，因此资本运营实施策略势在必行。

一、上市融资：实现规模经济

1. 上市融资的基本概念

所谓上市融资，指将经营企业的全部资本进行等额划分，以股票的形式表现出来，经过批准后，在市场上进行流通，公开发行。

2. 上市融资与规模经济的价值意义

一些发展比较晚的企业，在融资问题方面尤为突出，但上市融资为我国部分企业提供了一条发展的渠道，上市融资不仅能扩大企业的资产规模、增加企业流动资本、解决企业融资难问题，还对企业的成长有很大的促进作用。上市融资的优势在于以下几个方面：

（1）筹集到的资金是永久的，没有到期日，无须偿还本金。

（2）一次可以筹集的资金数额比较大。

(3) 对资金使用限制比较宽松。

(4) 提升企业的品牌形象，为企业带来良好的声誉。

(5) 对促进我国上市企业建设具有重要意义。尤其是对具有较高发展潜力和较大风险的高科技企业，在创业板发行股票融资，是一种加速企业成长的有效方式。

3. 企业上市融资的现状及困境

随着国内经济的发展，越来越多的企业在短时间内迅速成长，加之科创板、新四板等新板块的开辟，在新资本市场上市条件下，我国许多企业有更多的上市机会。但从实际情况来看，国内的主板市场偏向国有企业或大型企业，具有明显的制度偏向性，我国对中小企业获得股权融资的要求很高，且市场也不够开放，只有极少数的中小企业符合上市条件，而我国中小企业在上市融资企业中所占的比重也很小，所以，中小企业想要上市融资还很难。

然而，上市融资这把"双刃剑"在为企业的发展提供动力的同时，也会增加企业发展的不确定性，虽然近几年我国上市的企业数量不少，但仅限于发展极好的企业，还有很大一部分企业存在一些上市融资的困境，如图4-14所示。

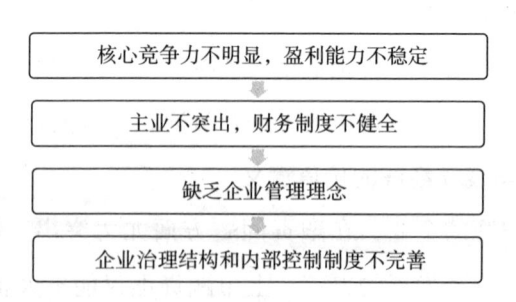

```
┌─────────────────────────────────┐
│ 核心竞争力不明显，盈利能力不稳定 │
└─────────────────────────────────┘
              ▼
┌─────────────────────────────────┐
│   主业不突出，财务制度不健全    │
└─────────────────────────────────┘
              ▼
┌─────────────────────────────────┐
│        缺乏企业管理理念         │
└─────────────────────────────────┘
              ▼
┌─────────────────────────────────┐
│ 企业治理结构和内部控制制度不完善│
└─────────────────────────────────┘
```

图 4-14　上市融资的困境

4. 优化上市融资的对策建议

虽然我国先后成立了企业板块、创业板块、科创板等，但如今仍有很大一部分企业，在经营管理方面存在各种劣势，导致企业的治理水平低下，经常会出现资金占用的现象，无法达到企业上市的要求。因此，如何优化并完善企业自身条件以达到上市融资的要求就显得尤为重要。

（1）加强企业的核心竞争力。企业若要具备核心竞争力，则必须保持先进技术和高效管理的竞争力。从技术方面，企业要制定培训制度，提升员工的技术水平；同时利用高薪、落户、升职等条件吸引和留住人才，建立创新奖励制度；还要增加研发投入，多产出研发成果，并注意知识产权保护。从管理方面，企业要建立包容性强、凝聚力高的企业文化制度，让全体员工认同企业价值观，并朝着同一方向努力，强大的合力一定会打造出一个强大的企业。

（2）加强企业资金管理制度。其一，企业要合理运用资金，提高资金的运用效率；其二，企业要对资金进行严格的控制，不能让任何股东占用企业的资金；其三，企业要确保资金的独立性，只有这样，企业的资金才能获得广大投资者的信任，满足上市的要求。

（3）完善企业治理和内部管理控制。其一，企业要建立完善的管理制度和治理结构，使企业能更好地经营；其二，企业要严格把控流程，不要随便接受任何一份合约，要提前对合约的可行性进行评估，只接受在企业能力范围内的合约。

总之，每个企业都是市场经济中不可缺少的一部分，其对国家经济的迅速发展有着举足轻重的作用，同时也为国家创造了大量的就业岗位。然而，上市融资困难的问题始终是我国一些企业所面临的难题，阻碍了企业的迅速发展，因此，应从目前我国企业上市融资的现状出发，分析导致这种困难的原因，并探讨解决办法，推动中国经济的深入发展，使企业的上市融资更加完善合理（胡铮铮，2021）。

二、注入技术：加快数字建设

1. 技术加快数字建设

从企业内在发展需求层面来看，信息技术工作取决于企业的内在需求。随着财务部门与企业管理之间的联系变得更加密切，财务部门的职能也在不断扩大，另外，企业在各自公共数据平台的开放发展过程中，财务获取数据信息的能力也在不断提高，为企业对业务数据、会计数据以及管理数据等的处理创造了有利条件。

从外力驱动企业发展的角度来看，实体经济的发展越来越受到党和政府的关注，在相关政策方针的指导下，大力发展数字经济，着重强调大型企业的数字化建设，促进其获得信息技术能力水平的提高，提高企业各个部门之间的信息交流频率，强化政府以及相关监管部门对企业数字化建设的支持与管控力度。此外，国家治理方式、治理能力的现代化水平提升，整体的数字化发展趋势显著，对企业的发展有着重要的指导意义。在我国社会和经济的各个主体的共同努力下，数字化信息技术得到了很大程度的发展，有助于对企业的内部和外部数据进行有效的管理，从而不断深化企业的数字化建设。

2. 企业数字建设的实施

随着现代信息技术的蓬勃发展，数字建设也在不断推动我国社会经济的发展和建设，各行各业在数字化管理背景下飞速发展，企业财务管理也面临着重大变革。如何实施企业数字建设成为各企业关注的焦点，如图4-15所示。

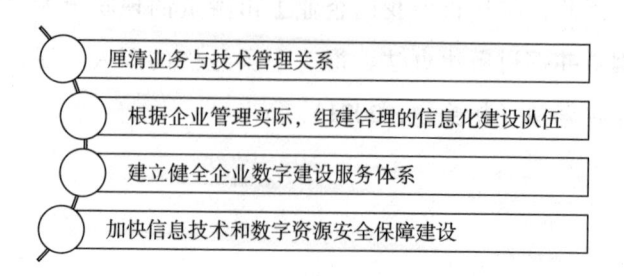

- 厘清业务与技术管理关系
- 根据企业管理实际，组建合理的信息化建设队伍
- 建立健全企业数字建设服务体系
- 加快信息技术和数字资源安全保障建设

图4-15 数字建设实施

总之，企业的数字建设是推动企业数字生态链构建的重要基础，企业信息技术的发展，具有优先推动企业数字化建设的核心和先驱意义，有助于提高企业的核心竞争力，为我国的实体经济的整体发展做出贡献，让信息技术真正成为培育新业态和新模式的关键要素，化作加快数字建设的"助燃剂"，真正造福社会大众。

三、吸纳资金：助力企业发展

企业需要制定合适的融资管理体系。资金经营是企业经营活动的中心环节，也是决定企业能否生存的重要因素。在市场竞争中，企业要想获得更大的发展机遇，就必须加强对资金的融资，确保充足的资金，以使企业更好地快速发展。

1. 企业吸纳资金的方式

企业发展所需的资金可以通过以下六种方式获取：

（1）自筹资金：通过自有资金、盈利积累、股权融资等方式筹集资金。

（2）银行贷款：向银行申请贷款，通常需要提供贷款担保和贷款用途说明等。

（3）债券融资：通过发行债券的方式融资，债券通常分为企业债、可转债、次级债等。

（4）股权融资：通过发行股票的方式融资，包括公开和非公开发行股票等。

（5）私募股权：通过向专业投资机构或个人出售股权的方式融资，这种方式通常适用于企业在成长期或发展期的阶段。

（6）众筹：通过在众筹平台上发布项目，吸引广大投资者的资金支持。

不同吸纳资金的方式适用于不同的企业和情况，企业需要根据自身情况选择合适的融资方式。同时，在进行吸纳资金之前，企业还需要编制详细的计划并制定风险控制方案，以保证资金使用的安全和效率。

2. 吸纳资金对企业发展的重要性

资金是企业经济活动的第一推动力，也是持续推动力。吸纳资金是企业赖以生存和发展的重要财务活动，企业通过吸纳资金的方式带来了经济效益（周萌，2021）。企业能否获得稳定的资金来源，并及时、足额地为其生产要素提供所需要的资金，对企业的运营与发展具有十分重要的意义。吸纳资金对企业发展尤为重要，如图4-16所示。

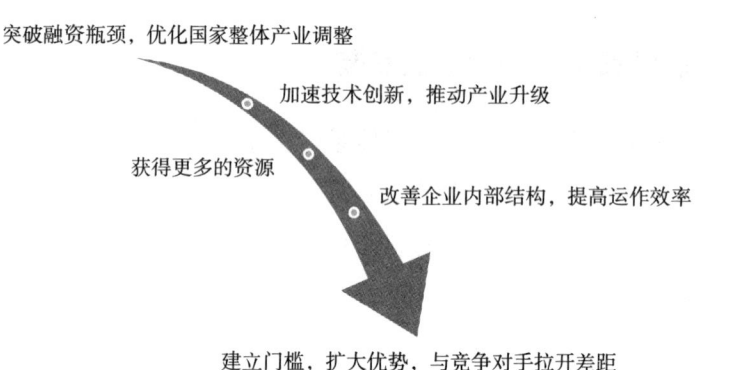

图 4-16　吸纳资金对企业发展的意义

3. 企业提高对吸纳资金的使用效率

在市场经济的发展下，企业正确使用和管理资金是快速发展的前提条件，也是企业改革发展的重要环节。如何使企业所吸纳的资金充分发挥使用效益、最大限度地减少资金沉淀、创造良好的经济环境，是企业着重关注的内容。

（1）开拓企业吸纳资金渠道。任何一家企业要想发展，就一定要有足够的资金支撑，而企业在发展的过程中，不可避免地会遇到一些债务风险和融资风险。因此，必须扩大吸纳资金的渠道，使融资渠道多元化，降低融资成本、减少债务风险。

（2）搭建信息化管控平台。企业在构建信息化管理平台的过程中，应该以业务流程为主线、以财务管控为核心，建立信息化管控平台，形成一套完善的运营监管体系，有效提升企业的整体管理水平。

（3）加大对资金的集约化管理力度，增加资金的流动性，提高资金的利用率。企业要盘活已有的资金，加快资金周转速度，减少资金沉淀，从而提高资金的使用效率，保证按时偿债，充分发挥资金规模优势，增强各级的理财意识。

总之，资金对企业的稳健经营和发展起着至关重要的作用。为了持续稳定地发展，企业必须吸纳资金，保证拥有充足的资金应对市场的激烈竞争。另外，企业做好对吸纳资金的管理工作，也是实现经营目标的必要手段。企业通过强化对资金的管理，提高资金的使用效率，将优势充分发挥出来，对企业的长远发展具有重要的意义，对我国经济实力的稳步提升有很大的贡献。

● 专栏 4-4 ●

万润科技：LED+广告传媒合力发展

自 2006 年以来，我国 LED 行业的市场规模突飞猛进。深圳万润科技股份有限公司（以下简称万润科技）抓住此次机遇，深化拓展 LED 业务，构建完善的 LED 产业链，实现企业战略转型和产品多元化，增强了企业的核心竞争力，使其在 LED 行业领域占据领先地位。

一、企业简介

万润科技成立于 2002 年，主要从事 LED 元器件封装与照明应用业务，围绕 LED 业务。万润科技在研发、设计、生产、销售板块进行了全方位布局，通过多年的行业深耕与技术积累，已经成为 LED 领域国内领先的中高端产品提供商。随后，万润科技通过并购方式开拓互联网广告传媒业务，使广告传媒业务迅速成为万润科技的第二主业，进而成为一家"LED+广告传媒"双主业的企业。

二、资本运营模式

1. 兼并收购，实现战略转型

尽管万润科技在 LED 封装行业具有一定的市场地位，但随着行业整体集中度的日益提高，行业内部的利润逐渐被 LED 上下游瓜分，而中游的利润空间被逐渐削弱。万润科技先后经历了 8 次并购，采用协议转让、增资、发行股份购买等丰富的并购方式降低企业的经营风险。通过收购日上广电的 LED 照明领域，深耕于照明领域的细分市场，积极开拓目标客户核心增加值客户；通过收购多家互联网广告企业进军互联网广告传媒领域，构建互联网广告全产业链，共同构建新业务的发展，快速抢占新的市场，提升品牌的影响力，并通过各子企业间的并购整合实现技术、人才等各项资源的共建共享，充分发挥行业间的协同作用，共同助推企业的进一步发展。

通过并购，为万润科技带来了新的市场，提供了新的发展方向，使企业花费较少的成本进入新行业，快速实现企业的目标。此外，通过并购行业内的优质企业，有助于万润科技获取标的企业的技术以及平台等关键要素，并迅速打开新的发展方向，增强企业的整体实力，汇集更多的资源去抢占市场，形成良性发展，也使企业实现了规模经济，深化了细分行业内的发展。

2. 加强企业治理，完善资源整合

通过整合子企业各项资源，对人事部门进行整合，委派财务负责人及副总加强对并购子企业的管控，运用信息化设备进行沟通协调，统筹管理以减少经营风险，同时推进集团化管理模式，构建信息平台，加强企业间的沟通与交流，促进企业组织效率和管理水平的提高。此外，着重构建一支高效的财务团队，确立垂直管理模式，规范审批付款流程，建立健全财务管控和内部控制、审计体系，提高财务管理效益。为了更有效地提升企业治理能力，使集团职能部门的管理和运行走上规范化、标准化道路，仍将逐步推进信息披露及风险管控等方面工作的落地实施，同时完善组织架

构的构建，并在一体化、智能化的管理运作下，提升企业整体的治理效能。因此，万润科技治理能力的提升也表明企业实施的连续并购带来了一定的管理协同效应。

3. 多元化运营，促进企业协同发展

万润科技以 LED 封装业务创立，在长达 11 年的发展中注重研发生产，增强了企业的实力。但由于行业竞争的加剧，万润科技在 2014 年开始实施连续并购，以多元化经营的方式谋求企业的长远发展。互联网广告作为新兴产业，有助于万润科技快速切入，助力企业传统主业向智能化转变，同时形成传统产业与新兴产业，优化业务结构，提升企业的盈利能力和发展潜力。

多元化运营战略大幅度提高了万润科技的营业收入，扩大了企业规模，提升了行业地位。万润科技通过围绕双主业形成产业闭环，扩大了市场份额，提高了客户忠诚度，从数量和质量两方面增加了其市场份额；通过汇聚子孙企业的研发成果，集中优质研发力量，提高了整体研发能力。

参考文献

[1] 俞芳荣. 万润科技多元化经营绩效研究［D］. 兰州：兰州财经大学，2022.

[2] 黄晓玲. 万润科技连续并购动机及效果研究［D］. 西安：西安工业大学，2022.

四、兼并收购：实现多元经营

在经济新常态发展阶段，产能过剩、成本增长、消费市场萎缩依然是企业面临的重要经营挑战。面对中国经济发展内外环境的深刻变化，越来越多的企业选择多元化经营分散风险，促进自身产业转型升级，弥补主营业务收入下降带来的经营威胁。当前，我国面对经济下行的压力，产业转型升级的形势依然严峻，并购作为资源整合的重要方式，对我国企业实现多元化经营至关重要（花双莲和韩群，2023）。

1. 兼并收购的概念

兼并收购是市场对资源进行再分配和促进企业组织结构调整的重要方式（柳德才和张晨曦，2023）。兼收并购的含义很宽泛，通常包括"兼并"和"收购"两个方面。兼并和收购简称并购。并购指两家或几家企业合并组成一家企业。吸收合并和新设合并是两种常见的方式。其中，吸收合并指合并的企业保持原来其中一家企业的名称和组织架构，新设合并则是两家企业合在一起成立一家新的企业。

并购不是在短期内发生的，往往需要在并购之前对并购企业的财务报表进行详细的分析，尤其对营业利润进行分析。并购的本质是在控制权的变动中，将企业的权利进行了转让，所有的权益主体都根据企业的产权所作的一种制度安排。并购活动是在一定的产权制度和企业制度条件下展开的，在并购的过程中，一些权利主体以其所拥有的对企业的控制权为代价，取得企业的收益。企业并购的过程，本质上是一种产权主体的变动。

2. 兼并收购对多元化经营的重要性

经营理论认为多元化经营可以降低经营风险。在当前的市场环境下，单一业务容易受到市场环境变化、产业链产品价格波动等因素的影响。而多元化经营可以弱化不确定因素对企业的影响，从而实现风险对冲。同时，多业务经营模式的企业的内部资金周转更加灵活，不会因现金流紧张而放弃优质投资项目。

传统企业通过多元化并购布局新行业时，并购标的往往是一些新兴产业的企业。与组建新企业相比，通过多元化并购进入新行业可以减少时间成本，迅速进入新的行业，掌握被并购企业的人才资源与技术资源。在资金和管理技术的加持下，传统企业进入新兴产业之后，会有更强的竞争优势。兼并收购对企业实现多元化发展的重要意义，如图4-17所示。

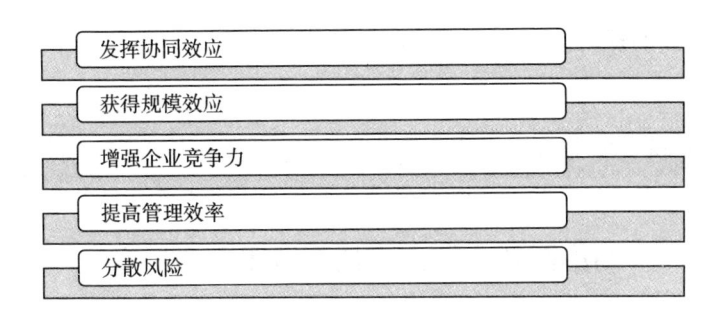

- 发挥协同效应
- 获得规模效应
- 增强企业竞争力
- 提高管理效率
- 分散风险

图 4-17　兼并收购对企业多元化发展的重要意义

3. 兼并收购类型与多元化经营的关系

企业并购类型包括横向、纵向与混合并购（邵圣絮，2022）。横向并购的基本特征是企业在国际范围内的横向一体化，属于对同一行业的并购，从事的业务和生产的产品相关度都很高的企业收购，因此不能达到多元化经营的目的。纵向并购指在同一个产业中，发生在上下游之间的并购，它不是企业之间直接的竞争关系，而是一种供应商和需求商之间的关系。因此，纵向并购的基本特点是，企业在市场环境中进行了纵向整合，还会产生与之相关的多元化经营。混合并购指在不同产业间进行的并购。理论上，混合并购的根本目标是实现风险的分散和规模的经济效益。面对日益加剧的市场竞争，国内各行业的企业都会在一定程度上考虑到多元化，而混合并购正是这种多元化的一种重要形式，它为企业进入其他行业提供了便捷、低风险的途径，产生非相关的多元化经营。实施并购可以促进企业以较低价格进军新兴行业并进行多元化发展。

此外，企业在并购过程中，应当多关注多元化经营在并购过程中的积极作用，利用多元化经营的经营经验、人力、物力、财力、组织架构等优势，发挥并购后的协同效应，提升并购企业的经营绩效；还应重视关联并购之间的低成本信用沟通作用，克服关联并购中的委托代理问题。对于存在广泛并购的企业，多元化经营与兼并收购的关系需要得到进一步关注，企业可以通过合法合规的兼并收购，实现多元化经营，使多元化经营进一步服务于绩效的提升。

篇末案例

四维图新：国内高精度地图龙头厂商

在大数据背景下，采用传统商业模式的企业正经历着严峻的市场考验，它们仅靠自身资源很难实现开拓市场、拓宽业务范围等战略目标。反观"互联网+"模式带来的双赢、高效的优势已深入人心。北京四维图新科技股份有限企业（以下简称四维图新）经过20多年的创新与沉淀，已成为导航地图、动态交通信息以及乘用车和商用车定制化车联网解决方案领域的领导者，在中国导航事业上开拓出一条与众不同的发展之路。

一、企业简介

四维图新是我国导航地图产业的开拓者，创立于2002年，2010年在深圳证券交易所正式上市。随着移动互联网技术的飞速发展，四维图新聚焦"汽车智能大脑"战略定位，逐步向车联网、自动驾驶等领域扩展业务。四维图新在车联网服务、自动驾驶的软件服务和汽车芯片中均处于国际领先地位，在我国数字地图供应方面占有一席之地。

二、运营策略助力企业价值提升

国有企业是我国经济发展的主力军，随着市场经济的发展，一些国有企业出现了自身管理模式落后、技术水平不足、内部治理机制不完善等问题，导致企业效率降低，因此亟须加快国有企业改革的步伐。思维图新对运营策略的优化，不仅促进了企业管理水平和经济效益的提升，还增强了企业的发展能力，业务成长性也得到了显著提高。

1. 激励和留住人才，增强员工稳定性

股权激励可以使企业吸引和留住人才、提高业绩、提升价值、完善治理、减少非效率投资、促进创新。拥有高风险性、高度技术创新、高人才依赖性的科技型企业想要吸引并留住人才、激励人员主动大胆创新，同时规避管理层的短视行为，就必须建立长效激励机制。股权激励机制成为科技型企业的一项重要激励手段，大量企业纷纷实行股权激励。对于四维图新来说，技术人才对企业的创新发展至关重要。四维图新先后实施了三期限制性股票激励计划。从激励对象设计上看，四维图新的三期股权激励方案涵盖了不同的激励对象，除了将高管、董事纳入激励范围，还将企业的核心技术、业务、管理等人员纳入激励范围。同时，技术创新是科技型企业的发展之本，技术人员是科技型企业的宝贵财富，他们是激励对象的重中之重，四维图新充分认识到了这一点，每期股权激励计划中核心技术人员占比都较高，而且从激励份额上看，也将激励股权总额的绝大多数授予了核心技术人员。这种激励制度安排能够有效留住和吸纳技术人才，充分激发技术人员的积极性和主动性，有利于企业创新能力的提高。

在面对越发激烈的市场竞争时，四维图新通过激励制度将员工利益与企业发展深度捆绑，一方面能有效留住人才，减少核心人才流失；另一方面能激励员工积极主动投身工作，为企业发展多做贡献。另外，股权激励通过赋予高管、员工企业股份，实现了企业内部股东、管理者、员工利益的一致性，将企业经营绩效与各方利益深度挂钩，为了达到解锁条件，经营者尽力提升企业财务业绩，从而对企业财务绩效产生积极影响。股权激励还通过赋予员工部分股东权益，搭建起企业内部的利益共享机制，一方面激发了员工的"主人翁"意识，提升了企业内部凝聚力，促进了企业与员工的共同成长，具有显著的留才引才作用；另一方面在企业内部搭建起利益共同体，可有效减少委托代理成本，有助于企业治理结构的优化。同时，对于科技型企业而言，核心技术人才和创新能力是其发展的根本，股权激励可刺激高管层和核心技术人才投入研发创新活动，有助于提升企业创新能力。从长远发展角度看，四维图新的激励计划不仅有助于企业研发创新能力、成果运用转化能力、市场拓展能力的提高，还有助于改善企业业绩，改善企业员工的素质与专业结构，帮助企业重振发展信心。

2. 引入战略投资者，促进业务转型

高德地图和百度地图的进步和发展，冲击了四维图新的传统业务，撼动了四维图新的市场龙头地位，为了应对市场中新加入的竞争者的竞争压力，四维图新紧跟时代步伐，转型传统业务，提高产品创新能力。但是新业务的拓展需要资金的大量支持，同时传统业务的转型也需要强大的互联网数据支持。只有引入战略投资者才能既满足企业的资金需要，又为企业带来技术、管理和人才等优势资源。因此，四维图新把目标定在想将业务板块扩展到车载领域的腾讯身上。作为互联网三巨头之一的腾讯能够为四维图新提供互联网的数据支撑，同时腾讯所拥有的被广泛使用的社交通信软件也可以持续不断地对数据库进行补充。四维图新借助腾讯所提供的数据资源，迅速把自己的传统行业、技术与大数据结合起来，促进其战略转型，以此抗衡市场中新兴的竞争对手。

有了腾讯的支持，四维图新正式打开了车联网服务市场，同时，腾讯也为进入车载行业增大了投资力度，不断推出新产品，提供车载服务。四维图新的主营业务车载导航使其拥有丰富的车载服务研发经验，加之腾讯拥有巨额的收入和强大的互联网技术及大数据资源，双方进行了优势资源互补。通过合作，改变了四维图新的传统经营模式，拓展了企业业务领域，为四维图新向车联网领域进军打下了坚实的基础。不仅如此，强大的资金支撑，还使四维图新降低了资金风险，增加了创新资金投入和创新成果产出。并且除了自身研发新技术，还可以借助外部引进技术，而腾讯正好能满足四维图新的内部和外部的创新需要，双方在资源上达成了优势互补。尽管四维图新在刚开始引入腾讯的几年中营业成本不断增加，但加速了企业的产品研发。凭借腾讯的大力支持，并购了杰发科技，将业务拓展至芯片技术，为四维图新技术拓展了新的发展空间。

随后，四维图新迅速把握了用户消费理念的改变和车联网的需求，预测了无人驾驶技术在汽车行业的发展趋势。在四维图新所拥有的丰富的地理数据基础上，进行了双方的战略资源整合，开始战略布局自动驾驶行业，通过腾讯广泛的产品应用，快速扩大了市场份额，建立起了产品知名度。此外，四维图新和腾讯还将业务扩展到产业链上下游的各个环节中，以提高四维图新的行业竞争力。四维图新本身的核心竞争优势是丰富的地理信息和导航数据资源，而腾讯的优势是强大的互联网所带来的庞大的用户信息和相关的位置大数据。在四维图新原本的优势产品基础上进行研究开发与创新活动，为其产品的升级和更新提供了强大的数据支撑。

3. 企业并购，完善产业布局

四维图新以股票及现金形式购买了杰发科技，进而使杰发科技成为其子公司。杰发科技的核心竞争力是汽车电子系统芯片的设计与开发，是国内行业的领导者。四维图新成功收购杰发科技，使其在汽车芯片领域更上一层楼，弥补了企业在芯片领域的不足，同时也为企业在商用车车联网业务板块带来更多的帮助，使企业的业务范围变大，从而形成一个完整的产业链，发挥出最大的作用。四维图新利用杰发科技在前端装配市场的份额，帮助企业新汽车网络及其他业务部门的产品和服务向后装配市场渗透。

四维图新完成对杰发科技的并购后，将其芯片硬件实力融入本企业，在智能化转型进程中迈进了一大步，不但扩展了其原有产品的盈利空间，还开拓了汽车电子芯片主营业务新板块。并且在研发技术、产品服务和业务等方面，均产生了不同程度的协同效应，无论是短期市场绩效还是财务效应、非财务方面的绩效都表现优异，协同效应也都表现明显。

四维图新成功并购杰发科技，关键在于实现了优势资源的整合，与杰发科技完成了在产品开发、市场销售渠道覆盖以及客户群体等多方面产生重要的互补优势。首先，四维图新促成了其既有的汽车前装市场客户在芯片产品技术合作和购销关系，带动了客户群体及业务的增长，也加强了品牌影响力；其次，通过在芯片功能设计级别上集成企业的汽车网络数据和软件产品服务，杰发科技帮助四维图新的车联网产品和服务在汽车后装市场中迅速得到扩展。同时，融合四维图新和杰发科技的产品和服务，形成差异化的竞争优势，极大地提升了企业对客户群体的价值定位。

4. 合理定价下的收购，实现运营战略共赢

腾讯在并购四维图新股权估值过程中的考量是多维度的，通过企业股权价值、目标企业未来发展的扩张期权价值、目标企业所蕴含的非独占性期权博弈价值等方面对四维图新的定价进行评估。这是实现股权投资的重要基础。腾讯入股四维图新可以看作双方的优势互补与资源共享的一次战略合作，有利于实现双方之间在智能地图、车联网和位置服务战略的共同发展。腾讯通过这次收购入股四维图新弥补了自身在手机地图发展上的不足，同时四维图新可以为腾讯提供丰富精准的地理信息数据资源和帮助，巩固腾讯在无线地图应用及本地服务市场中地位。腾讯入股四维图新之后，四维图新的品牌知名度显著提升，在此基础上客户群体逐步扩大；而四维图新的主要客户也由以往的各个汽车生产商、手机和互联网地图应用等大企业逐步渗透至移动互联网小客户群体。丰富的客户资源带动市场份额的稳步增长，现阶段，四维图新与高德地图共同瓜分90%的市场，成为该领域的领头羊。由此可见，经过与腾讯的合作，四维图新利用腾讯的行业优势创新了本企业的盈利模式，赢得了未来可观的发展空间。

5. 实施内部控制，优化企业治理结构

实施内部控制，四维图新优化了内部组织结构，提升了内部控制质量，保证了企业的资产安全完整，提升了经营效率和效果。一方面，实现了资源整合，开发新产品和新市场，降低竞争的激烈程度；另一方面，调整了企业的内部控制结构，提升应收账款效率，降低由现金流阻滞带来的经营风险。此外，资源整合为四维图新带来了新的资金渠道和市场渠道，提升了技术创新的动力。思维图新在内控体系建立健全过程中，坚持风险导向原则，根据设定的控制目标，结合行业特点、发展阶段和业务拓展情况，制定和完善了风险管理政策和措施，实施内控制度执行情况的检查和监督，动态进行风险识别和风险分析，及时调整风险应对策略，将风险控制在可接受的水平，保证了企业的经营安全。

参考文献

[1] 余慧芳. 科技型企业实施股权激励的效果分析 [D]. 昆明：云南财经大学，2022.

[2] 王雪婷. 战略转型的研发型企业混合所有制改革动因及效应分析 [D]. 烟台：山东工商学院，2022.

[3] 王新灵. 战略投资者引入与企业创新研究 [D]. 成都：西南财经大学，2022.

第五章 数字决策：数智化管理的钥匙

随着信息技术的飞速发展，数智化管理已经成为现代企业的重要趋势，数字决策作为数智化管理的重要环节，已经成为企业管理者手中的一把"万能钥匙"，为企业在竞争激烈的市场环境中获得更多的商业机会提供了有力的保障。

足够的战略决策能力和公司管制能力,才能够引发企业家的能力自信。你要通过这个现象判断它后面是什么,你必须具备管理企业的各方面的要素才可以。

——福耀玻璃创始人　曹德旺

学习要点

☆ 数据钻取和数据颗粒度

☆ 业务流程化再造

☆ 大数据决策的动态特性

开篇案例

海康威视：数字化安防龙头企业

一、企业简介

杭州海康威视数字技术股份有限公司（以下简称海康威视）成立于2001年，是一家专注技术创新的科技公司。海康威视致力于使物联感知、人工智能、大数据等技术服务各行各业，构筑智能世界的基础。公司通过多方位的全面布局，帮助人、物更好地连接，让智能触手可及，建设便捷、高效、安心的智能环境。

二、AI开放平台

海康威视通过提供智能算法、智能硬件产品和解决方案，助力广大AI从业者和零基础用户在数字决策的数智化场景下快速实现落地。无论是能源还是医疗、建筑等多领域的客户，海康威视都可以提供全流程AI落地赋能，帮助客户数字化转型，提高数字决策的效率和准确性。此外，海康威视还免费开放下载使用多领域的经典应用模型，为用户提供更多的技术支持和合作机会，共同推动数字决策的发展和应用。

1. 一站式训练平台

数字化转型升级是当前企业面临的重要任务，其中关键的一环是人工智能的应用。然而，由于算法的复杂性和技术的门槛，许多企业可能会遇到困难。为此，海康威视的一站式训练平台应运而生，旨在帮助企业实现数字化转型升级中的智能化决策，提升效率和竞争力。

（1）场景化 AI 需求。该平台支持从数据采集、数据标注、模型训练到云边部署的一站式开发流程，为企业提供了场景化 AI 需求的解决方案。这意味着企业无须担心算法的实现细节，可以专注于业务场景和数据的挖掘，对于零算法基础入门的用户尤其有用。

（2）一站式模型定制。该平台提供一站式模型定制，可以满足企业在数字化转型升级过程中的各种需求。例如，通过大数据决策分析企业的业务情况，制定出相应的 AI 应用场景，再利用该平台进行模型定制和部署，最终实现数字化转型升级中的智能化决策。

2. 设备开放平台

海康威视基于开放的操作系统、集成开发套件和云端配套服务，提供一站式算法开发支持。合作伙伴可以轻松将自研算法植入海康设备，实现数字化决策，加速业务创新。这一支持系统的优势有以下四点：

（1）开发简单。合作伙伴可以通过该系统轻松开发出自己的算法，无须耗费大量的时间和精力。

（2）移植方便。合作伙伴可以将其算法轻松移植到不同的设备上，以满足不同场景的需求。

（3）安全可靠。采用高强度的安全技术，保障合作伙伴算法的安全性和可靠性。

（4）个性独有。该系统可以帮助合作伙伴实现个性独有的算法需求，提高合作伙伴在市场中的竞争力。

与此同时，海康威视还建立了一个完整的生态闭环，包括算法开发、数据采集、云端存储等环节，以实现数据全生命周期管理，为数字决策提供更加可靠的支持。在这个生态闭环中，合作伙伴可以快速获取所需数据，并进行数据分析、挖掘和应用。海康威视还致力于培养数据思维，帮助合作伙伴逐步形成数据驱动的思维模式，并提供相关培训和技术支持，以提高合作伙伴的算法开发水平和数据应用能力。

三、数字解决方案

1. 数字能源

数字能源是一个正在快速发展的领域。在这个领域，海康威视利用视频图像处理、云计算、大数据分析和AI深度学习等领域的技术优势，不断进行技术创新，研发具有行业竞争力的产品和解决方案，以满足行业用户的需求。同时，海康威视也在数字决策方面进行了大量的研究和投入，并积极探索智能供应链模式，通过与供应链合作伙伴紧密协作，优化供应链管理，提高资源利用效率，降低成本，为电力、石油石化、煤矿冶金、燃气供热、化工等领域用户提供一站式服务。

2. 医疗卫生

海康威视通过智能物联技术丰富和规范食药卫生监管手段，提高监管能力和效率。使用数字孪生模型，可更加全面地监控和管理医疗保障体系，提高监管的准确性和及时性。同时，海康威视还将与医疗机构合作，通过数字决策技术优化医疗流程和提高医疗服务水平，为患者提供更好的服务体验。此外，海康威视还将根据业务场景需求，为医疗机构打造平安医院，使医疗机构的安全保障措施更加完善。

3. 教育教学

在教育信息化2.0背景下，海康威视力图将前沿技术不断应用于教育领域。针对人才培养、教学方法改革以及教育治理能力等各场景，提供智慧教育行业解决方案。其中，数字决策是该方案中的关键元素之一，能够为教育管理层提供数据支持和决策依据，实现教育治理科学化和精细化。

海康威视也积极推进数字化转型升级，利用智能物联网技术，整合现有信息系统，实现物信融合，进一步加快教育现代化进程，提高教育质量。通过数字化手段，为学生提供个性化、全方位的学习体验，为教师提供高效便捷的教学方式。在未来，海康威视将继续创新，推进数字化教育事业的发展，为教育领域的升级和进步做出积极贡献。

四、发展优势

1. 一体化的软硬件产品体系

海康威视在企业数字化转型过程中涉及多个环节，包括数据采集、存储、分析和决策等。不同的使用场景和外部环境需要不同的硬件设备，这些硬件设备需要满足高清晰、低照度、防爆等多种指标的组合。然而，用单一的硬件设备满足多种场景的需求很难在成本最优的前提下实现。为了解决这一问题，海康威视推出了一体化的软硬件产品体系，其中包括2.7万种硬件产品，可以满足多种场景的需求。

海康威视不仅提供硬件产品，还从数据采集到数据存储分析，再到人工智能和机器视角代替人工决策的整个过程，帮助客户打造数字决策的完整解决方案。特别是在数字决策的数智化场景下，海康威视以技术+中台+场景的模式，提供全面的解决方案，帮助企业客户实现数字化转型。

2. 大量行业 know-how 经验的沉淀

海康威视秉持着大量行业 know-how 经验沉淀的理念，这种经验不仅是知识的积累，更是能够将需求转化为实际的需求落地能力。通过赋能效果导向的思路，企业抓住行业的痛点，高效率地提供解决方案。在数字决策时代下，海康威视坚信平台媒介去中心化的趋势，通过数字技术的应用，不断推动行业的微创新，提升客户体验的同时降低成本。为了更好地实现这一目标，企业不断让员工走进一线，与客户进行近距离接触，不断拓展自己的知识面和技能，持续提高自身的竞争力。

3. 统一软件架构+组件复用

采用"统一软件架构+组件复用"，海康威视实现了研发效率的提升。此外，通过组织架构的整体下移，公司能够更快地响应市场需求。这种敏捷性对处理碎片化的定制化需求至关重要。

除此之外，海康威视做出的数字决策可以帮助公司更加准确地预测市场需求，指导组件复用和软件架构的设计。公司的预测性维护模式可以对设备进行实时监测和分析，减少设备故障率和停机时间，其数字化模式创新则是通过采用数字技术和创新思维，为客户提供更加个性化和高效的解决方案。

4．"平台+阿米巴"组织架构

海康威视"平台+阿米巴"的组织架构更适合碎片化的业务场景，因为该模式更具活力和创新力。在该模式下，海康威视的平台团队能够整合多方资源，提供高质量的技术支持，同时也能利用数据分析进行精准决策，为团队提供有力的支持和指导，并且通过精细化营销模式，可以更精准地了解客户需求，培养数据思维，更好地运用数据进行决策和业务拓展。

参考文献

[1] 蓝文永，黄香华，俞康慧．传统制造企业数字化转型过程的价值创造：以海康威视为例 [J]．财会月刊，2023，44（7）：135-141．

[2] 王新明，唐艳．刚柔并济　海康威视供应链数字化转型 [J]．企业管理，2021（12）：63-68．

[3] 王英杰．海康威视：多维感知和人工智能打造智慧流域 [J]．中国水利，2021（12）：112．

第一节　数字决策：量化和质性的融合

当下，我国产业正处在由数字化向智能化发展的重要阶段，数智化领航成为企业增长的关键动力。智能商业下的每个场景，都面临大量的决策需求，并要求决策实时完成，于是，一种新的决策手段——数字决策走上时代舞台，并与千行百业"碰撞融合"，产生巨大的社会价值。

一、数字决策的数智化场景

数字化已经成为企业的基础要求，无论是产业数字化还是数字产业化抑或数字化决策,在企业的业务、经营和管理活动中都有丰富的数智化场景,场景是成为落地和检验数字化的关键所在,数字决策的数智化场景可以概括为三类,如图5-1所示。

```
数字决策的数智化场景 ┬── 经营数据数智化
                    ├── 经营分析数智化
                    └── 辅助决策数智化
```

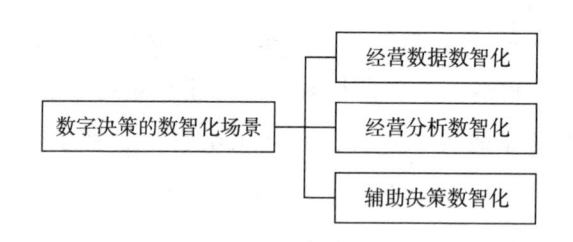

图5-1　数字决策的数智化场景

1. 经营数据数智化

数字决策的数智化场景之一是经营数据数智化。现今,大多数企业的经营管理方式存在粗糙、后知后觉的问题。经营部门的工作需要耗费大量精力在数据采集和统计上、问题的反向追溯和追责上,抑或是在各类数据分析上。如果没有数字化技术和工具的支持,经营管理则仍然停留在口号和想法上。然而,在 VUCA[波动性(Vdatility)、不确定性(Uncertainty)、复杂性(Complexity)、模糊性(Ambiguity)]时代,经营管理需要更加精准和小颗粒度的支持,这也是经营的数字化转型所面临的关键命题。

由于信息系统之间的隔阂,很多数据未能得到采集,而且各系统数据不一致,这就使数据的统一标准、采集和共享变得尤为重要。无论是ERP类的主系统还是各领域的专业系统,都承载着数据的相互拉通和验证问题。因此,统一经营数据标准成为首要任务。在统一的数据库或数据平台上,可以进行不同场景和需求的应用开发,为数字决策提供更加准确和全面的数据支持。

数字决策的数智化场景要求经营管理具备更高的时效性,这就使经营数据从原先的定时采集变为实时响应。各类数据需要实时且源源不断地汇集至经营界面,实现静态数据到动态数据的转换,提供实时数据,让用户可以及时迅速地得到反馈（陆怡舟，2023）。通过实效性的经营数据，可以发现问题或推进工作。实时和详细的经营数据可支撑经营管理的分层分类，公司整体的数据不应该只有总数据没有分数据，而应该是最小经营单元数据的汇总，数字化经营在技术上为最小经营单元经营核算提供了可能。对于项目型公司而言，如果经营核算不能到项目级而只能到部门级，那么经营问题可能会被反映出来，但病灶依然难以根除，只能有大致的方向和范围。这将导致具体改善措施和建议无从谈起，更谈不上精准定位和靶向治疗了。

2. 经营分析数智化

数字决策的统一和采集是数智化经营的基础，数智化经营的起点在于分析数据，无论是以时间轴为维度的同比分析，还是跨企业的同业对标，都是基于数据的使用和判断的。因此，数字决策的数智化场景需要建立主题报表中心，并逐步实现基于用户角色的可扩展、可操作的报表中心，使用户有条理地查看和自定义报表数据。

数据钻取是解决数字决策中数据连通和断裂的问题，统计数据通常不能支持数据在不同维度和组织上的追溯。因此，数字决策的数智化场景必须解决数据钻取和数据颗粒度问题（张玉明和张骐微，2022）。例如，公司项目主题的汇总数据需要支持各类数据的统计分析，并能够向下钻取到异常数据和问题点，如总项目数100个，其中延期项目15个，此时需要能够点击延期项目并找出这些项目，随后逐个打开查看其具体情况。

经营分析和预警是数字决策中的核心内容，也是各类会议中的重点议题。然而，如何开展高效的经营分析会以及如何提高会议效率成为经营管理部门所面临的挑战。许多企业的经营分析会不是变成了务虚会，就是变成了数据通报会，仅实现了经营分析会的部分目标，偏向前段的问题查找，对于后段的问题定位和解决方案用力不足。数字决策的数智化场景需要把常态数据的统一分析和预警放在前面，实现自动化分析和预警，将数据通报和问题分析的工作前置和实时化，将经营分析会的重心从数据调整到决策。

3. 辅助决策数智化

数字化经营的核心在于利用数据和技术辅助决策，其中预测和干预是数字化经营的高级功能。因此，数字化经营需要面向未来进行预测和数据推演，以实现辅助决策，并建立分类决策场景。这些场景需要算法化融入数字化决策系统，以实现辅助决策、自动决策和智能决策。

数字决策的数智化场景需要利用数字洞察和预测实现辅助决策。建立行为、业务、运营和投资等分类决策场景，实现分场景决策模型。这些模型同样需要算法化融入数字化决策系统，以实现辅助决策、自动决策和智能决策。

数字化能够推动经营决策体系转型，加快决策速度、提升效率和质量，从而反向促进数字系统的迭代升级。数字决策的数智化场景可以通过数字孪生模拟不同决策的结果，在数字世界中进行虚拟演练，以供现实物理世界做决策参考。此外，数字化决策还可以避免现实中错误决策所带来的成本和风险，实现决策成本的可控性（康芹，2021）。

●专栏 5-1●

捷顺科技：智慧停车行业龙头

一、企业简介

深圳市捷顺科技实业股份有限公司（以下简称捷顺科技）创立于 1992 年，是专业的智慧停车服务提供商和智慧城市数字生态运营商。公司通过数字决策技术，将物联深度应用于智慧停车和智慧场景，实现智能化管理和运营，始终为客户提供全面的智慧物联全栈解决方案。

二、数智化方案

1. 智慧景区

捷顺科技智慧景区解决方案是针对当前景区信息化要求而设计的。在考虑到现阶段游客体验和痛点以及景区管理需求的基础上,提供了整体景区信息化解决方案。

为此,公司按照智慧化运营的要求,以万物互联、集中管控、统一运营的理念为指导,构建了一个旅游管理大平台,涵盖了运营全域。该平台的设计目的是通过数字决策,全面提升游客的车行体验和景区的运营管理水平。

2. 智慧园区

为了满足智慧园区的需求,捷顺科技提供了一个基于数字决策的综合解决方案。该方案不仅可以帮助企业园区实现安全通行管理、智能化管理、人性化服务的后勤一体化平台需求,还可以将数字决策的数智化场景应用于园区智慧生态,实现数据驱动的决策制定。

具体而言,捷顺科技的智慧园区方案解决了以下几个需求痛点:

(1)终端不互联。由于终端品类繁多,协议不同,互联难度较大,操作烦琐,管理混乱。在这种情况下,通过数字决策的数智化场景,可以将各种终端数据收集起来,并且对这些数据进行整合、分析、挖掘,实现数字化的终端管理和维护。

(2)数据不共享。由于各个系统之间缺乏协同,数据无法进行共享和利用,造成数据价值的浪费。为了解决这一问题,数智化场景应用能够将各系统的数据整合起来,形成完整的数据流,帮助企业园区更好地进行业务分析和做出决策。

(3)流程不协同。由于各个业务之间孤立,流程不互通,导致企业园区的办公效率低下。捷顺科技通过数字决策辅助,将各个业务流程进行整合和优化,实现更加高效的业务流程。

(4) 场景不衔接。由于各应用场景相互独立，缺乏统一的服务入口，导致企业园区形象品质难以保障。捷顺科技将各应用场景进行整合和衔接，形成一个完整的服务生态系统，从而提高企业园区的品牌形象和用户体验。

3. 智慧商业

捷顺科技智慧商业解决方案以数字决策为基础、以提高顾客体验为目标，为商业广场打造智慧商业管理平台。数字决策的数智化场景是捷顺科技智慧商业解决方案的核心点，通过智能硬件、管理平台和前端应用的整合，为顾客提供更加智慧化的购物环境体验。数字化的场景可以让商场运营者更好地了解顾客行为和需求，更快地做出决策，从而提高商场的运营效率和竞争力。

此外，捷顺科技的智慧商业解决方案还通过泛会员运营吸引顾客、提升购物频次。通过数字化的手段，商场管理者可以有针对性地制定营销策略，精准地了解顾客需求，优化服务和商品供应，提升顾客满意度和忠诚度，提高商场的营收和盈利能力。

4. 智慧楼宇

捷顺科技的商业楼宇解决方案基于新一代信息技术，通过构建智能终端、大物联平台、移动端的智慧环境，为商业楼宇的管理与服务带来了全新的数字决策体验。该解决方案围绕人员进出管理、停车场无人化值守等场景，通过数字决策的数智化场景，为楼宇的运营管理提供了强有力的支持。

公司采用"一平台+N终端"的方式构建"智能终端—物联平台"架构体系，通过建筑内部智能终端和平台账户体系的搭建，实现了人员与智能终端的高效连接，从而实现了无感通行，为员工带来了更加便捷的办公体验。

三、发展与总结

捷顺科技一直秉承开拓创新、敬业担当、务实高效的价值理念，不断推进数字化管理和智能决策。未来，捷顺科技将继续深耕数字化管理领域，不断优化数字决策体系，借助人工智能和大数据技术，为客户提供更智能化、精准化、个性化的管理和决策方案，助力共建智慧新城，共同推动数字化转型升级的进程。

参考文献

[1] 马亚平. 政策力挺 市场急需 智慧停车市场迎来黄金发展期：访深圳市捷顺科技实业股份有限公司产品中心总监郭晓强 [J]. 中国安防，2021（8）：50-55.

[2] 史元钧，付悦，李云鹏. 跨界进军旅游业的综合服务商业模式研究：以捷顺科技有限公司为例 [J]. 商场现代化，2021（4）：142-147.

二、数字决策的概念与特征

1. 数字决策的概念

多年来，理论界对决策的概念有诸多定义，但仍未形成统一的看法。本书通过对众多界定的归纳总结，提炼出以下三种理解：

首先是广义层面上的理解，将决策视为一个包含提出问题、确立目标、设计和选择方案的过程。在此理解的延伸下，决策的过程有了新的发展，即需要多阶段、多维度地思考和分析，以便做出最佳决策。

其次是狭义层面上的理解，决策被看作一种选择，即从多个备选方案中作出最终选择，最后再经由决策者做出最终方案，因此，这种理解着重于最终结果的选择和决策者的决断能力。

最后一种理论使决策的界定得到了丰富，即在不确定因素较多的情况下，决策是对于偶发事件所做出的处理决定。在这种情况下，决策需要考虑到不确定因素和风险，且需要通过决策应对和解决问题。

现阶段，决策的内涵及外延逐渐丰富，其中数字决策是一大主流概念。数字决策的定义，指的是企业利用大数据、人工智能、物联网、云计算等新一代信息技术，打造的全方位的科学决策数字体系。

数字决策是企业智慧运营、数字平台、智慧业务等服务的强大补充，是践行数字战略，构建数字时代企业治理的基础技术设施，是治理体系现代化和治理能力现代化的重要突破应用和典型场景应用。数字决策通过对各类互联网数据、行业公开数据、第三方研究数据等数据的融合和分析，发现异常点，并通过人工智能等手段，提供业界运行态势感知诊断，有力提高传统运行体系的能力，充分发挥数据能力，为数字时代企业治理提供强大支撑（任鹏飞，2022）。

数据基础建设是数智化的重要价值核心，它的逐步完善为数字决策提供了更加成熟的技术基础。数字决策综合利用多种智能技术与工具，基于全局优化目标，对相关数据进行建模、分析，使机器具备自主能力，完成从采样到学习的整个过程，协助企业进行自主决策，因此，数字决策的影响力日益扩大，引起了市场的广泛关注。

数字决策是建立在信息化和数字化基础上的一种决策方法，是利用AI技术将数据转化为信息、知识的过程。数字决策不是简单的数据分析和统计，而是通过挖掘数据背后的潜在意义，使企业深入了解业务情况，以及市场和客户的需求，从而打破传统的认知边界。

数字决策为企业提供了有效的支撑，帮助企业在提高质量和效率、释放生产潜能、实现收益最大化等方面取得成功。企业通过数字决策不仅能够优化生产流程、提高产品质量，还能优化营销策略、提高客户满意度，最终占领产业价值赋能的高地（周芷怡，2022）。

2. 数字决策的特征

数字决策作为企业主流选择，具备如下特征：

（1）数字决策体系涵盖了各类开源数据，包括全球互联网数据、各类公开数据、行业数据、或特定数据。该体系以决策服务为核心，场景及应用扩展性极强，能够使数据融合和交互更加便捷。数字体系在区块链底层安全分发技术的支撑下，增强了数据的安全性与易追溯性，数据权利也更加便捷明确。同时，决策支持能力是系统最核心的应用场景之一，系统的建设和应用性价比极高。

（2）创新企业治理技术支持体系，以数字化为建设和应用主体，数字决策体系能够在各类数据中及时发现各类异常数据，对于各类风险的早期发现、预防、化解能够提供强大的平台支持，确保各部门第一时间掌握真实的企业运行态势，及时调整对策和治理方法，降低风险发生率，有效提升企业治理能力（Manish Gupta et al.，2022）。

（3）数字决策是对企业的全息数据画像，让领导层能够清晰、实时地掌握企业运行态势，改进治理措施，提升企业的发展能力，为社会创造更和谐的区域大环境。

（4）数字决策体系具备强大的体系可扩展性。如果企业数字决策体系建设标准统一，掌握对异构数据的结构化处理能力，就能有效实现应用层和数据调度层、源数据层的分布式策略，确保各类数据的集中有标准、有规范，交换安全合规，应用高度灵活部署。

（5）构建数字决策体系的开放、安全、共通、融合的大技术生态和数据生态。充分发挥私有云、商业云的各自优势，并逐步将服务中的数字决策支持能力迁移到中心化云体系之中，将数字决策应用以及相关的服务进行全域覆盖。

（6）数字决策体系以决策支持和风险态势感知能力建设为核心，体系建设实现成本低，部署难度低。

三、数字决策应用模型

作为实现数字化转型和促进智能化升级的重要途径，数字决策的数字孪生应用模型备受各行各业的关注，并且已经从理论研究走向实际应用阶段。

数字孪生模型的构建是实现数字孪生落地应用的前提，该模型可以通过对物理实体进行加工处理，形成数字化建模，实现对物理实体的精准监测、仿真预测和优化管理（肖静华等，2019）。数字孪生模型不仅提高了企业的生产效率和质量，还为企业决策提供了可靠的参考和依据，同时也为企业的数字化转型升级和数智化发展奠定了坚实基础,并提供了强有力的技术支持。

1. 数字孪生模型的关键特征

数字孪生模型的关键特征有两个,如图 5-2 所示。

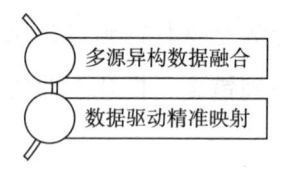

图 5-2 数字孪生模型的两个关键特征

(1)多源异构数据融合。数字决策作为数字孪生模型中不可分割的核心要素之一,其作用不言而喻。该模型能够有效地展现物理实体的状态、运行原理,并将其转化为数据形式,实现贯穿物理对象运转全过程的全方位记录。数字孪生平台作为数字决策的支持平台,能够对各类原始数据进行采集以及融合处理。通过对这些数据的深度分析和挖掘,数字孪生平台为数字决策提供更加精准的数据支持。有效的数字决策需要多元融合数据,以确保数字孪生应用具备充分的动力源。因此,数据是数字决策的"血液",没有多元融合数据,数字决策就无法支撑决策过程。

(2)数据驱动精准映射。实现数字孪生模型中数据驱动的精准映射,需要依靠其运转主体——数字决策模型的作用,该数字决策模型的建立同样离不开物理实体与行为逻辑的深度融合。数字孪生模型中的数据驱动实现了物理实体对象和数字世界中模型对象之间的对应映射。这种映射在数字世界中全面呈现物理实体的实时状态,从而实现精准决策以及动态监测。

2. 数字孪生模型构建理论体系

数字孪生模型是数字决策的核心组成部分,将现实世界中的实体或系统进行数字化表达,可用于理解、预测、优化和控制决策实体或系统。

数字孪生模型需要考虑数字决策的多方面要素,才能更好地支持决过程。同时，数字决策需要从多个维度和领域对模型进行构建，以便更全面地表达决策实体或系统的特性。

从工作粒度或层级来看，数字孪生模型是数字决策的重要组成部分，不仅是基础单元模型建模，还需要通过模型组装实现更复杂对象模型的构建，以全面刻画复杂物理对象的各领域特征。数字孪生模型的构建和组装需要融合多领域、多学科的知识和技术，以确保模型的全面性和准确性（谢康等，2019）。数字决策的实施需要考虑模型的复杂性和准确性。因此，数字孪生模型的构建和组装，需要进行模型验证，以对物理对象的状况及特征的准确性进行描述与精准刻画。模型验证是保证数字孪生模型正确有效的关键步骤之一，可以辅助了解模型在描述现实世界时的准确度和可信度。同时，数字决策需要对模型进行校正和优化，以便更好地支持决策过程。此外，模型管理的增、删、改、查流程也是必要的，数字决策需要考虑模型管理的方便性和有效性，以便更好地顺应数字决策全流程。

3. 数据可视决策实现数字孪生

数字孪生模型是一种基于数字技术的仿真、建模、分析和辅助决策的工具，其核心目标是将物理世界的对象和过程通过数字化手段在数据世界中进行重现、分析和决策，该模型的具体效能如图 5-3 所示。

```
┌─────────────────────────────┐
│  大规模全量、多源数据整合      │
└─────────────────────────────┘

┌─────────────────────────────┐
│  内核级支持数据驱动            │
└─────────────────────────────┘
```

图 5-3　数字孪生模型的效能

（1）大规模全量、多源数据整合。数字孪生模型的效能体现在其关键特征之上，通过多源异构数据融合，实现大规模全量、多源数据整合，其中可视化决策系统同样注重多源异构数据的整合和综合应用，是数字决策的有效支撑。

(2)内核级支持数据驱动。在数字决策逻辑中,能够结合物理实体对象和数字世界模型对象,对两者进行全面映射,实现数字孪生,这也是数字决策的重要组成部分。数字孪生模型的构建基于数据驱动技术,通过对实体对象的观测和数据采集,将其转换为数字化的模型对象,并在数字空间中进行仿真和分析。在数字决策中,数据驱动是一个核心功能,能够借助可视化系统,还有模型定义、源数据深度绑定等方式,驱动可视化对象状态的动态发展,以便完成对物理对象的状态和行为的真实映射,帮助企业更好地理解和掌握现实世界中的复杂系统和过程(Wang Shuai et al.,2022)。

内核级支持数据驱动在多行业领域的数字决策产品中得到了充分体现,可以帮助企业进行数据融合,实现数据可视化,并动态地反映物理对象的状态和行为。运用数字化技术,企业能在数字决策过程中更好地理解和分析信息,以支持更明智的商业决策。

数字孪生模型通过数字化建模和仿真技术,实现对实体或系统的数字化表达,在数字空间中进行可视化和交互式的操作,为企业的决策和创新提供了全新的思路和方法。

第二节 数字决策模式:专家规则+机器学习

如今,数字化管理成为企业经营中的必要手段。数字决策模式是数字化管理中的重要组成部分,其不仅基于专家规则,还借助机器自主学习辅助企业决策。数字决策模式的出现,提高了企业决策的准确性和效率,也开创了数智化管理的新时代。

一、预测性维护模式

1. 预测性维护模式的概念

预测性维护是一种基于数据和智能算法的维护模式,通过分析设备传感器和运营数据，及结合机器学习等技术，实现对设备未来可能出现的故障进行预测，并在故障发生前采取相应的维护措施，以避免设备故障给生产运营带来的损失。

预测性维护的作用在于协助企业降低维护成本，优化提高设备可用率和生产效率，改善设备的使用状态，延长其使用寿命，帮助企业从被动维修转变为主动预测和维护，提高生产运营的可持续性。

在数字决策中，预测性维护应用于设备管理、生产计划、库存管理等方面。例如，通过对设备数据进行分析，实现对设备维护计划的优化和精细化，避免不必要的维护成本；通过对生产计划进行预测性维护，强化对于生产效率和产品质量的把控；将库存管理与预测性维护模式深度结合后，实现库存的精细化管理，从而降低库存成本（王成城等，2023）。

2. 预测性维护的应用场景

在数字决策中，预测性维护模式的应用场景主要集中在制造业、能源行业和交通运输领域等资产密集型行业。这些行业的设备和资产通常都非常昂贵，因此需要高效、精准的维护方式，以确保资产的长期可靠性和生产效率。

具体来说，预测性维护模式可应用于以下场景，见图5-4。

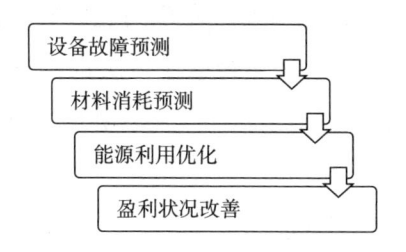

- 设备故障预测
- 材料消耗预测
- 能源利用优化
- 盈利状况改善

图5-4 预测性维护模式的应用场景

（1）设备故障预测。通过对设备运行数据进行监测和分析，识别设备可能出现的故障，并提前采取维护措施，以避免故障发生，提高设备的可靠性和稳定性。

（2）材料消耗预测。通过对生产过程中材料的消耗进行监测和分析，预测材料的使用量，以便提前采购和安排生产计划，避免因材料短缺而影响生产进度。

（3）能源利用优化。通过对能源消耗情况进行监测和分析，预测能源需求量，并采取合理的能源利用措施，以提高能源利用效率和降低成本。

（4）盈利状况改善。预测性维护模式的应用，可以提高资产的利用率和效率，也可以减少不必要的维护和停机时间，降低成本，提高企业的盈利能力和市场竞争力。

3. 预测性维护模式的优势

如今，在工业设备维护领域，数字决策已经成为一个重要的趋势。设备维护通常可被归纳为三种类型：修复性维护、预防性维护和预测性维护。其中，修复性维护是在设备发生故障后才进行修理，而预防性维护更多地依赖人员经验判断设备是否有可能出现故障。与之不同的是，预测性维护则利用多源数据，涵盖了企业资源计划（ERP）系统、计算机化维护管理系统（CMMS）和生产数据等，同时对重要设备进行定期或连续的状态监测和故障诊断。数字决策指引下的智能工厂管理系统，能够将此类数据进行预处理，运用高级预测模型和分析工具，以预测故障并主动解决问题。数字决策的预测性维护模式，能够及时发现问题并解决问题，从而保障设备的运转稳定性和生产效率，为企业带来了巨大的经济价值（牛冲丽和卢凯杰，2022）。预测性维护模式具有以下优势，如图5-5所示。

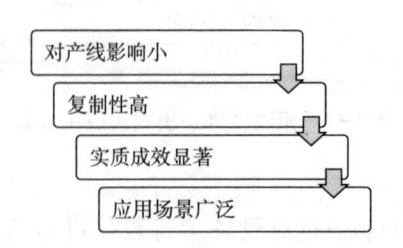

图5-5 预测性维护模式的优势

（1）对产线影响小。数字决策能够有效应用于该模式，主要是因为该模式基于多源数据分析，而产线本身不需要经过改造调整，就能够很大程度地降低对生产排程的影响，更好地保障生产线的稳定性。

（2）复制性高。数字决策模型能够对设备运行状态进行总结复刻，在相同的设备上运用复制解决方案，通过这种方法，对设备导入的数据越多，越能收集到精准的原始数据，从而助力模型精准度的提升。

（3）实质成效显著。数字决策在预测性维护中能够降低 MROs（维护、维修、运行）的成本支出以及总体维护成本，使设备正常运行的平稳性大幅提升，合理调配设备的维护计划，保障产品的高质量。

（4）应用场景广泛。通过设备的网联化和数据采集技术，数字化决策下的预测性维护模式可以为各种设备提供预测性维护解决方案。此外，大数据分析和机器学习技术也应用于更精确地预测设备维护需求，从而提高设备的可靠性和性能。

● 专栏 5-2 ●

浪潮信息：服务器行业龙头

一、企业简介

浪潮电子信息产业股份有限公司（以下简称浪潮信息）是一家全球领先的 IT 基础设施产品、方案和服务提供商。浪潮信息积极探索各种新技术，公司研发的预测性维护模式，能够为客户提供数字化的设备运营管理和维护服务，使客户能够更好地进行数字决策。公司一直致力于推动智慧计算技术的创新和应用，加速数字决策和实际场景的相互融合，使企业经营更加高效。

二、数智化解决方案

1. 自动驾驶解决方案

浪潮信息联合生态伙伴，利用在算力基础设施、数据管理、数据标注和模型训练等方面的领先技术，为自动驾驶模型训练提供核心原动力。同时，还采用全栈集群方案，从数据采集、存储、处理到模型训练和仿真验证，实现高效搭建。这一解决方案的出现，解决了客户在算法、存储资源和软件易用性方面的问题。

（1）针对融合模型的平台优化。针对融合模型的平台优化是该方案的一个亮点。该方案集成了多个模型，通过智能融合算法对数据进行处理，最终实现更高的精度和更快的响应速度。这一平台的研发推广，可以大大提高自动驾驶模型的准确性和效率，使车辆在复杂的道路环境中具备更强的适应性和灵活性。

（2）强大的资源管理平台。该方案还具备强大的资源管理平台，可以实现对计算资源、存储资源和网络资源的全面监控和管理，保证自动驾驶系统的稳定运行。同时，该方案还采用预测性维护模式，通过对系统数据的分析和挖掘，预测系统可能出现的问题，以提前采取措施，保证系统的可靠性和稳定性。

（3）全球领先的异构计算架构。该方案采用全球领先的异构计算架构，能够充分利用不同类型的计算资源，实现最优的资源利用效率，提高自动驾驶模型的训练速度和精度。在这种架构下，数字决策可以更加高效地实现，进一步提高自动驾驶系统的智能化水平和实用性。

2. 工业互联网解决方案

工业互联网解决方案是针对现代工业生产的需求，为企业提供数字化转型的完整解决方案。该方案融合了浪潮信息边缘服务器的强大算力，采用"云—边—端"技术架构，实现数据的互联互通，对数据进行汇总、分析和处理，助力企业实现数据的精细化、高效化管理，并打造企业工业互联网一体化平台。

该方案提供了实时数据分析和可视化，使企业管理层和生产人员可以准确了解生产状况并做出精准的决策。通过数字化转型，企业能更好地适应市场变化和业务需求。该方案中的预测性维护模式，通过对生产设备的实时监测和数据分析，此提前预测设备故障，并进行预防性维护，以减少停机时间和生产成本。

3. 智慧校园存储解决方案

浪潮信息采用全闪存储支撑高校智慧校园云平台建设的方案，不仅从性能、容量、可靠性和扩展性等方面为虚拟化平台及关键业务应用提供了充足的存储支撑，还利用数字决策技术实现了智能化管理。针对多校区格局的特点，公司在多校区之间部署了双活存储建设方案。公司能够提前捕捉设备的潜在故障，以免由设备故障导致数据中心级别的故障，提高业务系统的连续性和稳定性。同时，浪潮信息通过数字决策技术对存储资源的使用情况进行精准监测和管理，进一步提高存储资源的利用率和效率，通过利旧整合客户原有存储，将原有存储作为备份存储，最大限度地保护用户的资源。

（1）高效的存储。在数字决策的指引下，为满足客户智慧校园云平台建设的需求，需要更高性能的存储设备，以实现各业务系统的高效访问和敏捷执行，这将为全校业务系统提供智能化、定制化的服务，并加速数字化转型的进程。

（2）系统高可靠性。在数字决策的框架下，为降低多存储系统的建设和运营成本，需要引入高效可靠的存储解决方案。数字决策能够帮助公司科学地制定存储方案，确保其满足未来的需求，并为校园数字化转型提供坚实的基础。

参考文献

[1] 浪潮信息：服务器龙头　受益 AI 蓝海 [J]. 股市动态分析，2023（3）：20-22.

[2] 孙杰贤. 浪潮信息的 AI 观: 算力与算法一个都不能少 [J]. 中国信息化, 2022 (8): 34-35.

[3] 金琳. 浪潮集团: 构建信息产业领域自立自强的自主创新体系 [J]. 上海国资, 2022 (6): 45-47.

二、智能供应链模式

1. 智能供应链模式的概念

智能供应链模式是指利用物联网、大数据、人工智能等新技术, 对传统供应链进行升级和转型, 建立起信息流、物流、资金流的一体化智能供应链网络, 实现供应链的全流程智能化、透明化和高效化。

从数字决策的角度来看, 智能供应链模式通过利用大数据分析和人工智能等技术, 将海量数据快速分析, 提取有价值的信息, 为供应链管理者提供决策支持和预测能力。这种数字化的决策过程不仅提高了供应链的运营效率, 降低了管理成本, 还能为企业提供更好的业务洞察, 发现潜在商机和优化方案（张帆和胡建华, 2023)[129]。

在智能供应链模式下, 数字决策包括如图 5-6 所示四个方面。

- 预测性分析
- 实时监控
- 数据驱动决策
- 自动化决策

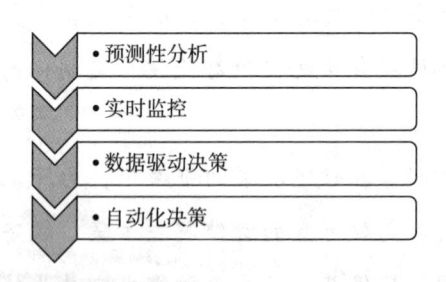

图 5-6　智能供应链模式下的数字决策

（1）预测性分析。通过分析历史数据、外部环境和市场趋势等因素, 预测未来的供需情况, 帮助企业做出更加准确的预测和规划。

（2）实时监控。通过对供应链各个环节的实时监控, 使发现和解决问题的速度更快,减少不必要的停滞和延误。

(3)数据驱动决策。利用大数据技术对供应链各环节的数据进行分析和挖掘,快速发现问题和机会,为决策提供全面的依据。

(4)自动化决策。运用人工智能技术,通过预设的算法和规则,实现供应链管理的自动化决策,加快决策的速度,并提高决策的准确性。

2. 智能供应链模式的特征

智能供应链模式具备三大特征,如图 5-7 所示。

供应链可视化

智能化预测

智能化协同

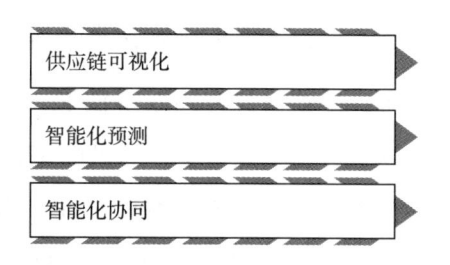

图 5-7　智能供应链模式的三大特征

(1)供应链可视化。供应链可视化指通过数字化技术将供应链各个环节的数据进行集成、分析和展示,以实现供应链全流程的可视化管理和优化。数字化技术可以帮助企业实现供应链各个环节的数据共享和信息透明,使企业在整个供应链中更加敏捷地做出决策。在数字决策下的智能供应链模式中,供应链可视化是其最基本的特征,同时也是实现智能化预测和智能化协同的前提。

供应链可视化需要基于大数据分析和可视化技术,把供应链各个环节的数据进行汇总。企业通过数字化技术,将供应链中的订单、库存、运输、生产等数据进行整合,形成一个全面的供应链数据中心。然后,把供应链数据呈现在决策者面前,使其快速了解供应链的运作情况,以实现更加敏捷的决策。

(2)智能化预测。智能化预测指企业利用数字化技术,对供应链中的数据进行挖掘和分析，以预测未来的供需情况，为企业的供应链管理提供决策支持，让企业更加准确地把握供应链的走向，提高供应链管理的效率和精度。

智能化预测需要建立在供应链可视化的基础之上，通过对供应链数据的深入分析和挖掘，预测未来的需求和供应情况。利用大数据分析技术，企业可以挖掘出更多的供应链数据，并对这些数据进行预测建模，以帮助企业预测未来的供需情况。

（3）智能化协同。智能化协同是智能供应链模式的另一个重要特征。在传统的供应链管理中，每个环节的管理往往都是独立的，各个环节之间的"信息孤岛"现象严重，导致信息传递效率低下，生产效率下降，成本增加。而智能化协同打破了这种信息壁垒，通过数字化技术将各个环节进行有效连接和协同，从而实现整个供应链的高效运作（陈金晓，2023）。

智能化协同的实现需要建立在供应链可视化和智能化预测的基础上。通过供应链可视化，各个环节的数据得以进行实时监测和分析，从而了解整个供应链的运作情况。在此基础上，智能化预测通过分析历史数据和预测算法，实现对未来供应链运作的预测，为协同决策提供依据。最终，智能化协同通过协同决策，实现整个供应链的优化运作，从而提高生产效率、降低成本、提升客户满意度。

在智能化协同方面，数字决策技术也提供了有力支持。例如，在供应链中应用智能化协同决策技术，通过实时数据分析和处理，实现快速响应和决策。此外，数字化技术还可以支持供应链中各个环节的协同，包括订单管理、库存管理、生产计划等。通过数字化技术，可以实现信息共享和协同，进一步提高供应链的效率和质量。

三、精细化营销模式

精细化营销模式指根据用户特征和需求，将市场细分为不同的群体，然后面向每个群体开展针对性的营销活动，以达到提高销售效率和客户满意度的目的。这种营销模式需要借助数字技术进行数据收集、分析和应用，以更好地了解客户需求和行为，同时也需要在营销策略、渠道管理和服务体验等方面进行不断优化。

作为数字决策模式，精细化营销模式通过挖掘和分析海量数据，对消费者进行深度画像和个性化推荐，实现营销决策的精细化。这种模式充分利用了数字化技术的优势，将营销策略精准地匹配到消费者的个性化需求上，从而提高营销效率和营销回报率，具有非常重要的意义（王玉玲，2021）。

1. 实现精细化营销的必要性

在现代社会中，数字化已经成为各行各业的重要组成部分，而精细化营销也在数字领域中变得越来越重要。那么，为什么要实现精细化营销？

（1）在数字时代下，信息的传播渠道越发多元化，数字化用户群体非常庞大，同时也非常分散。这就给企业在进行广告投放、产品推广等方面带来了很大的挑战。而进行精细化营销，企业运用数据分析和用户画像等手段，可以更加精准地锁定目标用户，从而提高广告投放的效果和产品推广的效率。

（2）数字化行业之间的竞争非常激烈，只有不断优化产品和服务质量，才能在市场中立于不败之地。精细化营销可以帮助企业更好地了解用户需求和使用情况，及时调整产品和服务，从而提高用户满意度和忠诚度。

（3）随着用户对个性化、定制化服务的需求不断增加，精细化营销也成为企业获取用户信任和提高用户体验的重要手段。通过了解用户的喜好、习惯等信息，企业可以为用户提供更加个性化、定制化的服务，从而增强用户的黏性和忠诚度。

总之，精细化营销已经成为数字化企业发展的必要手段，只有通过精细化营销，才能更好地满足用户需求，提高企业的竞争力和市场占有率。

2. 数精细化营销四步法

企业采用精细化营销模式进行数字决策时，通常需要按照以下四个步骤进行实施：

(1）企业运用数据分析等手段明确目标人群的数字特征，如年龄、性别、消费偏好等，可精准地进行数字决策，提高营销效果。

（2）企业需要制定数字营销策略。企业通过深入分析市场数据、竞争情况等因素，制定针对目标人群的产品定位、价值主张、市场推广等具体策略，可以更好地进行数字决策。

（3）企业需要将数字营销策略转化为具体的个性化推广活动，包括广告投放、社交媒体宣传、活动策划等。通过个性化推广，企业可以更好地吸引目标人群的注意，提高数字决策的效果。

（4）企业需要加强数字化的售后服务和管理，对消费者信息进行维护，帮助消费者解决问题，提高消费者的满意度和忠诚度，为未来的数字决策打下更好的基础。

3. 实现精细化营销的意义

当今消费者对产品和服务的需求和偏好变化迅速，而企业想要获取消费者的认可和忠诚度，必须为其提供个性化的服务和体验。因此，企业实现精细化营销模式将会是一种非常有意义的方式。

企业实现精细化营销模式能够为企业的数字决策带来以下几方面的意义，如图5-8所示。

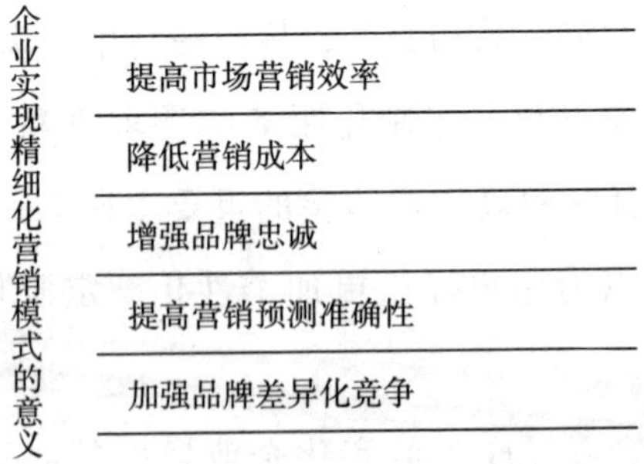

企业实现精细化营销模式的意义：
- 提高市场营销效率
- 降低营销成本
- 增强品牌忠诚
- 提高营销预测准确性
- 加强品牌差异化竞争

图5-8 企业实现精细化营销模式的意义

（1）提高市场营销效率。通过精细化营销，企业可以精确地了解目标客户的需求和喜好，并以此为基础制定营销策略，减少冗余的营销活动，提高市场营销效率。

（2）降低营销成本。采用精细化营销模式可以更加精准地投放广告和开展营销活动，降低了广告费用、营销成本等费用，节省企业的营销成本。

（3）增强品牌忠诚。实施精细化营销模式，企业能更多了解消费者的需求和喜好，提供个性化的产品和服务，增加消费者的满意度和忠诚度。有助于企业建立长期稳定的客户关系，提高品牌忠诚度。

（4）提高营销预测准确性。企业采用精细化营销模式，通过分析客户数据和行为，可以深入了解客户的购买意愿和购买力，对市场走势和客户需求有更准确的预测，从而制定有针对性的营销策略，提高营销预测准确性。

（5）加强品牌差异化竞争。企业采用精细化营销模式，能摸清竞争对手的营销策略和市场走势，并以此为基础制定更具差异化的营销策略，增强品牌的差异化竞争优势，增加市场份额。

第三节　数字决策实现路径

数字决策是实现数字化转型的核心。随着技术的不断发展，数字决策的路径也越来越广泛，涉及各个层面、各个环节。无论是在数字化转型升级过程中还是平台媒介去中心化，抑或是通过消费决策与生产决策的协同提高生产效率，数字决策都成为企业取得成功的重要途径之一。

一、数字化转型升级

1. 数字化转型升级的概念

企业数字化转型升级作为一个新兴的理念，行业内对其有不同的理解与定义。企业数字化转型升级作为"传统"与"新兴"的一次深度碰撞，是促进企业快速转型、增加企业效益的新模式。

综合理论研究成果，企业数字化转型升级是以数据为基础生产要素，合理运用各类算法实现数字决策的一大决策路径。通过这一决策路径，企业能够将前沿技术与业务深度融合，提升数字化运营效率，并加强生产经营全流程的赋能，优化资源和资产配置。在数字化转型升级的浪潮中，企业还应采用精确匹配战略和数字化转型升级方式，做出有效的顶层设计，为后续技术方案的选择和实施打下基础（伍嘉华，2023）。

2. 数字化转型升级的目的

企业在进行数字化转型升级时，存在较强的目标导向，这些目标可以简要概括为以下三个，如图5-9所示。

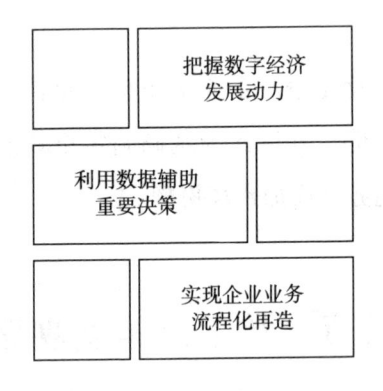

图5-9　企业进行数字化转型升级的三个目标

（1）把握数字经济发展动力。随着人工智能、大数据、云计算和区块链等新兴技术的兴起，企业拥有了一个广阔的未来发展蓝图。这些数字技术为企业转型升级提供了关键的途径，通过利用这些技术可以提高企业的效率、增强企业的能力并获取更多的利润，帮助企业明确发展的重要方向，为其提供弯道超车的机遇。

（2）利用数据辅助重要决策。企业通过"数据+算法"的赋能，逐步将传统的"经验决策"转化为更科学的"数据决策"，通过运用大数据分析手段对企业数据资源进行挖掘和分析，形成决策建议与实施方案。

（3）实现企业业务流程化再造。企业流程化再造的首要目标是打造业务的数字化发展潜力，从全方位、全角度、全链条出发，对企业进行改造。

通过流程化再造，企业可以实现数字化转型，推动企业上下游实现高效的产业联动，在数字协同的指引下不断扩大价值创造，构建崭新的数字产业链，加速管理升级（李姣姣，2022）。

3. 数字化转型升级的核心要义

（1）积极转变企业的决策思维模式。要夯实数字化转型升级的基础，企业需要构建数字化思维模式。企业通过数字化思维，拓展数字决策的深度和广度，推进组织的扁平化建设，完善经营流程，实现数字化技术与决策管理的有效结合，使经营模式更加科学、高效。

随着技术创新的驱动，企业数字化发展正在经历重新定义。过去，企业数字化改造更多关注内部流程的数字化转型，以提高企业内部效率和降低成本为目的。如今，数字化发展已经演变成以用户为中心的思维方式，并且以技术创新作为连接纽带，打通企业内部，激活企业的数字化价值。

（2）构建业务到数据的理解闭环。"数据为王，业务是核心"，是企业数字化转型升级的重点。数据分析能力固然重要，但业务理解能力也同样不容忽视。因此，在企业数据化转型升级的过程中，数据管理和数据分析人员都要懂业务，理解数据对业务的价值，以更好地推动企业数字化转型升级。

数据源自业务并服务于业务，因此管理层在进行决策时，需要具备对数据的理解和运用能力。只有清楚地认识到数据对业务的重要性，才能够更好地运用数据支持业务决策。为此，管理层首先要理解数据的标准，按照标准输入数据，保障规范性，并确保输出数据结果的准确性；其次要培养识别业务数据真实性的能力，判断数据质量的优劣，提供必要的改进建议，以改善数据质量，更好地运用数据支持业务决策，从而实现企业的高质量发展。

（3）提升技术理解与使用能力。企业从技术层面赋能，打造数字化能力，提升企业运营效率。在数字技术的冲击下，企业的相关运营迎来了颠覆性改变。数字工业时代要求企业掌握数字技术，具备数字决策能力，从而在数字化转型升级中快速反应、决策和执行。在当前数字化转型升级的浪潮中，企业需要全面实现数字化，将数据资源转化为数据资产，并作为数字决策的重要依据。这种数字决策为企业的产品、技术、服务和商业模式的数字化转型提供了支撑，帮助企业实现客户价值的数字化决策。

> 专栏 5-3

中兴通讯：全球领先通信服务商

一、企业简介

中兴通讯股份有限公司（以下简称中兴通讯）创立于1985年，是全球领先的综合通信与信息技术解决方案提供商，为全球超过1/4的人口提供服务。为了实现更加智能化、高效化的运营管理，中兴通讯积极推进数字化转型升级，将数字决策作为战略优先考虑的因素之一。通过数字化转型升级，中兴通讯与客户之间的合作愈加紧密，帮助客户实现业务目标，推动数字化经济的发展。

二、数字服务

1. 数字化网络部署

随着数字化时代的到来，通信网络部署也面临着数字化、智能化的转型。中兴通讯数字化网络部门通过数字决策，提供了数字化网络部署综合方案，该方案由iEPMS数字化平台、端到端智能交付工具和智能运维组成，为运营商带来极简网络部署和极致用户体验，并且该方案在数字化转型升级方面起到了至关重要的作用。

（1）开放性。该方案支持灵活定制集成，可与不同客户系统实现不同内容模块的快速对接，实现跨公司业务高效协同，帮助运营商根据自己的需要进行自由定制，更好地满足用户的需求。

（2）智能化。中兴通讯构建了贯穿规划、开通、优化、维护所有环节的端到端智能化工具体系，能够对网络进行全方位的管理，自动化地执行一系列操作，使网络管理更加高效、便捷。

（3）数字化。通过数字化平台和工具，该方案实现了极简部署与极致体验，助力运营商数字化转型升级。数字化平台和工具使网络部署过程更加简单快捷，用户体验更加出色，市场竞争力更加凸显。

2. 数字化运营

中兴通讯推出了一款基于数智融合的中台系统的 AIVO 数字化运营方案，为运营商的全业务场景及流程提供了赋能。该方案的设计初衷是快速孵化智能化应用，实现数字化价值运营，并构建千行百业的数字生态。同时，该方案还融合了数字决策的概念，通过数据驱动的决策流程帮助企业进行更加精准的决策。

（1）智能开放。采用大数据和 AI 融合平台，形成统一的数智化能力。通过贯彻 AIVO 数字化运营方案，实现快速定制化开发，打造智能应用数据服务，帮助企业实现数字化转型升级。

（2）全域采集。该方案具备业界最高性能和最优准确率。通过该功能，用户可以获得更加准确的业务数据，从而提高决策精度。此外，全域采集还支持加密业务识别，准确率高达 95%，极大地增强了数据的安全性。

（3）端到端感知。用户可以全面地了解业务运营情况，实现精准的问题识别及定位。这一功能不仅能提高决策效率，减少问题排查时间，还可以提升企业运营效率。

3. 数智中台

VMAX 数智中台是中兴通讯自主研发的一站式大数据经营平台。该平台基于大数据、人工智能、低代码等技术，为运营商提供数字化转型升级所需的全产业链服务。同时，还提供数字决策支持，以帮助合作伙伴实现更高效的经营决策。

（1）内增效。VMAX 数智中台通过深度学习和自动化算法，能够提供准确、实时的数字决策支持，帮助运营商迅速做出正确的商业决策，提高内部效率。

（2）促生态。VMAX 数智中台还能促进生态的发展。通过与合作伙伴共享数据和知识，VMAX 数智中台能够为整个生态系统带来更多的价值。此外，VMAX 数智中台还提供了一系列开放的 API，可以与第三方应用程序进行集成，从而进一步扩展其应用范围。

（3）外增值。在数字化转型升级的过程中，VMAX 数智中台还能为运营商提供外部增值。作为一个全产业链服务，可以帮助运营商更好地了解客户需求，优化产品和服务，提高客户满意度。此外，VMAX 数智中台还能够提供数据驱动的运营模式，帮助运营商实现更高的营收和利润。

参考文献

[1] 孟圆. 中兴通讯发力"东数西算"筑路数字经济 [J]. 国资报告，2022（11）：104-107.

[2] 刁兴玲. 中兴通讯打造绿色低碳 5G 网络构建数字经济"林荫路" [J]. 通信世界，2022（13）：35-36.

[3] 康超. 中兴通讯：加快科技创新发力金融市场 [J]. 中国金融电脑，2021（11）：90-91.

二、消费决策=生产决策

1. 消费决策与生产决策的概念

生产决策和消费决策，通常指在生产和消费过程中需要做的各种决策，这些决策可以是战略性的、战术性的或操作性的。

生产决策指企业在生产过程中所做的各种决策，包括产品设计、生产流程设计、设备选型、生产计划制订等，以实现最大效益、最高质量和最低成本的目标。生产决策的好坏直接影响企业的生产效率、成本控制和市场竞争力。

消费决策指个人或组织在购买商品或服务时所做的各种决策，包括产品选择、购买渠道选择、价格接受度等。消费决策的好坏直接影响了消费者的满意度和忠诚度，同时也对企业的市场定位和销售策略产生了重要影响。

在数字决策下，生产决策和消费决策都可以借助数据和技术手段进行优化和改进，以提高效率、降低成本、提升品质和增加收益。数字决策强调数据的采集、分析、应用和决策，为生产和消费决策提供更准确的数据支持和更智能的决策辅助，以实现生产与消费的无缝衔接和互相促进。

2. 消费决策与生产决策的共同点

在数字决策的前提下，生产决策和消费决策的共同点在于两者都需要依靠数据做出决策，以实现效率和效益的最大化。

（1）生产决策和消费决策需要对数据进行收集和分析。生产决策收集的是来自供应链、生产线等各个环节的数据，以便优化生产计划、提高生产效率、减少资源浪费等。而消费决策收集的是消费者的购买记录、偏好、行为等数据，以便更好地了解市场需求、制定销售策略、提高销售效率等（胡文婷和王凤莲，2022）。

（2）生产决策和消费决策需要运用先进的技术和算法分析和应用数据。例如，在生产决策中，利用人工智能、机器学习等技术，对生产数据进行模型预测、优化调整等操作；在消费决策中，利用数据挖掘、推荐系统等技术，对消费者数据进行分析，实现个性化推荐、精准营销等目的（Weissmann Marc Arul and Hock Rodney Lim Thiam，2022）。

（3）生产决策和消费决策都要进行快速决策，以应对市场变化和竞争压力。数字决策使数据的获取和分析更加快捷高效，可以实现实时决策，提高企业的应变能力和市场竞争力。

因此，生产决策和消费决策在数字决策下的共同点是依赖数据、运用技术、快速决策。通过充分利用数据，运用先进技术和算法，企业可以在生产和消费环节中实现更高效、更精准的决策。

3. 如何实现生产决策和消费决策的协同

在数字决策背景下，实现生产决策和消费决策的协同需要朝以下几个方向努力，如图5-10所示。

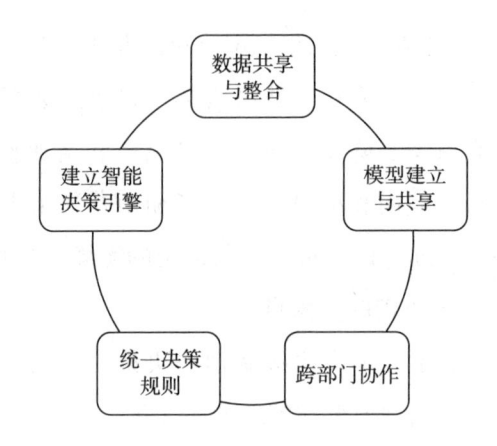

图 5-10 生产与消费决策协同的努力方向

（1）数据共享与整合。生产决策和消费决策所依据的数据源可能来自不同的系统和业务部门，因此需要将这些数据进行整合和共享，并建立一个数字化的数据中心，以集成所有数据来源，实现数据标准化和数据质量控制，为生产决策和消费决策提供准确、一致的数据基础。

（2）模型构建与共享。基于数据共享与整合，通过机器学习、数据挖掘等技术构建生产决策和消费决策的共同模型。共同模型的构建可以将生产决策和消费决策中的数据结构、特征及预测模型进行协同建模，以提高模型的精度和预测能力。

（3）跨部门协作。实现生产决策和消费决策的协同需要跨越不同的业务部门和领域，此时要建立跨部门协作机制。通过搭建协同平台，使不同的业务部门能够在同一个平台上协同工作，实现更好的业务流程和信息共享。

（4）统一决策规则。生产决策和消费决策之间有许多相互关联的因素，如市场需求、生产能力、物料供应等。在数字决策的背景下，需要建立统一的决策规则，以保证决策的一致性和准确性，并且合理运用标准化的决策指标和决策流程，使不同的决策者在做出决策时可以遵循同样的规则和标准。

（5）建立智能决策引擎。为了实现生产决策和消费决策的协同，需要建立一个智能决策引擎，以支持复杂的决策分析和优化。智能决策引擎通过机器学习、数据挖掘等技术实现自动化决策，并提供可视化的结果展示和决策建议，以帮助决策者做出更加明智的决策。

三、平台媒介去中心化

1. 何为平台媒介去中心化

平台媒介和去中心化是一种新型的商业模式，这种模式基于数字技术的发展，为商业交易提供了一种创新的方式。

平台媒介指提供服务的平台，这个不仅是一个物理空间，还是一个虚拟场景，该场景可以承载大量的交易和商业活动。在平台媒介上，买卖双方通过数字化的方式完成交易，使商业活动更加高效、灵活和便捷。如民众经常接触到的电商平台，是典型的平台媒介。

去中心化指不再由中心化的控制机构管理交易，而是通过分布式的方式，让所有参与者都能够平等地参与交易和管理。去中心化可以解决传统中心化模式下可能出现的瓶颈、不透明、低效等问题。

以数字决策为核心，平台媒介去中心化可以被视为一种实现路径。这种路径的基本思想是将数字技术与商业模式相结合，构建一个去中心化的平台媒介，以实现更加高效、灵活、便捷和可持续的商业交易（苏华，2022）。

2. 平台媒介去中心化的特征

作为数字决策的一大实现路径，平台媒介去中心化的特征如图 5-11 所示。

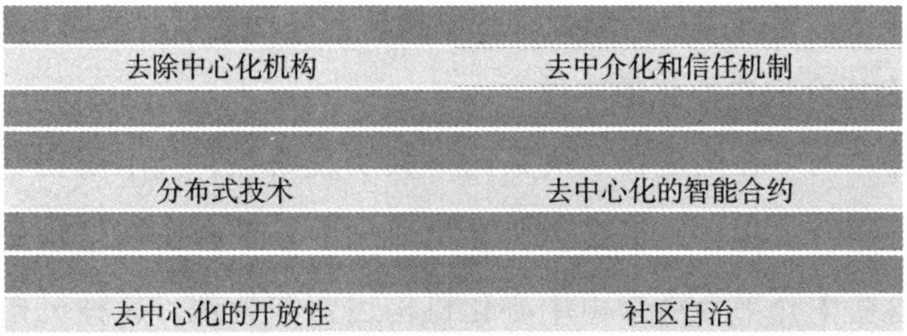

去除中心化机构	去中介化和信任机制
分布式技术	去中心化的智能合约
去中心化的开放性	社区自治

图 5-11　平台媒介去中心化的特征

（1）去除中心化机构。平台媒介去中心化的主要特征是去除中心化机构，如银行、政府等机构的参与，从而实现去中介化和降低交易成本，这种去中心化的结构可以使数字决策更高效和透明。

（2）去中介化和信任机制。去中介化和信任机制是平台媒介去中心化的基础。通过采用区块链技术，去中介化的方式能够实现交易双方的直接沟通，去除中间环节，减少交易成本。同时，采用信任机制可以保证交易的安全性和可靠性，如通过加密技术实现数据保护，确保交易双方的隐私和安全。

（3）分布式技术。平台媒介去中心化需要采用分布式技术，将数据存储和处理分散在网络的多个节点上，实现高效、可靠的数据传输和存储，同时减少了单点故障的风险，保证了系统的稳定性。

（4）去中心化的智能合约。智能合约是平台媒介去中心化的关键技术之一，可以实现无须中心化机构的自动化合约执行，降低交易成本和提高效率。智能合约可以在交易发生时自动执行程序，并根据预设规则和条件执行相应的操作，确保合约的执行和交易的安全性（韩云杰，2020）。

（5）去中心化的开放性。平台媒介去中心化的开放性指平台上的服务和应用可以被第三方开发者进行开发和集成，而不仅仅限于平台自身的开发。这种开放性促进了创新和竞争，提高了平台的稳定性和可靠性，也减少了单点故障的风险。

（6）社区自治。平台媒介去中心化的社区自治指平台的用户和参与者通过共同决策和治理实现平台的自主管理和发展，保证平台的公平性、透明度和可靠性，提高用户的参与度和忠诚度，促进平台的发展和壮大。

3. 平台媒介去中心化的本质

平台媒介去中心化是数字决策的一大实现路径，其本质在于实现信息共享和资源整合。过去，很多企业都是通过中介平台实现信息交流和资源整合的，这些中介平台通常由中心化机构运营和管理，这种机构的存在会导致信息和资源的集中，也会带来一些不稳定性和信任问题。因此，通过平台媒介去中心化，可以有效地解决这些问题。

平台媒介去中心化的逻辑在于利用技术手段，如区块链和智能合约等，建立去中心化的平台媒介，实现信息和资源的分散化。因此，去中心化的平台媒介能更好地满足用户的需求，并提供更加灵活、高效、可靠的服务。

此外，平台媒介去中心化还能够提高交易的透明度和安全性。通过区块链等技术，所有的交易记录都可以公开记录，实现了交易数据的透明化，确保了交易的可靠性和安全性。

总之，平台媒介去中心化是企业数字决策的一种新模式，体现了信息和资源的分散化、提高了交易的透明度和安全性，能够让企业更好地满足用户的需求，也有利于推动数字决策的发展。

第四节　数字决策实施策略

数智化正在深刻影响着企业的发展和决策，随着技术的发展和数据量的增加，越来越多的企业意识到数字决策的重要性，采取了多元化、复杂化的实施策略来应对挑战。同时，数智化的影响也不断深入企业的各个层面，推动着企业的数字化转型和决策升级。在这种局面下，企业需要不断地探索和创新数字决策模式，以应对未来的挑战和机遇。

一、数据应用：大数据决策

大数据决策是一种以大数据技术为主要驱动的决策方式。如今，数据已经逐渐成为人们获取对事物和问题深层次认知的重要决策资源，特别在人工智能技术与大数据的深度融合下，大数据技术成为复杂决策建模和分析的强有力工具。人们日常生活中大数据的身影越发普遍，基于大数据的决策方式将形成其固有的特性和潜在的趋势。因此，可以将其一并归纳为大数据决策的特性，如图5-12所示。

图 5-12　大数据决策的特性

（1）大数据决策的动态特性。大数据是对事物客观表象和演化规律的抽象表达，特点是动态性和增量性，因此大数据能够持续反映事物的状态变化，这就为决策提供了有力的支撑。在决策过程中，每个步骤会对事物的发展产生影响，而这些影响都会由大数据表现出来。因此，需要采用面向大数据的增量式学习方法，才能实现知识的动态演化与有效积累，并将反馈信息及时应用到决策执行中。

由于数据的海量和高速增长，大数据决策的动态特性决定了问题的求解过程应该是一个集描述、预测、引导于一体的迭代过程（黎增龙，2021）。为保证决策的准确性和实时性，大数据决策过程必须形成一个完整的、闭环的、动态的体系结构。即决策模型将是一种具备实时反馈的闭环模型。在此模型中，数据的不断更新和分析结果的实时反馈将持续引导决策模式的调整和优化，实现对决策问题的渐进式求解。

（2）大数据决策的全局特性。在信息开放和交互的大数据时代，大数据的跨视角、跨媒介、跨行业等多源特性创造了信息的交叉、互补和综合运用的条件，促使人们进一步提升问题求解的关联意识和全局意识，实现全局决策优化和多目标任务协同。在大数据环境下，决策分析将会注重更多方面，如数据的全方位与一体化、生产流程的系统完整性、业务大小环节中的交互性、多目标问题中的协同性等。

大数据决策实际上是把数据采集和聚合、模式和规律认知、基于知识的决策和执行过程有机地统一起来。因此，从大数据到决策主要需要经历三个阶段：第一阶段，研究和分析主题的定义。要明确分析和决策的问题、主题、目的或者假设具体是什么。第二阶段，数据的采集和聚合。要弄清楚有没有数据可供分析，如果没有数据，则需要收集数据（如实验、埋点、第三方数据接入），如果有数据，要知道数据在哪里，怎么整合起来。数据的积累和优化、整合是一个长期过程，该阶段对数据质量的评估是重中之重，如果数据本身存在问题，那么再科学的分析也会与实际不符。第三个阶段：分析和挖掘。要运用自己从数据到知识的想象力，使用各种统计学、机器学习、因果推断、数据可视化等工具和方法，从数据中挖掘规律，建立认知，进而产生知识。

二、数字技术应用："技术+中台+场景"

1."技术+中台+场景"的优势

当今的数字决策实施面临着各种不确定性和变化性，而"技术+中台+场景"的结合可以帮助企业应对这些挑战，从而更好地实现决策实施，其优势主要体现在以下三个方面，如图5-13所示。

技术的应用使决策更加科学化和精准化

中台的建设使决策更加协同化和一体化

场景的运用使决策更加适应化和灵活化

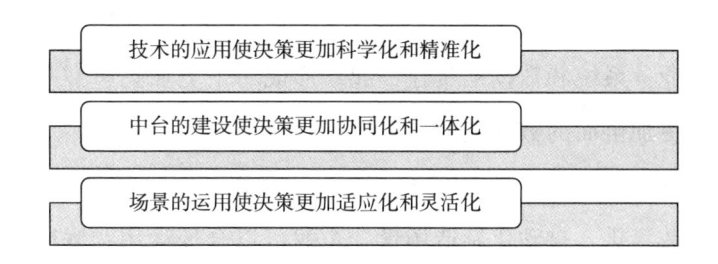

图5-13　"技术+中台+场景"的优势

（1）技术的应用使决策更加科学化和精准化。技术可以帮助企业通过数据采集、处理、分析等手段，快速获取大量的信息并进行精准预测和决策，实现决策的科学化和精准化。此外，技术的自动化能够降低人工干预的成本，提高决策的效率和准确度。

（2）中台的建设使决策更加协同化和一体化。中台是企业数字化转型的重要组成部分，可以帮助企业构建统一的数据和信息架构，实现各个业务系统之间的数据共享和协同,使决策达到协同化和一体化。通过中台的建设,企业可以实现决策的协同决策,降低决策的沟通成本,提高决策的一致性和效率。

(3)场景的运用使决策更加适应化和灵活化。场景指企业所处的环境、情境和背景等因素,通过充分考虑场景因素,可使决策更加适应化和灵活化。

总之,企业采用"技术+中台+场景"结合的数字技术,可以进行数字化决策,提高决策的科学性、精准性、协同性、一体性、适应性和灵活性,更好地应对各种挑战和变化,增长业务和创造价值。

2. "技术+中台+场景"的实际应用场景

技术、中台和场景的结合是数字决策实时策略的一项重要实现路径。具体来说,"技术+中台+场景"可以应用于以下场景:

(1)智能零售场景。在零售行业中,"技术+中台+场景"的组合可以帮助企业构建智慧零售场景。通过数据分析和人工智能算法,企业可以了解消费者的需求和行为,实现个性化营销和产品推荐。同时,中台将企业内部的各个业务系统和数据汇集在一起,形成一个更加完整和一致的视图,为决策提供更加全面的数据支持。

(2)智能制造场景。在制造行业中,"技术+中台+场景"的结合能够让企业打造数字化、自动化制造场景。企业可以合理运用物联网、大数据、云计算等技术,实时监测生产过程中的各项数据指标,通过中台进行整合和分析,实现生产过程的优化并提高生产效率。同时,有效管理供应链,协调各个环节之间的关系,提高整体的生产效率和产品质量。

(3)智能物流场景。在物流行业中,"技术+中台+场景"的结合是企业构建全流程、一体化物流场景的有效助力。企业借助数字化手段实现对物流过程的实时监测和管理,通过中台进行数据整合和分析,实现物流效率的提高和成本的降低,以及对物流过程的可视化管理,提高对物流环节的掌控能力,为决策提供更加全面的支持。

3. "技术+中台+场景"的实践要点

将"技术+中台+场景"应用于数字决策实践时,企业应当注意以下实践要点:

(1)技术选择。在技术选择上,应考虑数据质量、数据处理能力、算法的准确性等因素,选择适合特定场景的技术。例如,在需求预测方面,采用基于机器学习的算法,包括神经网络、决策树等,以便更好地预测需求。

(2)数据收集和整合。在决策实践过程中,数据收集和整合非常关键。不同来源的数据需要经过预处理、清洗和整合才能用于决策分析。因此,中台应该能够整合与管理不同来源的数据,确保数据的一致性和准确性。

(3)场景建模。基于不同场景的不同特点,需要对场景进行建模,以便进行更准确的决策。例如,在物流管理领域建立城市配送模型、跨境物流模型等不同的物流场景模型(徐刚,2017)。

(4)实时响应。在实时决策方面,要确保技术和中台的响应足够迅速,并能在时间关键场景下快速处理数据和生成决策。

(5)迭代优化。数字决策的实践是一个不断迭代和优化的过程。在应用"技术+中台+场景"时,需要不断评估决策的效果,有针对性地进行优化,以满足业务需求和用户需求。

在数字决策实践中,技术、中台和场景的结合应该是紧密联系的,这样才能实现更高效、更准确、更智能的决策过程。

• 专栏 5-4 •

景嘉微:国产 GPU 龙头

一、企业简介

长沙景嘉微电子股份有限公司(以下简称景嘉微)成立于 2006 年,是一家致力于信息探测、处理与传递领域的技术和综合应用企业。作为一家以数字技术应用为主要手段的企业，景嘉微通过数字决策为客户提供高可靠、高品质的解决方案、产品和配套服务。公司的产品线涉及集成电路设计、信号处理、计算与存储产品、宽带自组网、电磁频谱应用系统等领域。在数字化转型的大趋势下，景嘉微不断探索数字技术应用的前沿，为客户提供更加优质的解决方案。

二、数字技术应用

1. 集成电路

景嘉微掌握了芯片底层逻辑或物理设计、超大规模电路集成验证、模拟接口设计、GPU驱动程序设计等关键技术，推动了数字决策的发展。同时，景嘉微还注重技术、中台和场景的有机结合，通过不断优化GPU体系结构、可复用模块设计、低功耗设计等，积累了深厚的技术积累，提升了数字化决策的效率和准确度。先后研制成功JM5系列、JM7系列、JM9系列等具有自主知识产权的高性能GPU芯片，为数字决策技术的突破发展做出了突出的贡献。

2. 信号处理

景嘉微专注于显示控制和信号处理领域的研究，致力于提供技术领先的软硬件全国产化解决方案，通过中台技术的应用，为不同场景下的客户提供个性化的定制服务。公司拥有低速高精度信号采集、中高速信号采集、数字信号处理等系列产品，同时在技术研发上持续创新，构建了高带宽、低时延、极低噪声等领先业界的性能优势，使其产品在航空、航天、航海、车载、工控等恶劣工作环境下得到广泛应用。

3. 计算与存储

景嘉微专注于高性能、高可靠的计算和存储技术的研究与开发。在数字决策的引领下，公司以"技术+中台+场景"为核心理念，通过自主GPU的通用计算应用中间件和信号处理算法库的掌控，以云与AI、超融合技术为牵引，不断推进固态存储模块、GPU 模块、计算或记录模块、计算或存储服务器及计算存储超融合系统等全系列产品的打造，以满足数字决策时代对于高效数据记录、任务数据记录与处理、数据分析处理、高性能嵌入式计算、综合显示控制系统、GIS 应用系统、信号采集处理、数字孪生等领域的需求。

4. 宽带自组网

为满足数字决策时代下有人编队组网、无人编队组网、编队协同组网以及各类平台远距离高速数据传输的需求，景嘉微不断探索创新，积累了具有自主知识产权的通信技术成果，采用"技术+中台+场景"的综合方案，研制出系列化的抗干扰自组网通信产品，以适应各类型的飞行器、车辆、船舶等设备，这些产品能够满足数字化决策下的快速、高效、安全的数据传输需求。

5. 电磁频谱

景嘉微致力于满足复杂电磁环境构建的需求，通过引入数字决策，打破了信号高灵敏度侦察、高精度测向、灵巧干扰等关键技术方面的瓶颈。景嘉微研制了一系列整机、系统和配套应用软件等产品，这些产品可以模拟真实场景下的复杂电磁环境，并提供"技术+中台+场景"的解决方案。其中，主要产品涵盖了背负式、吸附式、搬移式、车载式、固定式等不同形态的干扰设备，通信信号环境模拟设备，智能报务训练设备，无线报话模拟训练系统和训练评估综合采集设备等。以上这些产品为客户提供了高度可定制的解决方案，支持数字决策和多种场景模拟。

参考文献

[1] 张泽玉. 飞腾 1500A+景嘉微 7200+银河麒麟下应用软件的开发 [J]. 电子技术与软件工程，2021（16）：51-52.

[2] 孙锦乔. 景嘉微有望引领 GPU 国产化"芯"时代吗？[J]. 现代经济信息，2020（1）：160-162.

三、数字化模式创新：完整生态闭环

目前，企业想要在竞争激烈的市场环境中保持自己的实力，进行数字化模式创新是非常必要的。在数字化模式创新下，一个完整的生态闭环能够为企业带来巨大的商业价值。

生态闭环是指在数字化模式下，通过各种数字技术手段，建立一整套由用户、供应商、平台、渠道等参与者构成的生态系统，使这些参与者之间的关系更加紧密，从而实现商业价值的最大化。

从数字决策的角度来看，一个完整的生态闭环应该包含以下五个方面，如图5-14所示。

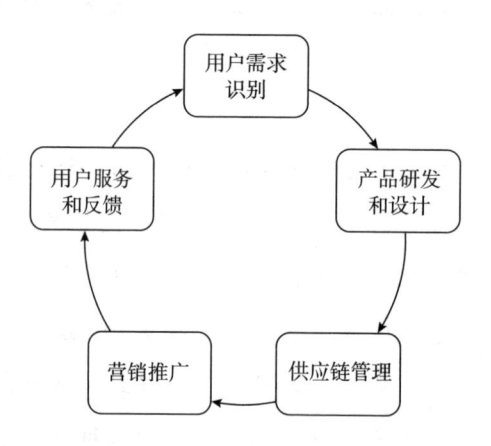

图 5-14 完整生态闭环包含的五个方面

（1）用户需求识别。生态闭环中的第一步是识别用户的需求，通过大数据、人工智能等技术手段了解用户的需求和行为，为企业提供更高质量的产品和服务。

（2）产品研发和设计。根据用户需求的识别结果，企业开展相应的产品研发和设计工作，包括产品功能的设计、技术的选型、用户体验等，以满足用户的需求。

（3）供应链管理。在生态闭环中，供应商是一个非常重要的参与者。

通过数字化手段，企业建立完整的供应链管理体系，实现供应链各环节的优化和协同。

（4）营销推广。企业通过多种渠道进行营销推广，如社交媒体、搜索引擎等，将产品和服务向更多的用户推广。

（5）用户服务和反馈。在数字化模式下，用户服务和反馈也是非常重要的环节。通过数字化手段，企业可以及时地获取用户的反馈和建议，从而对产品和服务进行改进和优化。

完整的生态闭环在数字决策中的作用不言而喻，具体来说，完整的生态闭环能够有力地支撑企业进行数字决策策略的实施，如图5-15所示。

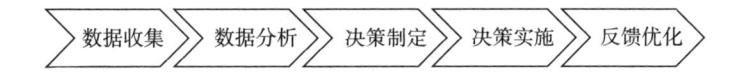

数据收集 》 数据分析 》 决策制定 》 决策实施 》 反馈优化

图5-15　完整生态闭环在数字决策中的作用

（1）数据收集。生态闭环中的各个环节都会产生数据，包括用户行为、业务流程、设备传感器等，都可以作为企业决策的参考依据，帮助企业更好地理解市场和用户需求，制定更精准的决策。

（2）数据分析。通过各种方式进行分析和挖掘生态闭环中的数据，如使用机器学习算法、数据挖掘技术等，使企业深入了解市场和用户行为规律，提升对市场的洞察力和预判能力。

（3）决策制定。生态闭环可以为企业提供完整的数据支持和决策参考，帮助企业制定更加科学、有效的决策方案，同时也可以通过多种方式（如专家系统、决策树等）对数据进行分析和推理，提升决策制定的精准度和效率。

（4）决策实施。生态闭环中的各个环节都可以通过数字技术实现自动化、智能化，提升企业决策实施的效率和精准度，如利用数字化技术实现自动化生产、智能化物流等。

（5）反馈优化。生态闭环可以为企业提供反馈和优化机制，帮助企业及时调整决策,提升决策的效果和成果,形成一个良性的决策闭环,不断优化、提升企业的运营效率和竞争力。

在数字决策中,生态闭环对企业的战略导向是非常积极的。一方面,生态闭环可以帮助企业构建全面的数字化解决方案,提高决策的准确性和效率,进一步加强企业的数字化转型和智能化升级;另一方面,生态闭环还能够助力企业实现战略规划的有机衔接,完成战略的全面升级和转型,使企业在数字化时代的激烈竞争中处于领先地位(朱恒彬,2019)。

四、数据思维培育

在当今信息化时代下,数据已经成为企业最重要的资产之一,越来越多的企业开始将数据作为战略资源进行管理和决策。在这一背景下,培养企业的数据思维显得尤为重要。数据思维可以让企业的决策者敏锐地感知数据,将数据融入决策过程,使决策更加科学、合理,从而提高决策的准确性和效率。此外,数据思维还可以帮助企业掌握市场动态,发现新的机会和挑战,为企业的发展提供有力的支持。因此,数字决策的数据思维已经成为企业不可或缺的核心竞争力之一。

1. 不同角度下的数据思维培养

企业可以分别从企业自身层面、管理层面、员工层面进行数据思维的培养,如图 5-16 所示。

● 企业层面　　　● 管理层面　　　● 员工层面
建立数据文化和　　打造数据驱动决策　　提高数据素养和
数据驱动思维　　　的组织架构和流程　　数据分析能力

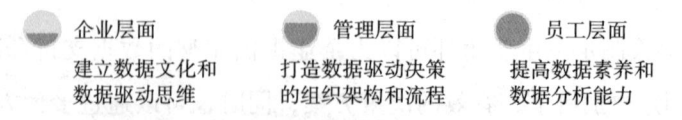

图 5-16　企业进行数据思维培养的三个层面

(1)企业层面:建立数据文化和数据驱动思维。要建立一个数据文化,让所有员工了解和理解数据的重要性,将数据作为企业决策和运营的核心因素。同时,要将数据驱动思维贯穿到企业的决策过程中,即将数据视为决策的重要依据和决策支撑。

（2）管理层面：打造数据驱动决策的组织架构和流程。要打造一个能够支持数据驱动决策的组织架构和流程，即要设立专门的数据分析部门或职位，将数据分析纳入企业的决策过程，制定数据分析的标准和流程，以确保数据分析的质量和可信度。此外，还要为员工提供相关的培训和资源，帮助他们了解和掌握数据分析的技能和工具。

（3）员工层面：提高数据素养和数据分析能力。要提高其数据素养和数据分析能力。这就要求企业提供培训和支持，以帮助员工掌握数据的采集、分析、解释和应用等方面的技能。此外，还要建立一个共享和协作的数据平台，以帮助员工更好地理解和利用数据，并且支持数据驱动决策。

综上所述，企业需要在各个层面积极推动数据思维的培养，从建立数据文化，打造数据驱动决策的组织架构和流程，提高员工的数据素养和数据分析能力等方面入手，以实现数字化转型的目标，并且更好地应对市场和业务挑战（陶晓环，2019）。

2. 数据思维的落实方式

（1）提升数据定义能力。首先，提高数据质量。企业要加强数据管理，建立数据质量控制体系，确保数据的准确性、完整性和一致性。同时，对于不同的业务需求，企业需要定义不同的数据类型和数据结构，保证数据的规范化和标准化。其次，完成更多事物的"数字化"。企业要将业务过程中涉及的各类信息、数据、知识等进行数字化，并建立数字化档案库。这样不仅提高了数据利用效率，还帮助了企业进行更加深入的数据分析和挖掘。最后，提高资源利用效率。企业要通过数字化手段，对资源进行充分利用，提高资源利用效率。

（2）提升数据建模技能。首先，企业要学会建立事物之间的边界。为了建立准确、完整、可靠的数据模型，企业要识别事物之间的关系和边界，将事物进行分类和归纳，建立相应的数据模型。其次，企业要学会结合业务流程看待数据的定义。由于业务流程和数据之间存在着密切的关系。因此，企业要在建立数据模型的过程中，结合业务流程对数据进行定义和描述，确保数据模型能够充分反映业务需求。最后，企业要学会动态地看待数据。不断更新和完善数据模型，保证数据模型的准确性和实时性。

篇末案例

英飞拓：数智化建设标杆

一、企业简介

深圳英飞拓科技股份有限公司（以下简称英飞拓）成立于2000年，于2010年在深交所A股上市。英飞拓是新型智慧解决方案提供、建设和运营服务商，经营智慧园区、数字营销等业务，提供物联中台、数据中台、AI中台，以及规划设计、系统集成、运维、运营等产品和服务，是国内一流的数字经济建设与运营服务商。

二、企业数字解决方案

1. 社会资源联网共享平台，支撑数字决策

英飞拓的视频资源联网共享平台提供的是一项应对社会资源共享建设需求的解决方案，该平台提供集成、开放的视频监控系统解决方案，旨在通过数字化技术，实现资源的统一管理和共享，进而辅助数字化决策的实施。该平台支持使用多种协议进行接入，包括国际标准及扩展协议、模拟矩阵控制协议、行业平台内部协议，这些协议的使用可以快速方便地实现异构网络中异构设备和平台的接入，有效整合并利用各领域、各行业的视频监控资源。

英飞拓的视频资源联网共享平台通过实现资源的数字化，为数字决策的数智化场景提供了坚实的基础。该平台帮助用户对各种视频监控资源进行分析和管理，以实现数字决策，并且整合已建监控系统，扩大监控覆盖面，避免重复投资，同时提供灵活、快捷、方便的服务，更好地帮助用户进行数字决策。此外，该平台实现资源的统一管理和安全接入，以确保资源共享的安全性和高效性。

（1）快速资源接入整合端口。该平台旨在整合社会视频资源，实现数字化决策，构建高效的监控系统。通过统一协调、指挥和调度，提高视频监控覆盖范围，实现网格化管理。英飞拓采用 Manager+Plugin 的方式，在接入服务器侧设置插件管理器，对不同类型的 Plugin 进行统一管理。英飞拓通过该数字化技术的应用，实现了监控系统智能化，满足了用户需求。

（2）设备接入安全。为了保证设备接入的安全性，英飞拓通过网络安全隔离设备在中心实现了设备端的安全接入，还应用了大数据决策技术，以提高监控系统的智能化程度。

（3）多样化组网方式。该平台提供了多样化的组网方式，用户可根据自身情况和需要自由选择光纤专网、VPN、P2P 和主动注册模式等多种网络方案。这些方案为用户提供了更加便捷、高效的接入方式，在满足用户需求的同时保证了系统的稳定性和安全性。

（4）社会资源共享。建设社会资源联网共享平台是为了将多级社会资源整合进网络，并提供视频共享通道。英飞拓应用数字决策技术提高了平台的智能化程度，满足了用户的需求。平台能够根据不同街道、委办局和行业单位的需求，通过申请开放永久或临时的资源访问权限，实现实时视频、历史视频查看，报警推送和设备控制等功能。

英飞拓的网络共享平台也具备去中心化的特点，在运用中更加灵活，实现了高效的资源共享。另外，平台严格控制访问权限，以确保资源共享的安全性及用户信息不会被泄露。最后，平台也需要提供丰富的接口给第三方平台集成，以满足用户多样化的需求。

2. 图像结构化智能检索平台，"技术+中台+场景"一体化

英飞拓图像结构化智能检索平台采用以"深度学习"为核心的图像识别技术，实现对摄像机的实时视频流和图片进行特征判断。同时，该平台还能提取摄像机录像文件中的人、车、非机动车信息，并经过结构化引擎处理，使海量视频数据得以快速分析和处理。通过基于云存储技术的大数据平台以及数据挖掘技术的应用平台构建，该平台实现了视频图片的智能检索，不断发挥"技术+中台+场景"的一体化应用的效能。

此外，英飞拓图像结构化智能检索平台还建立了完整的生态闭环，使各类应用场景之间能够无缝衔接，提供的数字决策支持能够帮助企业进行科学决策。通过建立生态闭环，该平台可以为客户提供更加完整的解决方案，帮助客户实现数字化转型和智能化升级。

3. 统一物联网中台，探索数字决策路径

英飞拓积极探索新型商业模式，通过统一顶层规划，为数字化建设提供清晰的战略方向指引、建设思路和数字决策实现路径。通过数字化转型升级，公司构建了统一的物联网中台，为物联网设备提供规范的接入标准和安全的设备接入环境。在中台中，设备共享也被标准化。通用 PaaS 服务提供跨不同设备和数据源，充当整个物联网架构中承上启下的载体，促进了联动感知层及应用层之间的所有交互。预测性维护模式也被引入，帮助企业快速响应设备故障，并对设备运行情况进行实时监控和调整，进一步降低了企业的成本。

作为物联网的核心枢纽，英飞拓的物联网中台不仅是数据处理平台，还是充满数据思维的工具。通过处理、分析和可视化平台数据，帮助企业充分发掘数据的价值。这一过程实现了数据即生产、即处理的流程，极大地简化了物联网解决方案的复杂度并降低了成本。同时，英飞拓的作用也类似于"加速层"，可以提高各层在应用场景的落地速度并推进其进程。通过这种方式，企业能够更好地利用数据，提高业务效率和效益。

针对具体的数智化应用场景，英飞拓基于数字化 BIM 技术，构建了智慧楼宇综合运维平台。该平台在信息高度集成化、创新功能定制化和智能决策辅助化方面进行了全面的优化，提升了建筑整体管理和运维服务水平，同时采用预测性维护模式，能够帮助企业及时发现潜在问题，并提出解决方案。

三、"双数字孪生"智慧园区

英飞拓目前正在对其科技生态园区进行智慧化改造升级，以构建行业内首个"双数字孪生"体系智慧园区，该升级项目主要包括空间数字化和产业数字化两个方面，旨在实现园区的全面数字化管理和精细化治理。

为了实现这一目标，英飞拓充分利用数字孪生技术，建立了数字孪生模型，使园区能够在虚拟环境中进行全方位的数字化仿真，帮助企业在实际运营过程中快速做出数字决策，提高园区运营效率和水平。同时，英飞拓还通过"产业孪生"实现了园区产业数字化。数字孪生技术为园区内各产业提供了数据应用的可能性，使园区的产业运营更加高效。此外，数字孪生技术还辅助实现园区运营标准体系建设，进一步提升了园区的管理水平和运营效率。

总之，英飞拓在数字化管理和数字决策方面"双管齐下"，使其园区成为行业内首个"双数字孪生"体系智慧园区。这一举措不仅在产业升级和转型中发挥了积极的作用，也为其他企业提供了数字化转型的重要参考。

1. AI 加持三防并举，以安全为本

为了实现安全园区建设目标，英飞拓构建了一个立体的安全防御体系，包括物理空间和信息空间两个方面。在这一体系中，物防作为基础，技防作为支撑，人防则是主导，形成可视、可管、可控的园区安全综合态势，以支撑数字决策的顺利进行，并且确保园区全域安全和信息安全。

（1）全域安全。建立一体化的安全监测系统，实现安全一张图，该系统能够全场景高效联动，进行全方位智能监控。通过数字决策，快速、准确地分析监测数据，及时预警和处理各种安全事件。同时，不断优化园区信息网络，将智能专网与信息网络分离，进一步提高通信效率与安全保障。

（2）信息安全。遵循国家安全要求，打造信息安全防护体系。通过生产、消费决策协同，对园区内的信息进行全面、精细的管理，保障信息的机密性、完整性和可用性。同时，建立安全网络和加密通信机制，保护园区信息不受黑客攻击和恶意软件威胁。

2. 践行"零碳"园区,为未来减负

英飞拓致力于建设绿色园区,从降碳、替碳、节碳三个方面出发,探索园区综合能源新模式,旨在打造行业首个"零碳"园区,以助力实现国家"双碳"目标。

(1) 降碳:数字决策是降碳、替碳、节碳的重要前提。英飞拓将在园区综合能源系统中建立一套数据化降碳过程监控系统,对各个领域的碳排放情况进行实时监测,并在此基础上进行智能化决策,及时发现并解决问题,从而有效地减少碳排放。

(2) 替碳:英飞拓采取智能供应链模式,进一步替代碳排放。园区将与供应链上下游企业合作,将节能环保的理念贯穿整个供应链,共同打造低碳生态圈。此外,公司还将推广可再生能源的应用,逐步替代传统能源,减少碳排放。

(3) 节碳:英飞拓将加强对园区综合能源系统的精细化管理。公司建立了一支专业的管理团队,制定严格的管理规定和操作流程,通过有效的监管和管理,确保园区能源系统的运行效率和能源利用效益的最大化。

3. 融数据思维于点滴,伴产业成长

英飞拓注重数字化转型升级,在产业聚集、企业成长的基础上,积极打造智慧园区,为企业提供便捷、泛在的智慧服务,进一步提升园区服务体验和客户满意度,实现管理降本增效的目标。

(1) 智慧运维。在数字化转型升级的进程中,英飞拓注重智慧化运维的建设,通过升级园区综合运维系统,打造设备设施管理云平台,实现对设施运行状态的实时监测,从而提升设施管理的精细化水平。

(2) 智慧通行。英飞拓重视智慧通行系统的升级,通过建立无人值守的智慧停车体系和升级访客管理系统,解决园区通行的数字认证问题,以提升园区通行的安全性和便捷性,实现客户服务的升级。

(3) 智慧门户。英飞拓着力于智慧门户的升级,将 My Bay 园区服务平台进行升级，并构建基础服务、公共服务和产业服务门户，持续集成第三方服务资源，构建园区产业服务生态体系，以助力企业全生命周期发展。

为了更好地适应数字化转型的新时代需求，英飞拓大力推进数据思维培养方面的工作，提升园区工作人员的数据思维和应用能力，打造精细化营销模式，以更好地满足企业和客户的需求。

4. 构数字决策增长引擎，助产业腾飞

英飞拓利用智慧园区平台，通过数字决策打造双数字孪生体系园区 IOC 运营中心，实现物理空间与产业空间数字化，不断提高园区资产管理能力，促进产业链协同，提升产业运营服务品质。该平台采用了预测性维护模式，使园区的设备设施运维更加精准高效。同时，该平台建立了数据决策路径，通过对园区各项数据的深入分析，为决策者提供更加全面和准确的决策支持。

（1）物理空间数字化。英飞拓在智能化升级背景下，采用 BIM+GIS 技术，对空间及设备进行数字映射，实现物理空间数字化。凭借数字化的基础，并通过数字决策，英飞拓为园区运营提供了多维视角，优化了运营机制和策略，提升了资产管理效能。

（2）产业空间数字化。为了更好地实现数字化管理，英飞拓构建了数字决策路径，利用园区各类数据，形成了数据决策路径，为园区决策提供支撑。通过对产业数字孪生体的构建，英飞拓实现了精准勾绘产业肖像与产业链路，分析产业发展态势和生态环境，提升了招商效率与产业服务能力。同时，数字化的管理也带来了显著的业绩提升，园区内用户投诉率降低，产业运营能力与客户服务能力不断提升，实现了园区整体运营提效、降本、增收的目标。

参考文献

[1] 詹雪龙. 英飞拓系统：数字化转型升级，平台化创新赋能 [J]. 浙商，2021（6）：78-79.

[2] 英飞拓与比特大陆签合作协议，欲成立区块链联合实验室 [J]. 中国安防，2020（Z1）：72.

第六章 企业商业模式变革：顺势而为

大数据、云计算、物联网、区块链、AI等新兴技术的发展日新月异，企业的商业模式在这样的背景下不断变革，而商业模式作为企业取得成功的关键，企业必须对于商业模式变革的底层逻辑有清晰的认识，同时还要兼顾商业模式变革的"软硬实力"，形成顺势而为的经营风格。

科技的伟大力量在于能让人变成更好的人，让世界变成更好的世界，而不只是在同一纬度上追求更快的速度、更高的效率。

——网易公司创始人　丁磊

> **学习要点**

☆兴趣消费的本质

☆交叉融合的 AI 思维

☆数字制造的战略优先性

> **开篇案例**

募优科技：数据驱动未来

一、企业简介

广东顺德募优网络科技有限公司（以下简称募优科技）是一家高新技术企业，专注于数据应用与系统开发，主要业务包括生产制造行业大数据研究、人工智能和数据库开发及应用。企业的核心使命是协助客户实现数据驱动未来的发展战略。募优科技通过开放式创新、卓越的运营管理和人才梯队建设等战略的实施，为用户提供创新的产品、扎实的技术和真诚的服务。

二、商业模式变革实力

1. 人工智能：视觉识别技术应用

随着制造业的不断发展，企业降低用工成本、提高生产效率的需求日益迫切。在这一背景下，募优科技推出了基于机器视觉开发的人工智能产品，具备低成本、少改造、易升级等主要特点，为企业带来了一场革命性的"头脑风暴"。

首先，人工进行视觉检测可能会由于工作时间的延长或者视觉疲劳而导致漏检、误检等问题，募优科技通过机器视觉技术，将产品的质检流程实现了全自动化，避免受到人力疲劳的影响，有效地解决了因工人失误而引起的质量问题。

其次，慕优科技在 AI 产品开发过程中还注重改进算法，通过大量的数据驱动分析和深度学习算法的不断优化，使 AI 系统逐渐适应不同类型产品的特征，不断提高识别缺陷的准确性和稳定性，助力 AI 系统持续跟进市场变化和技术进步，为制造业企业提供长期稳定的技术支持。

最后，慕优科技的 AI 产品在迁移至多条同类生产线时，边际成本接近于零。基于机器视觉的 AI 系统只需要对算法进行少量的调整和优化，就可以适应不同的生产线，企业在面对新的市场需求时能够迅速做出反应，降低系统迁移的难度和成本。

2. 数据中台：企业数字化进程痛点

随着慕优科技企业规模的不断扩大，信息系统呈指数级增长，数据量像滚雪球般膨胀。同时也带来了一系列新的难题：首先，各个系统技术架构不统一，当企业的业务和数据规模增长到一定程度时，原有的系统往往无法支撑大数据应用场景，导致其在数字化转型升级中受制于人；其次，由于分企业或部门搭建的各个系统之间相互独立，缺乏整体规划，往往导致功能重复、资源浪费的局面，烟囱式的协作模式限制了企业内部各业务线之间的高效互动。

面临以上难题，慕优科技的数据中台应运而生，通过统一标准和口径，不同系统之间的数据可以进行无缝对接，形成大数据资产层，为企业和客户提供各种高效服务，这不仅是企业业务和数据的沉淀，更是数字决策和数字化转型升级的有力支撑。有了数据中台，企业可以更加高效地利用数据资产，实现数据价值最大化，进而推动业务迭代和创新。

（1）智慧工厂。慕优科技通过引入先进技术，接入各系统数据，实现了生产与管理的数字化转型，打造了智慧工厂。

慕优科技实现了透视生产与管理，通过中等精度建模对工厂的两大车间和办公楼进行数字化模拟。通过接入 MES 等信息系统的数据，注塑机、压铸机、机械臂等设备得以虚实互动，从而实现了设备监控与生产管理的一体化。现在，工厂的运行状态一目了然，设备位置、运行状态清晰可见，使生产管理者能够更加直观地了解工厂的运行情况。借助 AI 监控技术，工厂的停启过程受到智能化的监控，成品数量也得到智能汇总。募优科技能够对产线产能数据进行评估，提供了调整改善生产的数据支持，更好地优化了资源整合。

（2）智慧园区。募优科技作为一家领先的智慧园区解决方案提供商，通过"物联网+"及资源整合的双重作用，以先进的技术和系统，为园区的高效运营和管理注入了新的活力。

募优科技通过对接各类系统数据，能够足不出户实现便捷管理。募优科技利用物联网技术，将监控、门禁、会议室预约、停车场、电梯、安防、能耗、物业等系统的数据实时传输和汇总，使园区管理者通过智慧终端实时查看和控制园区运营情况，以便高效地做出决策和规划，提升了园区的整体管理水平。

三、智慧领域践行

1. 募优 BI：企业数据分析及决策支持系统

"募优 BI"通过搭建强大算法引擎，建模提炼企业系统数据，为企业提供实时的企业运营信息可视化报表及智能分析。在销售、采购、仓储、生产、绩效、财务等运营环节提供辅助决策手段，实现提升效率、节约成本、降低风险的目的，践行数据驱动企业的发展战略。

第一，募优科技打通了数据。以自有技术集成市面主流 ERP 系统数据结构，实现企业各个信息系统的数据快速汇总，打破"数据孤岛"，整体掌控企业运营数据。

第二，募优科技打通了业务。每个业务部门往往各自为政，募优通过对供销产存各个运营环节数据进行模型叠加分析，使之有机结合，配合访问权限，在打通数据的基础上进一步畅通信息流。

第三，募优科技打通了时空。募优产品把数据进行标准化储存，为企业积累历史分析素材，做到以史为鉴、预测未来。基于云技术，企业运营无论是跨省还是跨国,都可以使用募优产品查看各地和整体的数据分析,以提高协作效率。

第四,募优科技打通了人员。在企业实际经营中,行政、财务、统计等部门通常是信息汇总量最大、信息负载较大的部门,募优科技通过灵活的软件模块设定使数据工作变得更简单,免去了大量在数据使用中重复性的统计工作。

第五,募优科技打通了行业。得益于互联网信息公开和网络爬虫技术,募优科技积累形成的大数据平台,汇集工业企业需要的原材料、行业类目企业、竞品、人群画像、市场行情等数据,为企业打破行业壁垒,一探企业内外信息。

2. FastCube "迅立方"数据分析云系统

募优科技的 FastCube "迅立方"数据分析云系统,是一款针对小微企业设计的 SAAS 互联网产品,主要提供便捷易用、安全稳定、组合弹性、价格低廉的数据分析解决方案。通过碎片化模板化的设计思路,该系统在募优 BI 产品成熟的算法基础上进行了深入研发,以满足小微企业的快速实施需求,使企业轻松实现数据可视化和高效自助分析。

该系统充分发挥云计算的优势,实现了灵活的资源调度和高效的数据处理。云计算的引入使系统具备了更高的可扩展性,能轻松接入海量的数据,并快速进行产品模型对比。

在保障营销方面,FastCube "迅立方"为小微企业提供了全方位的数据支持。通过数据可视化,企业可以更直观地了解市场需求和客户行为,从而精准定位目标受众,制定有效的营销策略。此外,系统的高效自助分析功能,能够让市场营销团队在不依赖专业技术人员的情况下,自行探索数据,发现潜在机会和挑战。

3. AIR:人工智能数据分析报告

募优科技基于人工智能技术的数据分析报告(AI-report,AIR),旨在帮助企业管理者实现运营重点指标的周期性自动报告生成,并通过智能分析判断,及时了解企业的重点状况。

在传统商业运营中，企业通常需要借助多个分析工具和系统来获取不同领域的数据，然后进行手动整合，耗费大量时间和人力。而AIR能够一站式满足企业数据分析的需求，无须跳转多个平台，实现了数据的跨界整合。通过将多个数据源的信息集成在一个系统中，AIR为企业提供了全面、全局性的数据分析视角，帮助企业把握运营状况。

AIR的智能分析功能能够将海量数据进行有机整合，将数据转化为清晰的图表和报告，提供直观、易懂的数据分析结果。同时，AIR的周期性报告功能还能使企业发现潜在的问题和机遇，引导企业更加灵活地调整战略，实现商业模式的优化和创新。

参考文献

[1] 刘光强，干胜道，傅萍，等. 数字化重构企业价值链及应用逻辑 [J]. 财会月刊，2023，44（10）：17-24.

[2] 刘唤唤. 企业数据分析决策平台建设及其应用 [J]. 企业改革与管理，2021（23）：6-8.

第一节　企业商业模式变革的底层逻辑

步入数字时代，"商业模式"这一概念越发成为企业界的关注焦点，理论界的相关研究也层出不穷，商业模式变革始终是热度不减的话题。随着数字经济的发展壮大，企业的未来前景、发展价值都取决于管理者是否参透了商业模式变革的底层逻辑。那么，什么是商业模式变革的底层逻辑呢？

一、数字技术的顶级风暴

1. 数字时代的企业痛点

在数字时代下，企业面临各种挑战和痛点：

（1）在内部，企业常常受到繁复冗杂的内部机制和流程的困扰。尽管有许多自动化办公软件可用，但这些软件并未能解决所有问题。此外，各科室和子单位之间存在分散主义和利益分歧的问题，导致办事拖沓，效率低下。

（2）在外部，企业常常面临多业务与渠道的开通，这虽然提高了订单量，但存在一个问题，即这些业务往往都是独立运作的，没有良好的信息通路，这就导致了信息的分散化，许多工作模型或信息数据本可以互相借鉴，稍加改动即可投入新模块使用，但需要浪费资源照原路再走一遍（邱智铭，2021）。

2. 如何借助数字技术直击痛点

为了解决这些痛点，可以借助数字技术进行改革和创新。可供参考的数字技术应用方式如下：

（1）移动互联网：让业务随时在线。移动互联网是当今社会的重要组成部分，该技术可以让企业的业务随时在线。通过移动互联网，企业可以实现在线购物、在线支付、在线学习等多种线上业务模式。从经营管理的角度来看，越来越多的企业正在借助互联网以及移动互联网工具实现全面的"在线化"。通过搭建移动应用平台和建设响应式网站，企业可以为客户提供更便捷的服务，并提高内部协作的效率。

（2）物联网与5G：让连接无处不在。物联网指通过智能感知、识别技术与普适计算等通信感知技术，将传感器、控制器、机器、用户连接在一起，形成智能化网络。物联网的普及带来了数以万亿计的智能设备，如智能可穿戴设备、智能家电、智能网联汽车和智能机器人等。这些设备接入网络产生海量数据，推动生产、生活和社会管理方式进一步实现智能化、网络化和精细化。而5G技术的广泛应用，具备大带宽、低时延和大连接等特点，这将进一步推动物联网的普及。

通过物联网和5G技术，企业可以实现设备的互联互通，实时获取设备数据，并进行智能分析和决策。在实际应用中，通过物联网和5G技术，企业可以实现设备的远程监控和维护，提高生产效率和设备利用率（孙学锋，2023）。同时，企业还能够利用物联网技术实现智能仓储和供应链管理，提供更精准的库存控制和物流服务。

3. 数字技术的优势

数字技术在解决企业痛点方面具有诸多优势，如图 6-1 所示。

- 提高效率和降低成本
- 提升客户体验
- 帮助企业进行数据驱动的决策

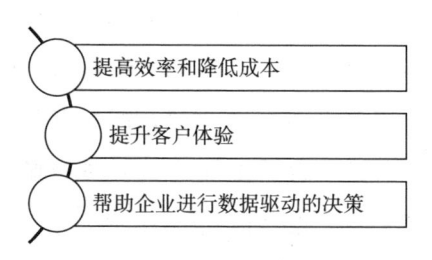

图 6-1　数字技术的优势

（1）数字技术可以提高效率和降低成本。通过自动化和智能化的数字工具和系统，企业可以简化流程，提高工作效率，减少人力资源和时间的浪费。

（2）数字技术可以提升客户体验。通过移动互联网和数字化渠道，企业为客户提供更便捷、个性化的服务和体验，推出在线购物平台，满足客户随时随地浏览和购买产品的需求，实现无缝的购物体验。

（3）数字技术可以帮助企业进行数据驱动的决策。通过数据分析和挖掘，企业能够获取客户行为和市场趋势等有价值的信息，深入了解客户的需求，以提供更好的服务和优化产品，并做出更准确的决策。

数字技术在解决企业痛点方面具有巨大的潜力和优势。借助移动互联网、物联网和 5G 等技术，企业实现了业务的在线化和连接的无处不在，从而提高了效率、降低了成本，并为客户提供了更好的体验。因此，企业应积极探索和应用数字技术，抓住数字时代的机遇，推动企业的创新和发展（翁士增，2023）。

> 专栏 6-1

中科曙光：数字经济领导者

一、企业简介

曙光信息产业股份有限公司（以下简称中科曙光）作为我国核心信息基础设施领军企业，在高端计算、数据中心等领域拥有深厚的技术积淀和领先的市场份额，充分发挥高端计算优势，布局智能计算、云计算、大数据等领域的技术研发，打造计算产业生态，为科研探索创新、产业转型升级、数字经济发展提供了坚实可靠的支撑。

二、数字技术风暴

1. 云计算

云计算是当今数字技术风暴中的一个重要组成部分，而中科曙光的曙光云作为中国领先的"城市云"品牌，已有20余年深耕政府信息化领域的经验。在全国范围内，曙光云已建立50余个云计算中心，服务超过万家。这充分表明，曙光云在云计算领域拥有广泛的覆盖能力。

（1）坚实基础架构。曙光云的基础架构是其优势之一。基于开源主流技术构建，曙光云提供安全透明可控的计算、存储、网络、安全和运维等一系列基础服务。这种基础架构确保了曙光云的稳定性和可靠性，使用户能够放心地部署和管理其业务应用。

（2）多样化云服务。除了坚实的基础架构，曙光云还提供多样化的云服务。通过底层基础设施资源池，曙光云为上层应用提供各种云服务，满足用户按需分配资源、动态伸缩的业务需求，这意味着用户可以根据其具体的业务需求，灵活地配置和管理云资源，实现更高效、更灵活的运营。

（3）开放性云生态。曙光云注重构建开放性的云生态，以应用为中心，构建了一个开放的云生态系统。同时，曙光云与众多软、硬件厂商保持全面兼容，支持各种类型、全栈式的业务应用场景，为用户提供多种选择，使其能集成和使用曙光云的服务。

2. 大数据

中科曙光以大数据技术为基础，为用户提供了一体化的数据科研应用系统，满足用户在项目研究和算法研究中的各种需求。该系统集成了便于操作的工具和功能，涵盖海量优质数据资源、强大的算法支持、可视化建模以及数据展示等方面。

（1）高效。中科曙光的高性能计算架构提供了快速的数据处理和分析能力。其稳定的软硬件基础平台也确保了业务的高效运转，使用户能够更专注于项目研究和算法研究的核心任务。

（2）智能。中科曙光的数据科研应用系统具备智能化的特点，提供了数据集成治理智能化方案，使用户能应对复杂的数据管理任务。提升数据管理的效率和质量。此外，中科曙光将大数据和深度学习相融合，深度学习技术的应用使数据分析和模型建立更加智能化，为用户提供更准确、更有效的数据洞察和决策支持。另外，中科曙光还提供视频智能化分析平台，帮助提升城市的数字化管理水平。

3. 人工智能

中科曙光的容器化人工智能开发平台解决方案实现了对深度学习开发环境的快速部署，对运算资源按照训练任务进行分割和分发，并额外支持容器镜像管理、权限管理、交互界面图形化等功能，以帮助用户快速介入人工智能领域，聚焦实际算法的优化和迭代，促进人工智能技术在各行各业的快速落地。

（1）丰富的应用场景。深度学习软、硬件平台产品，满足图像、视频、语音、文本等多种人工智能主流应用场景需求。

（2）一体化解决方案。拥有完善的IT基础设施产品线及深度学习软件栈，为用户提供从服务器到深度学习开发平台的整体解决方案。

（3）强劲的系统算力。凭借深厚的底蕴，保障硬件平台强劲性能，直击行业痛点,为 AI 全流程开发提供切入手段。无论是训练端还是推理端,都能最大限度地释放系统算力。

参考文献

[1] 姜海旺. 中科曙光:金融数字化转型进入关键区,科技创新驱动金融高质量发展 [J]. 中国金融电脑,2021 (S1):92-93.

[2] 中科曙光 AI 服务器以应对海量数据的挑战 [J]. 网络安全和信息化,2018 (12):16.

二、消费升级:兴趣消费的迁移

1. 何为兴趣消费

兴趣消费指在消费行为中,消费者开始追求能够迎合精神需求和心理满足的产品及服务。兴趣消费可以分为三个渐进的阶段。

(1) 性价比阶段,消费者主要关注产品的价格,追求物美价廉的产品。

(2) 质价比阶段,消费者开始追求产品的性能和质量,不再仅仅满足于产品能够使用,而是追求产品的品质和耐用性。

(3) 兴趣消费阶段,消费者开始愿意为产品的感情和情怀埋单。在物质相对充盈的情况下,消费者追求的产品需要能够满足精神层面的需求,并且能够唤起情感共鸣和引发兴趣的产品更受消费者欢迎。

兴趣消费的本质在于,消费者追求的产品具有满足精神需求的属性,这不仅是简单的功能和质量所能媲美的。产品要能够引起消费者的兴趣和情感共鸣,超越价格和实用性的限制,从而成为消费者情感上的满足和追求(刘馨蔚,2022)。

2. 兴趣消费在改变什么

兴趣消费并不直接改变消费行为,随着新时代消费者的出现,消费行为潜移默化地发生了变化,即消费者人群的变化导致消费行为的改变。

兴趣消费改变了企业、产品与消费者之间的关系。品牌开始邀请消费者参与产品的研发和宣传过程，以加深情感连接，消费者也在这个过程中对品牌和产品产生了特殊的感情。兴趣消费拉近了消费者与品牌之间的距离，使消费者更加投入并形成忠诚度。

3. 企业如何应对消费升级带来的变化

企业可通过以下两个方面抓住兴趣消费的机遇：

（1）与外部 IP 联名。通过与知名 IP 的合作，吸引对该 IP 感兴趣的消费者成为自己的客户。这种联名合作可以为企业带来更多的流量和品牌关注度，进而增加销售和市场份额。然而，企业需要注意 IP 联名可能带来的流量流失问题，因此应着手开发自己的 IP 形象，培育自有的品牌 IP。

（2）拓宽产品种类。企业可以通过拓宽产品种类，与更多消费者产生共鸣，激发消费者的兴趣。新一代消费者更倾向于购买有趣、吸引人的产品，而不是只追求功能的强大和实用性。通过开发具有创意和个性的产品，企业可以吸引消费者的注意并与其建立情感联系。

兴趣消费的核心在于消费者愿意为感兴趣的产品支付溢价，企业要不断提升产品的情感价值，同时还应注重创新，不断寻找新的消费趋势和市场机会，以满足消费者日益增长的兴趣需求。

归根结底，兴趣消费的迁移是消费升级的重要表现之一。企业应抓住兴趣消费的机遇，通过与外部 IP 联名合作、拓宽产品种类等方式满足消费者的兴趣需求，在竞争激烈的市场中获得竞争优势。只有通过不断创新和与消费者建立情感联系，企业才能在兴趣消费时代蓬勃发展。

三、产业数字化转型升级

近年来，随着数字经济的蓬勃发展，产业数字化转型升级成为推动生产力发展和生产关系变革的重要方向。

1. 产业数字化的概念

产业数字化指将传统的产业经济与数字技术有机结合，通过数字化工具和技术手段，实现生产、经营、管理等环节的数字化、自动化、智能化。

产业数字化不仅是信息技术在产业中的应用，还是对产业模式、组织架构和价值链的全面升级和变革。

产业数字化的核心在于将数字技术与各个环节相融合，实现全过程的数字化运作，以提高效率、降低成本、优化资源配置，推动产业创新与升级。

2. 产业数字化转型升级路径

市场作为产业数字化转型升级的决定性力量，在资源优化配置和积极导向方面发挥着重要作用。以下是产业数字化转型升级的路径：

（1）激发"新消费"与产业结构升级的相互促进作用。产业数字化转型升级与市场需求紧密结合，通过挖掘新消费需求，推动产业结构的升级和优化。数字技术的应用可以为消费者提供更加个性化、便捷化、智能化的产品和服务，进一步激发消费潜力。同时，新兴消费领域的发展也会推动产业结构的调整和升级，促进传统产业向高附加值、高技术含量的方向发展（Carlsson Linnéa et al.，2022）。

（2）引导企业树立数字经济意识，促进企业加快数字化转型升级步伐。企业是产业数字化转型升级的主体，必须树立数字经济意识，加强对数字技术的认识和应用。应采用云计算、大数据分析、人工智能等技术，实现生产流程的数字化和智能化，提高生产效率和产品质量。同时，企业还应加强内部组织架构的调整和人才培养，激发员工的创新潜力，为数字化转型升级提供坚实的人力资源基础。

3. 对产业数字化转型升级的指导方向

（1）促进数字经济与实体经济深度融合发展，加快产业链数字化转型。数字经济和实体经济是相互依存、相互促进的关系，要推动两者深度融合发展。通过数字技术的应用，实现产业链各个环节的数字化和智能化，提高整体效率和竞争力。政府可以出台相关政策，鼓励企业加大对数字技术的投入和应用，推动产业链上下游企业的协同发展，形成数字化转型的良好生态环境。

（2）加强数据共享平台建设，加大对大数据网络建设的支持力度。数据是产业数字化转型升级的重要驱动力，要加强数据共享平台的建设。企业可以推动建立跨部门、跨行业的数据共享机制，为自身提供可信、安全、高效的数据交换平台。此外，还应不断增强对大数据网络建设的支持力度，提高数据传输速度和处理能力，为产业数字化转型升级提供强有力的技术基础（宋燕飞，2023）。

（3）支持5G、物联网、云计算等新技术发展，加快升级信息基础设施。5G、物联网、云计算等新技术是产业数字化转型升级的重要支撑，企业应该加大对这些技术的支持和推广。企业可以寻求相关的政策支持和资金投入，促进5G网络的全面建设和应用推广，推动物联网技术在产业中的广泛应用，以及云计算平台的建设和使用。同时，企业还要加快信息基础设施的升级，扩展网络带宽和覆盖范围，为产业数字化转型升级提供可靠的基础支持。

综上所述，产业数字化转型升级是当前经济发展的重要方向。通过充分发挥市场的资源优化配置和积极导向作用，引导企业树立数字经济意识，加强数字经济与实体经济的融合发展，加大对数据共享平台的建设和新技术发展的支持力度，推动产业数字化转型升级，实现经济高质量发展的目标。这将为各行各业带来更多机遇和挑战，也将为社会创新和可持续发展提供新的动力。

第二节　商业模式"硬实力"变革

在当今数字化时代下，企业在市场竞争中想要取得优势，就必须运用先进的技术支持其商业模式。此时，数字技术作为业界的发展趋势，扩充着企业发展的"硬实力"，正不断为企业进行赋能，驱动其开拓创新，推动企业商业模式的变革。

一、大数据：数字决策的基础

在数字浪潮之下，大数据已经成为商业决策和战略规划的基础。企业面临着庞大的数据量，通过合理运用和分析，揭示隐藏在数据中的有价值的信息，为企业决策提供科学依据。

1. 大数据如何运用于商业模式

将大数据运用于商业模式，是企业进行变革的发展趋势。

（1）数据驱动的商业模式创新。大数据为企业带来了全新的商业模式创新机遇。通过收集和分析海量数据，企业可以深入了解市场需求、消费者行为和竞争对手情报等关键信息，从中发现新的商机。企业通过对客户购买记录和偏好的分析，进行个性化定制产品和服务，提高客户满意度和忠诚度，实现差异化竞争。

（2）数据驱动的精细化运营。通过对供应链、生产流程和物流等环节的数据分析，企业可以精确掌握各个环节的运营情况，并进行优化和改进。同时，合理运用大数据分析预测需求趋势，企业可以合理安排生产计划和库存管理，减少过剩和缺货现象，提高运营效率和资源利用率。

（3）数据驱动的个性化营销。大数据的运用使企业能够更加精准地进行市场营销。通过对消费者行为数据、社交媒体数据和市场趋势的分析，企业可以了解消费者的兴趣、偏好和需求，进行个性化定制的产品推荐和营销活动。这种个性化的营销方式能够提高营销效果和回报率，并增强品牌与消费者之间的互动和沟通。

2. 大数据如何在数字决策中发挥作用

大数据技术作为企业进行数字决策的基础，发挥的作用举足轻重，以下将概括三个大数据在数字决策中的重要作用。

（1）基于数据的决策支持。大数据为决策者提供了更全面、准确的信息基础。通过分析大数据，决策者可以了解市场动态、竞争情报、消费者反馈等关键信息，从而更好地评估各种决策方案的可行性和风险性。同时，大数据还通过数据可视化和模拟等手段,将复杂的数据转化为可视化的图表和模型,使决策者能够更直观地理解和分析数据,做出更明智的决策(梅睿,2021)。

(2) 预测和趋势分析。大数据分析可以揭示出隐藏在数据中的趋势和模式,从而为决策者提供未来发展的预测和参考。通过对历史数据和市场趋势的分析,发现潜在的商机和风险,做出相应的调整和决策。企业借助大数据技术进行分析,能够预测销售趋势、市场需求和产品流行趋势,及时调整生产和营销策略,提前应对市场变化。

(3) 实时监控和反馈。大数据分析可以实现对业务运营和市场情况的实时监控和反馈。通过对实时数据的分析,决策者可以及时了解业务运行状况,发现问题和机会,并及时采取相应的行动。大数据分析技术的普及,使企业能够实时监控销售数据、客户反馈和竞争对手动态,及时调整销售策略和产品定位,提高市场竞争力。

大数据已经成为数字决策的基础,对企业的商业模式创新和数字化转型具有重要意义。通过运用大数据分析,企业可以发现商机、优化运营、提高市场营销效果,并为决策者提供准确的信息支持和预测分析。然而,大数据的运用也面临着数据隐私和安全的挑战,企业需要合理规划和管理数据资产,确保数据的安全和合规性。只有合理运用大数据,企业才能更好地推动自身实现数字化发展和科学化决策。

专栏 6-2

奥飞数据:云计算与大数据基础服务综合解决方案提供商

一、企业简介

广东奥飞数据科技股份有限公司(以下简称奥飞数据)是国内领先的互联网运营企业,主要向客户提供互联网接入、数据中心服务、灾备中心服务等网络服务。凭借丰富的网络资源、优质的客户服务、完善的解决方案、专业的服务品质、诚信的商业精神，奥飞数据迅速成为华南地区最卓越的互联网运营商之一、网络游戏首选IDC合作伙伴、企业数据中心与灾备中心的首选网络运营商。

二、商业模式硬实力

1. 云服务

奥飞数据是一家拥有ISP（互联网服务提供商）/IDC（数据中心）/云服务牌照的专业云计算服务提供商，致力于为客户提供全面的云端部署服务，让客户轻松地将业务迁移到云端，并享受云计算的众多优势。

奥飞数据的云计算解决方案包括基础设施即服务（IaaS）、平台即服务（PaaS）、软件即服务（SaaS），以及各种与云计算相关的增值服务。无论是初创企业还是大型企业，无论是公有云、私有云还是混合云部署，奥飞数据都能为其提供灵活、可靠的解决方案，帮助客户实现数字化转型和业务创新。

作为云计算服务提供商，奥飞数据不仅关注客户的技术需求，还将营销因素纳入考量范围。其深知营销需要可靠的基础设施和高效的数据处理能力，因此其云计算解决方案注重性能具有可用性、可靠性和扩展性，达到支持客户的营销活动的目的。无论是处理大规模的数据分析还是支持高并发的在线营销活动，奥飞数据的云计算平台都能够提供稳定、高效的性能，帮助客户实现营销目标。

2. 大数据

奥飞数据致力于构建多云多网多端数字产业生态平台，其目标是建设适应新一代网络通信技术5G的云计算大数据高速传输处理平台及全球互联互通网络，以支持不同行业的数字化转型与创新。

大数据在奥飞数据的生态系统中发挥着重要的作用，能够帮助客户收集、存储和分析大规模的数据，提供有价值的信息和洞察力。通过对大数据的深度挖掘和分析，客户可以了解消费者需求、市场趋势和业务运营情况，做出精准的决策和战略规划。

（1）智能制造。通过采集和分析生产线上的传感器数据、设备运行数据和产品质量数据等大数据，奥飞数据的客户实现了生产过程优化和效率提升。通过实时监测和预测分析，客户能够及时发现问题并采取相应措施，提高产品质量和生产效率，降低成本并减少资源浪费。

（2）智慧医疗。奥飞数据的大数据技术应用具有巨大的潜力，通过整合医院的电子病历、医疗影像、基因数据和生命体征数据等大数据，可以帮助医生做出更准确的诊断和治疗决策。同时，大数据分析还能够帮助医疗机构优化资源分配、改善医疗服务质量，实现个性化医疗和精准健康管理。

（3）电子商务。借助奥飞数据的数字技术，电商企业对用户行为数据、购买记录和偏好等进行大数据分析，实现个性化推荐和定制化营销，提高用户体验和购买转化率。同时，大数据还可以帮助电商企业进行市场预测和需求预测，优化供应链管理和库存控制，提高运营效率和竞争力。

（4）互联网金融。奥飞数据的大数据应用非常广泛，通过对用户的信用数据、交易数据和消费行为数据等大数据的分析，金融机构可以进行风险评估和反欺诈分析，提供有针对性的金融产品和服务。同时，大数据还可以帮助金融机构进行精准营销和市场预测，优化风险管理和投资决策，提高金融运营效率和风险控制能力。

参考文献

[1] 沈思涵，石丹."东数西算"，奥飞数据能否"乘东风"？[J]. 商学院，2022（4）：136-138.

[2] 陈彦百，吴一凡. 新三板企业转板案例研究：以奥飞数据为例 [J]. 市场周刊，2021，34（9）：12-14.

二、云计算：精准营销的保障

作为一项重要的技术创新，云计算已经成为许多企业在商业模式中的关键因素之一。云计算的强大功能和灵活性为企业提供了无限的可能性，尤其是在精准营销方面，云计算提供了强大的保障。

1. 云计算在商业模式中的运用

云计算是一种通过网络提供计算资源和服务的技术，该技术基于大规模的数据中心和虚拟化技术，能够将计算能力、存储空间和应用程序等资源以服务的形式交付给用户。在商业模式中，云计算可以帮助企业实现高效的资源管理和灵活的业务扩展。

（1）云计算能够提供弹性计算资源。企业根据实际需求动态调整计算能力，无须投资大量的硬件设备。这种按需使用的模式能显著降低成本，提高资源利用率。当企业需要处理大量数据进行精准营销时，云计算可以快速分配所需的计算资源，加快数据处理和分析的速度，从而提高精准营销的效果。

（2）云计算能够为企业提供可靠的数据存储和备份服务。在商业模式中，数据是宝贵的资产，因此需要得到妥善保护和管理。云计算具有高可用性和冗余存储的特性，确保了数据的安全性和可靠性。同时，云计算还具备自动备份和恢复功能，能在意外情况下迅速恢复数据，降低数据丢失的风险。

（3）云计算能够充当高效的协作和沟通工具。云计算提供了基于互联网的协作平台和通信工具，使团队成员可以随时随地共享文件、编辑文档、实时交流和协作。这种实时协作的能力为企业的精准营销活动提供了便利，团队成员可以快速共享市场数据、分析结果和营销策略，以便及时调整和优化营销计划。

2. 云计算如何保障精准营销

除了商业模式中的应用，云计算还在很大程度上保障了精准营销的实施。精准营销是一种通过收集和分析大量的消费者数据，以更准确、更个性化的方式进行营销的策略。云计算在以下四个方面为精准营销提供了保障。

（1）数据收集和处理能力。云计算能够承载大规模的数据存储和处理需求，通过云端技术，企业可以轻松处理和分析海量的消费者数据。云计算提供的分布式计算和并行处理能力，可以加快数据处理速度，实时生成消费者画像和行为模式，为精准营销提供数据支持。

（2）数据安全和隐私保护。精准营销需要依赖个人消费者的数据，因此数据的安全性和隐私保护至关重要。云计算提供了多层次的安全机制，包括数据加密、访问控制和身份认证等，保护数据的安全性。同时，云计算服务提供商通常遵守严格的数据隐私法规与合规要求，确保个人数据的合法使用和保护（项华灵等，2023）。

（3）数据分析和智能化营销。云计算提供了强大的数据分析和人工智能技术支持，可以对大量的消费者数据进行深度挖掘和分析。通过机器学习和数据挖掘算法，云计算能识别消费者的偏好、行为模式和购买意向，实现个性化的推荐和精准的营销策略。云计算为企业提供了实时的数据分析和预测能力，使精准营销更加高效和智能化。

（4）弹性和可扩展性。云计算基于虚拟化和弹性资源分配的原理，可以根据业务需求进行弹性扩展。对于精准营销而言，市场需求可能会有波动，在特定时间段可能需要更多的计算和存储资源。云计算可以根据需求快速调整资源规模，确保在高峰期和活动期间满足营销活动的要求。

云计算作为一项重要的技术创新，不仅在商业模式中发挥了重要的作用，也为精准营销提供了强大的保障。通过云计算，企业可以灵活调配计算资源、高效存储和管理数据、实现团队的协作与沟通，并且依靠其强大的数据处理和分析能力，实施精准营销策略。未来，随着云计算技术的不断进步和创新，其将在精准营销领域发挥更大的作用，帮助企业更好地满足消费者的需求，取得市场竞争的优势。

三、物联网：资源整合的前提

随着信息技术的迅猛发展，物联网（Internet of Things，IoT）作为一项重要的技术革新，正在深刻地改变着各个行业的商业模式和运营方式。物联网通过连接物理设备和传感器，实现设备之间的数据交互和智能化控制，为企业带来了前所未有的资源整合机会。

1."物联网+"商业模式解析

"物联网+"商业模式指将物联网技术与传统行业相结合，创造出全新的商业模式和增值服务。通过将传感器和智能设备与现有的产业链相连接，物联网为各个行业带来了巨大的变革和机遇。以下是典型的"物联网+"商业模式应用场景：

（1）智能家居。通过将家居设备与互联网连接，实现家庭设备的智能控制和互联互通，提升居住环境的舒适性和便利性。用户可以通过手机应用程序远程控制灯光、空调、安防系统等设备，实现智能化管理。

（2）智能物流。通过物联网技术，实现对货物、运输车辆和仓库的实时监控和管理，提高物流运输的效率和安全性。物流公司可以通过传感器和GPS技术追踪货物的位置和状态，实现物流过程的实时可视化和优化。

（3）智慧农业。利用物联网技术监测农田土壤湿度、温度等信息，依据数据分析和预测模型，提供农作物种植的决策支持，优化农业生产效益。农民可以通过智能设备和应用程序实现对农田的远程监控和管理，实现精细化的农业管理。

这些"物联网+"商业模式应用场景的出现，不仅为企业带来了新的商机和利润增长点，也为用户带来了更便捷、智能化的产品和服务体验。

2. 物联网下的资源整合

物联网的核心价值在于实现物与物之间的连接和数据交互，进而实现资源的整合与共享。物联网下资源整合的重要性。

（1）设备资源整合。物联网通过连接和管理各种物理设备，实现设备之间的数据交换和协同工作。通过物联网平台，企业可以将分散的设备资源整合起来，实现设备的互联互通，提高设备的利用率和生产效率。在制造业中，企业可以将生产线上的各种设备连接到物联网平台，实时监控和远程控制生产过程，优化生产资源的配置和利用。

（2）数据资源整合。物联网产生大量的数据，这些数据包含了有价值的信息和洞察力。通过物联网平台，企业对数据进行采集、存储和分析，提取出有用的信息，为决策提供支持。同时，不同设备和传感器产生的数据可以进行整合和关联，形成更全面、准确的数据视图。通过数据资源的整合，企业能够更精准地决策和优化运营。

（3）合作资源整合。物联网促使不同行业的企业之间建立合作关系，共同实现资源整合和增值服务。通过物联网平台，不同企业可以共享设备、数据和技术，形成合作生态系统。在智慧城市建设中，政府、企业和公众可以共同参与，通过整合城市的交通、能源、环境等数据资源，实现城市治理的智能化和可持续发展。

通过整合设备资源、数据资源和合作资源，物联网为企业提供了更高效、更智能的运营方式。企业实现了资源的优化配置和利用，提高了生产效率、降低了成本，同时也为消费者提供更优质、个性化的产品和服务。

总之，物联网作为一项重要的技术革新，不仅改变了各个行业的商业模式，也为企业带来了资源整合的机会。通过"物联网+"的商业模式创新，企业能够实现更高效的运营和更智能的服务，同时通过整合设备、数据和合作资源，物联网为企业创造了更大的价值和竞争优势（孙新波和孙浩博，2022）。随着物联网技术的不断发展和应用推广，这一技术将在未来为各个行业带来更多的创新和变革。

四、区块链：商业信用的背书

区块链技术作为一项去中心化的创新技术，正在逐渐应用于各个行业，并为企业的商业信用提供了全新的保障和背书。

1. 企业商业信用的运用场景

企业商业信用指企业在市场经济活动中所积累的信誉和声誉。良好的商业信用可以帮助企业获得更多的商机、更高的信任度和更好的合作伙伴关系。以下是三类典型的企业商业信用运用场景：

（1）供应链管理。供应链中的各个环节需要相互合作和依赖，而商业信用的高低直接关系到合作伙伴的选择和信任度。企业可以通过建立良好的商业信用，来获得供应商和客户的信任，确保供应链的顺畅运作。

（2）贷款和融资。金融机构在考虑为企业提供贷款和融资时，通常会评估企业的信用状况。良好的商业信用可以增加企业获得贷款和融资的机会，并获得更有利的利率和条款。商业信用的建立需要企业积极履行合同和支付义务，遵守商业道德和法律法规。

（3）电子商务平台。企业的商业信用直接关系到消费者的购买决策，消费者通常会参考企业的信用评级、评价和口碑选择可靠的企业进行交易。良好的商业信用可以帮助企业吸引更多的消费者，增加销售额。

2. 区块链如何为企业的商业信用托底

区块链技术为企业的商业信用提供了新的解决方案，以下是区块链技术为企业的商业信用托底的四个关键点。

（1）信用记录的不可篡改性。区块链采用分布式的技术，所有的交易和信息都被记录在区块链上，且无法被篡改。这意味着企业的商业信用记录可以被永久保存，并且可供验证。任何对商业信用的改动都需要经过网络中的共识机制，确保数据的真实性和可信度。

（2）透明和可追溯的交易历史。区块链上的交易信息是公开可见的，任何参与者都可以查看和验证。这种透明性可以帮助消费者、合作伙伴更好地了解企业的商业行为和历史记录。通过区块链技术，企业可以建立良好的商业信用，并依据可追溯的交易历史，证明自己的诚信。

（3）去中心化的信用评级和认证。区块链技术可以实现去中心化的信用评级和认证机制。传统的信用评级机构通常存在信息不对称和高额成本的问题，而区块链可以通过智能合约和共识算法实现分布式的信用评级系统。企业的信用评级可以由多个参与者共同评估，消除单一机构的主观性和不可信度。

（4）智能合约的执行和自动化。区块链上的智能合约可以自动执行商业交易和合同条款。通过智能合约，企业确保了合同的履行和交易的安全性。智能合约根据事先设定的条件自动执行，可以避免人为的错误和争议，提高商业交易的效率和可靠性。

五、AI 技术：创新的"头脑风暴"

AI 技术不仅改变了人们的日常生活方式，还深刻影响着商业模式的发展和创新思维的演变。

1. AI 技术中的创新思维

AI 技术源于人类智慧的延伸，其核心在于模仿人类的思维过程和认知能力。AI 技术中的创新思维指以不同寻常的方式思考问题、解决问题，并创造出新的价值和机会。体现 AI 技术创新思维的四个重要方面。

（1）数据驱动的创新。AI 技术的核心是数据加工处理和深度分析，该技术能够处理海量的数据并从中发现模式、趋势和关联。在创新过程中，AI 技术具备更加广阔的洞察视野，推动新产品和服务的开发。

（2）自动化和智能化。AI 技术能够自动执行任务、学习和优化自身的性能。这种自动化和智能化的能力为企业的创新提供了更广阔的空间。在制造业的应用普及过程中，AI 技术可以实现智能化的生产线，提高生产效率和质量。

（3）交叉融合的思维。AI 技术能够与其他领域的技术进行融合，创造出全新的应用场景和解决方案。将 AI 技术与物联网、区块链等技术结合，可以实现智能家居、智能交通等创新领域的发展。

（4）创造性的算法设计。AI 技术的核心是算法，而创新的算法可以提高 AI 系统的准确性、效率和鲁棒性，从而推动 AI 技术在各个领域的创新应用。

2. AI 技术在商业模式中的运用

AI 技术在商业模式中的运用程度不断加深，正在改变着企业的运营方式，增强企业的市场竞争力，推动着商业模式的创新。AI 技术能够运用于以下商业模式应用场景：

（1）智能客服和个性化推荐。AI 技术打造的智能客服系统，能为用户提供个性化的服务和解决方案。通过分析用户的行为和偏好，AI 技术可以为用户提供精准的产品推荐，提高用户满意度和忠诚度。

（2）预测和优化。AI 技术可根据数据分析和预测模型预测市场需求、销售趋势和供应链变化。基于这些预测结果，企业可以进行合理的生产安排、库存管理和定价策略，实现资源的优化配置（周代运，2023）。

（3）自动驾驶和智能物流。AI 技术在交通运输和物流领域的应用已经取得了突破性的进展。自动驾驶技术可以提高交通安全和效率，智能物流系统可以实现货物的自动分拣、智能配送，并降低物流成本和提高效率。

（4）数据分析和商业洞察。AI 技术可以快速分析和处理海量数据，并从中提取有价值的商业洞察信息。企业利用这些提炼出来的信息能进一步了解市场趋势、用户需求和竞争对手的行为，从而制定更准确的市场营销和业务策略。

第三节 商业模式"软实力"变革

在如今快速变化的商业环境中，企业面临着巨大的挑战和机遇。为了保持竞争力和实现长期可持续发展，企业需要不断地适应社会变化，通过增强自身"软实力"进行创新变革，打造具有自身特色的商业模式。

一、把握商业模式变革的契机

1. 商业模式变革的概念

商业模式是指企业为了创造、传递和捕获价值而采取的一系列活动和组织安排的方式。在进行商业模式变革的过程中，企业的经营管理难免会受到影响，在原有商业模式的基础上，企业将进行重大调整或全面改变。这一过程涉及企业在价值主张、价值创造、价值交付和价值捕获等方面的根本性变革。

商业模式变革可包括但不限于以下三个方面：

（1）商业模式变革可能涉及产品或服务的创新，通过引入新技术、新产品或新服务改变市场格局。

（2）商业模式变革还可以通过重新设计价值链实现，即对企业内部各环节进行重新组织和优化，以提高效率和降低成本。

（3）商业模式变革可能涉及市场定位和客户关系的改变，通过重新定义目标市场和与客户的互动方式，获得竞争优势。

2. 商业模式变革的逻辑与本质

商业模式变革的逻辑源于市场和技术的变化。市场的变化来自消费者需求的变化、竞争格局的变化或政策环境的变化等，而技术的变化包括科技创新、数字化转型、人工智能等领域的突破。这些变化将推动企业适应调整节奏，改变和创新商业模式（惠亚宁，2021）。

商业模式变革的本质是企业对市场和技术变化的响应与创新。在市场变化下，企业需要重新思考如何满足消费者的新需求，寻找新的增长点和盈利模式。在技术变化下，企业需要利用新技术提升效率、创造新产品或服务，并改变商业模式。

企业进行商业模式变革的逻辑可以总结为如下步骤：

（1）企业要准确理解市场和技术的变化趋势，洞察新的机会和挑战，明确自身定位。

（2）企业管理者要根据实际情况进行战略规划和定位，确定商业模式变革的目标和方向。

（3）企业要加大对组织资源的重新配置活动的力度，包括人员、技术、资金等方面的调整。

（4）企业要敢于尝试，通过适应试错并且持续学习，不断优化和完善新的商业模式，坚定贯彻商业模式变革的初衷。

3. 企业如何把握商业模式变革的契机

为了把握商业模式变革的契机，企业需要具备敏锐的市场洞察力和灵活的组织能力。本书提出六点建议供企业参考。

（1）持续监测市场和技术的变化。企业应密切关注市场趋势、消费者需求、竞争动态以及新兴技术的发展。通过与外部合作伙伴、专业咨询机构和行业组织的合作，获取最新的市场情报，保障信息的先进性，并培养敏锐的洞察力。

（2）培养创新文化。企业应鼓励员工提出新的想法和创新建议，并提供适当的技术和资源支持，进而推动创新。创新文化的培养包括鼓励试错、容忍失败、激励创新等措施，在健全的创新文化熏陶下，为企业内部营造积极向上的氛围。

（3）探索新技术应用。企业应积极探索新技术在业务中的应用潜力，包括人工智能、大数据分析、物联网等。通过与技术供应商和科研机构的合作，推动新技术的引入和应用。

（4）与生态系统合作。企业应与共同生态系统中的其他企业、创新企业、供应商和客户建立合作关系，共同探索商业模式变革的机会。

（5）敏捷调整组织结构。企业应建立灵活的组织结构和决策机制，以快速响应市场和技术变化。探索敏捷管理方法，如敏捷性开发、精益化创业等，推动组织变革和创新。

（6）打造持续学习能力。企业应建立学习型组织，通过知识分享、培训和反馈机制，不断提升员工的能力和创新意识。同时，企业应不断反思和改进商业模式，适应变化的市场需求。

商业模式变革是企业持续发展的关键。通过把握商业模式变革的契机，企业可以在快速变化的商业环境中保持竞争力，并实现可持续发展。通过敏锐的市场洞察力、灵活的组织能力和创新的思维方式，企业能不断适应和引领商业模式的变革，为自身带来新的发展机会。

二、价值链与价值链 DNA 的"基因突变"

企业的商业模式决定了其如何创造、交付和捕获价值，而价值链是商业模式的核心组成部分，描述了企业在价值创造过程中的各个环节和活动。以下介绍企业商业模式的价值链概念与特征，探讨企业如何实现价值链 DNA 的基因突变，以便提升企业商业模式"软实力"。

1. 企业商业模式的价值链的概念与特征

价值链指企业在产品或服务的创造、交付和捕获过程中所涉及的各个环节和活动，涵盖了从原材料采购到最终产品或服务交付给客户的整个价值创造链条。

价值链的特征十分显著，可将其归纳总结为以下四点，如图 6-2 所示。

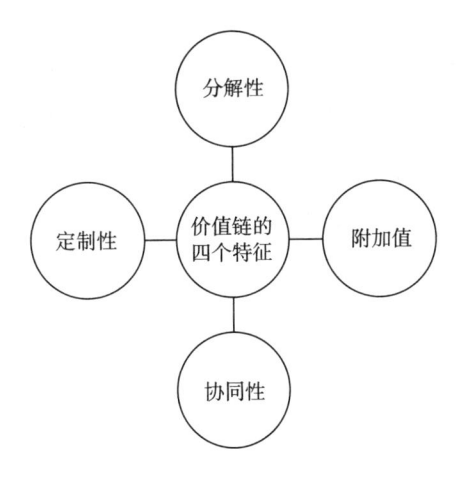

图 6-2 价值链的四个特征

（1）分解性。价值链将企业的活动分解为一系列具备相互关联性的环节，每个环节都为最终产品或服务的创造和交付贡献了相当可观的价值。

（2）附加值。企业经营过程中的每个环节都能够作用于附加值的提升，这些环节在价值链中都添加了一定的附加值，使产品或服务变得更具竞争力和吸引力。

（3）协同性。价值链中的各个环节相互关联、相互依赖，形成协同作用，确保最终产品或服务具有较高的质量和效率。

（4）定制性。不同企业的价值链可能存在差异，因此需要根据企业的战略定位和市场需求进行定制。

2. 企业如何实现价值链 DNA 的"基因突变"

企业为了实现价值链 DNA 的"基因突变"，需要在价值链上充分展现其核心竞争力和特色。这样的"基因突变"，实质上是企业商业模式"软实力"的体现，决定了企业在市场竞争中的优势和差异化（刘光强等，2023）。

企业实现价值链 DNA 的"基因突变"的途径不尽相同，以下是几点关键要素：

（1）清晰洞察市场需求。企业需要深入了解市场的需求和趋势，准确把握客户的痛点和期望，以及竞争对手的优势和劣势。

（2）培养创新技术驱动能力。企业应积极进行创新，引入新技术和新方法，提升价值链中各个环节的效率和质量。

（3）打造合作伙伴生态系统。建立与供应商、渠道商和合作伙伴的紧密合作关系，共同推动价值链上的创新和优化。

（4）强化人才组织能力。培养具备创新思维和执行能力的人才，建立灵活适应变化的组织结构和文化。

（5）加快数据驱动步伐。利用信息技术和数据分析，深化对价值链各环节的洞察和优化，提升决策的准确性和效率。

尽管企业实施价值链 DNA 的"基因突变"的方法论各式各样，但是具体实践的步骤需要遵循以下主线：

（1）价值链识别和评估。这要求企业对现有的价值链进行全面的分析和评估，识别其中的优势和劣势。

（2）策略制定。基于市场需求和竞争环境，企业要及时制定能够实现差异化竞争的战略,确定改变和优化的重点环节。

(3) 创新和实验。对于迫切需要激活价值链 DNA 的企业来说,引入创新理念和方法对目标环节进行改进和优化,是企业实现弯道超车的重要途径,通过实验和试错,其能够不断吸取最佳实践经验。

(4) 组织和资源调整。企业在进行内部组织结构调整活动的同时,还需要进行资源的合理配置,加大投入支持新的价值链环节和活动,提升效率和协同效应。

(5) 定期评估与优化。为了保障价值链中的要素充分涌流,企业需要定期进行价值链动态评估,根据评估结果调整新的价值链环节,寻找改进的机会,实现持续的 DNA 的"基因突变"(杨凡和刘海兵,2019)。

企业价值链 DNA 的"基因突变"取决于自身的变革的意愿,这样的"基因突变"是企业实现商业模式创新、获取持续竞争优势的关键。通过关键要素的综合作用,企业可以在价值链上实现"基因突变",提升商业模式的"软实力"。企业应紧跟市场和技术的变化,不断优化和创新价值链中的环节和活动,以保持竞争力,并持续为客户提供价值。

三、跨界整合:数据资产

1. 企业的数据资产分类

在当今数字化时代下,数据成为企业最重要的资产之一。跨界整合数据资产带来了巨大的商业机会和竞争优势,企业数据资产的分类如图 6-3 所示。

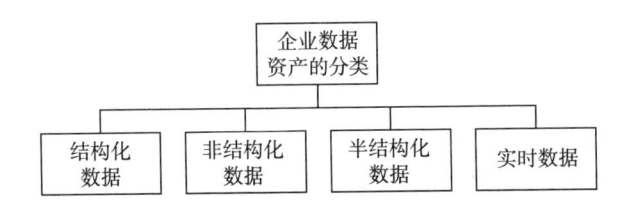

图 6-3 企业数据资产的分类

（1）结构化数据，指以明确格式和组织形式存储的数据，如数据库中的表格、电子表格等。这类数据易于存储、管理和分析，可以通过数据库系统进行高效处理（罗斌元和赵依洁，2022）。

（2）非结构化数据，指没有明确格式和组织形式的数据，如常见的文本文档、图片、音频、视频等。这类数据的特点是信息量大、形式多样，需要借助自然语言处理、图像识别等技术进行分析和处理。

（3）半结构化数据，指介于结构化数据和非结构化数据之间，具有一定的组织结构但不符合传统的数据，常见的数据格式诸如XML、JSON等。这类数据可以存储和传输数据，并具有一定的标记和结构。

（4）实时数据，指即时产生的数据，如传感器数据、交易数据等。这类数据需要实时采集、处理和分析，以支持实时决策和反应。

2. 数据的跨界整合机制

企业在进行数据资产的跨界整合活动时，可以通过以下方式进行整合。

（1）建立数据共享平台。企业构建数据共享平台，将不同部门和业务领域的数据整合在一起。通过数据共享平台，实现数据的集中管理、安全共享和一致性分析。

（2）提高数据标准化与整合水平。企业需要对数据进行标准化测试，统一不同数据源的格式和结构，以便进行整合分析。数据整合可以通过ETL（Extract，Transform，Load）等技术实现，将数据从不同源提取、转换和加载到统一的数据仓库或数据湖中。

（3）强化数据治理与管理力度。企业需要建立数据治理机制，包括数据质量管理、数据安全管理、数据隐私保护等，以确保数据的可信度和合规性。同时，有效的数据管理可以帮助企业理解和掌握数据资产，为跨界整合提供基础支持。

（4）深化数据挖掘与分析。通过数据挖掘与分析，企业可以从跨界整合的数据中发现潜在的关联、趋势和洞察，做出更准确的决策，并发现商机，进一步优化业务流程和客户体验。

3. 如何实现数据资产的跨界整合

在明确了数据资产的分类以及跨界整合机制后,企业仍需要了解如何科学高效地实现整个整合流程。

(1)制定战略和愿景。企业要明确跨界整合数据资产的战略目标和愿景,然后开始制订整合计划,确定整合的范围和重点领域,保障整合全流程的畅通。

(2)建立跨部门协作机制。跨界整合数据资产要求各部门之间密切合作,企业要建立跨部门的数据团队或委员会,由具备专业知识与管理能力的人员组成,实行轮岗制度,由团队负责协调数据整合的策略和实施工作。

(3)技术基础设施建设。企业要投资建设适应跨界整合的数据基础设施,包括数据仓库、数据湖、大数据平台等,以数据基建拉动数据的跨界整合。同时,企业应选择适当的数据管理和分析工具,提升数据整合和分析的效率(陈康等,2023)。

(4)建立数据文化。企业要培养数据驱动的文化,加强数据的普适度,鼓励员工使用数据进行决策和创新,提升员工的数据分析和数据管理能力,加大培训力度,同时引进专业人才,打造专业的管理团队。

(5)探索合作与开放创新。企业要与合作伙伴进一步深化数据共享,开展数据交流合作,拓展数据资产的边界,同时积极参与开放创新的生态系统,与外部创新者合作,获得更多的数据资源和技术支持。

跨界整合数据资产是企业在数字化时代获取竞争优势的重要战略举措。通过对数据资产进行分类、建立跨界整合机制和实施有效的整合策略,企业能够高效利用数据、洞察市场趋势、提升业务创新能力。数据资产的跨界整合不仅可以改善企业的内部运营效率,还可以发现新的商业机会,提升企业的竞争力和可持续发展能力。

四、知识管理:文化原力的觉醒

知识管理可以帮助企业有效地收集、统筹和利用内外部的知识资源,促进企业的文化创新，觉醒企业的文化原力。

1. 企业的知识管理路径

（1）知识获取。企业需要识别和获取内外部的知识资源，包括员工的实践经验和专业知识、合作伙伴的技术和创新手段以及市场竞争的有利信息等。

（2）知识统筹。企业要把获取的知识进行组织和分类，建立知识库和知识图谱等知识管理系统，加大知识的统筹力度，实现知识的全方位共享和无压力传递，提高知识的可访问性和利用效率。

（3）知识共享和协作。企业应鼓励员工之间的知识共享和协作，通过内部社交平台、团队协作工具等提供交流与合作的渠道，培养知识管理的氛围，促进知识的流动和共创。

（4）知识应用与创新。捕获并统筹的知识能够应用于业务创新以及问题解决方面，企业可以通过建立创新孵化器，定期开展知识分享活动，借助知识管理机制，激发员工的创新潜力和学习动力（喻登科和陈淑婷，2023）。

2. 企业进行知识管理的目标

知识是企业的核心竞争力之一，企业在进行知识管理时，需要明确知识管理的目标，如图6-4所示。

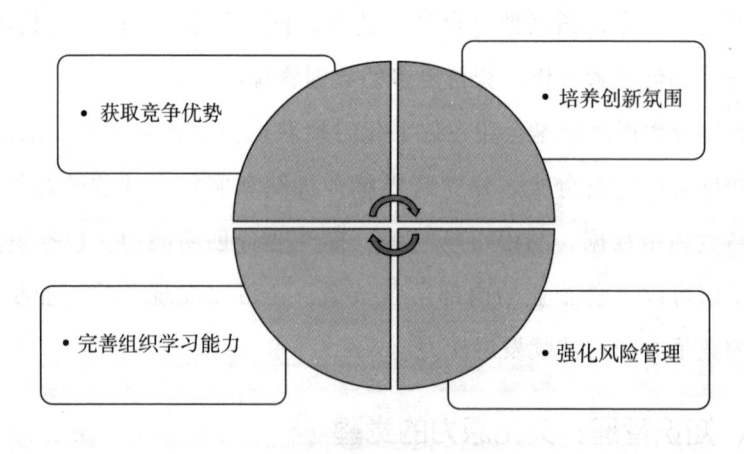

图6-4 企业进行知识管理的目标

（1）获取竞争优势。有效的知识管理可以帮助企业在市场竞争中取得优势。通过对知识的捕获、提炼和利用，企业可以创造独特的价值，打造差异化文化。

（2）培养创新氛围。知识管理促进创新和学习的循环。通过共享和应用知识，企业可以不断改进和创新产品、服务及业务模式，实现持续创新，保证充足的学习劲头。

（3）强化风险管理。知识管理有助于风险的识别和应对。企业能借助知识的共享和有效组织，更好地应对外部环境的变化和挑战，降低风险和不确定性。

（4）完善组织学习能力。知识管理可以建立学习型组织，培养员工的学习能力和知识更新的意识。这有助于提升组织的灵活性和敏捷性，从而更好地迎接商业模式变革以及管理创新的挑战。

3. 如何通过知识管理觉醒企业的文化原力

文化原力问题一直是影响企业进行知识管理的一大关键点，而企业为了觉醒文化原力，亟须通过以下切入点达成目的。

（1）塑造领导力。企业领导者应树立知识管理的重要性，将其纳入企业的战略和价值观。通过积极塑造和强调知识共享、学习和创新的文化，激发员工的积极性和参与度。

（2）建立激励机制。企业可以建立奖励和激励机制，鼓励员工分享知识、提出创新和学习的建议。奖励可以是物质奖励，也可以是声誉和机会以及认可，激励员工积极参与知识管理活动。

（3）搭建技术支持的平台。企业需要投资和建设适合知识管理的技术支持与平台，如知识管理系统、内部社交平台等。这些技术工具可以促进知识的流动和共享，提升知识管理的效率和效果（董晓宏等，2023）。

（4）提供培训和学习机会。为员工提供培训和学习机会，提升员工的知识管理能力和意识。开展的培训包括知识管理的理念和方法、信息检索和分析技能等，通过培训帮助员工更好地参与知识管理活动。

知识管理是企业发展和创新的重要支撑。通过建立知识获取、组织、共享和应用的路径,企业可以更好地利用和发展内部及外部的知识资源。通过知识管理觉醒企业的文化原力,企业可以实现创新、学习和持续发展,提升竞争力和适应性,迎接未来的机遇和挑战。

五、用户至上的互联网思维

互联网时代的降临,给企业带来了前所未有的发展契机,而用户至上的互联网思维成为企业的制胜法宝。

1. 何为用户至上

首先是用户体验,用户至上意味着企业将用户的体验和需求置于首位,以满足用户的期望和需求为导向,提供优质的产品和服务。企业应关注用户的感受、需求和反馈,不断改进和优化用户体验。

其次是用户价值,用户至上强调为用户创造价值。企业需要深入了解用户的需求和价值观,通过提供定制化的产品和服务,满足用户的多样化需求,实现用户价值的最大化(石童心和辛青燃,2018)。

最后是用户参与,用户至上鼓励用户的参与和互动。企业可以通过用户反馈、用户共创等方式,主动与用户进行沟通和互动,建立紧密的用户关系,提高用户的参与度和忠诚度。

2. 企业的互联网思维剖析

企业的互联网思维值得深入剖析,而其中的逻辑在于以下三个方面,如图 6-5 所示。

敏捷思维的创新 → 数据驱动决策 → 开放式平台思维

图 6-5 互联网思维的三个逻辑

（1）敏捷思维的创新。互联网思维强调快速迭代和敏捷创新。企业需要借鉴互联网公司的创新模式，快速响应市场变化，不断试错和学习，推出具有竞争力的产品和服务。

（2）数据驱动决策。互联网思维以数据为基础进行决策和运营。企业需要收集和分析用户数据，洞察用户行为和偏好，从而优化产品设计、市场推广和用户体验。

（3）开放式平台思维。互联网思维鼓励企业构建开放、共享的平台。企业可以通过开放 API 接口、合作伙伴生态系统等方式，打造生态化的平台，吸引更多的用户和合作伙伴参与。

3. 如何将用户至上理念注入互联网思维

用户至上理念一直是企业重点关注的方面，而做到用户至上并不难，难的是如何将用户至上的理念融入互联网思维，以下将提出四点实施方式：

（1）洞察用户需求。企业应通过市场研究、用户调研等方式深入了解用户的需求和行为。同时，借助数据分析工具和技术，挖掘用户数据背后的洞察，为用户提供满足切身需要的产品和服务。

（2）创新发展思维。企业需要建立鼓励创新的组织文化和机制。鼓励员工提出创新的想法和解决方案，倡导试错和快速迭代的文化，不断优化产品和服务，以满足用户的需求。

（3）引导用户参与和互动。企业应主动与用户进行沟通和互动，建立用户参与的渠道和平台。通过用户反馈、用户共创等方式，让用户成为产品和服务的参与者和合作者，提高用户的满意度和忠诚度。

（4）依靠数据驱动决策。企业需要建立完善的数据收集、分析和应用体系。将数据驱动的决策融入企业的运营和战略，基于数据的洞察做出准确的决策，优化用户体验和用户价值（闫小飞，2022）。

用户至上的互联网思维已成为企业成功的关键要素之一。通过将用户体验、用户价值和用户参与置于首位，企业可以实现用户满意度的提升，创造持续的用户价值，并在激烈的市场竞争中脱颖而出。同时，借助敏捷思维的创新、推动决策的数据驱动和开放式平台思维，企业能够更好地应对市场变化，实现可持续发展。

专栏6-3

健伦体育：用户至上的互联网思维践行者

一、企业简介

广东健伦体育发展有限公司（以下简称健伦体育）总部坐落于"世界制造业之都"——中国佛山顺德，作为一家集研发、生产和销售于一体的企业，健伦体育专注于经营篮球架、乒乓球桌、运动地胶、健身器材、运动用品以及户外体育用品。多年来，公司致力于中国体育工程建设，专注研发和生产更优质的社区体育设施，为用户提供一站式体育工程建设解决方案。

二、用户至上思维

（1）前瞻性。近年来，随着体育运动行业的蓬勃发展，市场竞争也日益激烈，产品同质化问题和售后服务的不足成为企业面临的难题。在这一背景下，健伦体育紧抓机遇，秉承用户至上的理念，在京东等电商平台推出一系列具有前瞻性的解决方案，以满足不断增长的体育运动商户需求，推动整个行业走向良性发展的道路。

健伦体育深入了解不同客户的需求，针对企业和事业单位提供特定的定制化产品。同时，公司还注重优化全国物流配送服务，建立高效便捷的供应链系统，保障产品及时送达。并且，为了更好地满足用户的需求，品牌积极推出服务试点，不断改进服务体系，真正做到问题迎刃而解，让用户感受到品牌的用心。

（2）创新性。健伦体育一直致力于推动中国企事业体育运动设施建设的创新发展，采取了一系列独特的创新策略，与行业内精通不同领域的运动员、设计师、研发专家、施工团队以及维保人员紧密合作，共同展开大量深入研究，针对不同体育运动竞技的特点和需求进行创新探索。

健伦体育紧密关注用户需求，运用互联网思维来提高体育设施建设的质量和用户体验。通过数据分析、用户反馈等方式，公司不断优化体育设施的设计和功能，确保用户在使用过程中能够获得更多的乐趣和便利。健伦体育还致力于推动体育设施建设标准化和规范化的发展，与行业内专业人士开展合作与研究，统一体育运动设施建设的质量标准、质检标准和配套标准，确保每项体育设施都能够达到最高的品质要求。

（3）专业性。健伦体育一直专注于社区健身器材配套服务，提供科学的解决方案和智能的健康运动社区，成为全面专业的体育服务商。在互联网思维的驱动下，健伦体育不断创新，结合科技和健身，为用户带来全新的健康运动体验。公司始终坚持的品质导向和用户至上的理念，积极运用大数据分析，深入了解用户需求，不断优化产品和服务，从而满足用户的个性化需求。

在用户至上的互联网思维引导下，健伦体育注重用户反馈与需求，不断优化产品与服务，通过线上线下相结合的方式，让用户随时随地享受到专业级的体育服务。与此同时，健伦体育还与行业顶尖的品牌合作，包括红双喜、双鱼、金陵、傲胜、舒华、长河、英利奥等，为推动大体育产业发展共同努力。

三、插上数字化翅膀

（1）数字化营销带动媒体新媒体业务。通过电商积累的宝贵数据，深入挖掘用户需求，结合行业专业性，激发直播、微视频营销和视频带货等新媒体业务的活力，健伦体育进一步拓展了市场影响力，增强了品牌认知度，提升了销售额。

（2）数字化管理驱动效率提升。健伦体育引入先进的数字化管理工具，使内部信息流转更为迅捷透明。借此机会，企业不断优化企业内部运营，加强团队协作，提高工作效率，为健伦体育的快速发展提供坚实支撑。

（3）信息化平台带动未来社区体育新商业模式。借助小程序、App等科技手段，健伦体育将实现从体育产品销售到体育项目对接，再到社区体育服务的多元化发展，促进体育产业的融合创新，打造全方位的体育生态圈，满足用户多样化的体育需求，推动健康生活方式的普及。

参考文献

［1］卢玉. 互联网思维下的商业模式创新路径研究［J］. 商展经济，2022（7）：124-126.

［2］周露. "互联网+"思维对企业管理创新的启示［J］. 现代商业，2019（23）：16-17.

第四节　协同管理的"洪荒之力"

社会和技术的不断发展，使协同管理的"洪荒之力"正在爆发，数字制造、工业互联网的应用规模大幅度增长，企业面临如何融入百年不遇的协同变局中的问题。

一、破局：国之重器——数字制造

1. 数字制造的概念及本质

数字制造是以数字化技术为基础，通过数据采集、分析和应用，实现制造过程的可视化、智能化和灵活化的一种制造模式。数字制造能够通过将传感器、物联网、大数据分析、人工智能等技术应用于制造领域，实现从设计到生产的全过程数字化和智能化。

数字制造的本质是通过数据的全面采集和分析，将制造过程中的各个环节进行连接和优化,实现制造过程的高效、精确和可控。这不仅是一种技术手段,更是一种改变制造业传统模式的战略性变革。

2. 数字制造的特征

(1)可视化。数字制造通过数据采集和处理,将制造过程中的各个环节可视化呈现出来。通过实时监控和数据展示,制造企业可以准确了解整个生产过程中的各项指标和状态,及时发现问题并采取相应措施。

(2)智能化。数字制造借助人工智能和机器学习等技术,实现制造过程的智能化控制和优化。通过对数据的分析和算法的应用,制造企业可以自动调整生产参数、优化生产计划,提高生产效率和质量(Christian and Heidi,2022)。

(3)灵活化。数字制造使生产过程更加灵活和可调节。通过数字化的生产设备和智能化的控制系统,制造企业可以更加快速地调整生产线布局、改变产品配置,满足市场需求的变化。

(4)个性化定制。数字制造可以支持个性化定制的生产模式。通过数字化技术,企业可以与客户进行更加紧密的互动,根据客户需求定制产品,实现个性化生产。

3. 数字制造破局的战略意义和推动作用

数字制造破局具有重要的战略意义和推动作用,如图6-6所示。

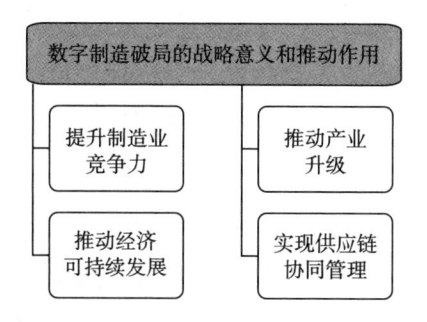

图6-6 数字制造破局的战略意义和推动作用

（1）提升制造业竞争力。数字制造可以提升制造业的竞争力，实现生产过程的高效、精确和可控。通过数字化技术的应用，制造企业可以更好地管理生产过程、提高生产效率、降低生产成本，从而提升市场竞争力。

（2）推动产业升级。数字制造的推广和应用可以推动传统制造业向智能制造和高端制造转型升级。数字化技术的引入可以提高制造业的技术含量和附加值，推动企业实现创新和增长。

（3）实现供应链协同管理。数字制造为企业协同管理提供了基础和条件。通过数字化技术的支持，不同环节的企业可以实现数据共享和协同决策，提高供应链的响应速度和灵活性（梁玲玲和张悦，2023）。

（4）推动经济可持续发展。数字制造可以提高资源利用效率和环境友好性，推动经济可持续发展。通过优化生产过程和资源配置，数字制造可以减少能源的消耗和废弃物的产生，降低对环境的污染。

数字制造作为国之重器，对提升制造业竞争力、推动产业升级和推动经济可持续发展具有重要意义。各国都将数字制造作为战略性优先发展领域，并加大投入和支持力度，以推动制造业的数字化转型和升级。

二、入局：工业互联网与消费升级

1. 工业互联网的兴起

工业互联网指将互联网技术应用于制造业，实现设备、系统和人员之间的实时连接和信息交互。该技术通过传感器、智能设备和数据分析等技术手段，实现制造过程的数字化、智能化和协同化，为企业带来了许多机遇和挑战。

（1）数据实时采集与共享。工业互联网通过物联网技术，实现设备和传感器数据的实时采集，并将数据存储在云平台上进行分析和共享。这种实时的数据采集和共享使企业能够及时获取生产过程的关键信息，快速做出决策和调整，提高生产效率和质量（孙鑫等，2023）。

（2）制造过程的协同化。工业互联网通过连接不同环节和部门的设备和系统，实现制造过程的协同化。各个环节之间的数据共享和实时通信，使生产线的协调和调度更加高效，降低了生产成本和交货时间。同时，协同化的制造过程还促进了不同环节之间的合作与创新。

（3）智能化与自动化的推动。工业互联网技术的应用，使生产设备、系统能够更加智能化和自动化。通过数据分析和人工智能算法的应用，企业可以实现设备的预测性维护、自动化控制和智能优化。这些功能提高了生产效率、减少了人为误差，也降低了能源消耗和废品率。

2. 消费升级的需求

随着社会的发展和人们生活水平的提高，消费者对产品和服务的需求也在不断演变和升级。消费升级主要表现在以下四个方面，如图 6-7 所示。

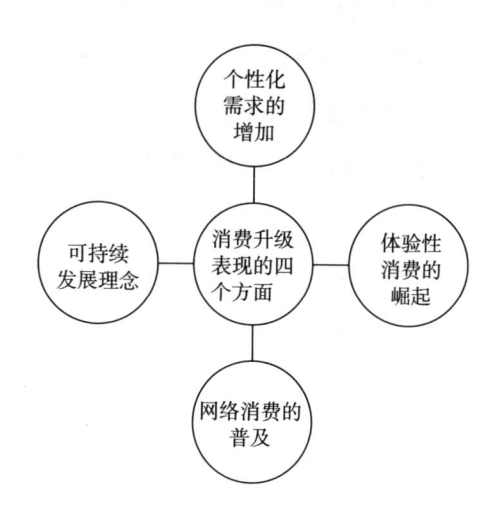

图 6-7 消费升级表现的四个方面

（1）个性化需求的增加。消费者对产品和服务的要求越来越个性化，不再满足于传统的大众化产品，消费者希望获得更加独特、符合自身口味和需求的产品。企业需要通过工业互联网技术，实现生产的定制化和柔性化，满足消费者的个性化需求。

（2）体验性消费的崛起。消费者越来越注重产品的使用体验，不仅关注产品本身的功能和品质，还关注产品的设计、交互和服务等。通过工业互联网技术，企业可以实现对产品全生命周期的管理和优化，提供更好的产品体验，满足消费者对高品质生活的追求。

（3）网络消费的普及。随着互联网的普及和电子商务的发展，消费者越来越倾向于通过网络购物和消费。网络消费的便利性和多样性使消费者能够便捷地获取所需产品和服务。工业互联网技术的应用可以提供高效的供应链管理和配送服务，满足消费者对快速、准确配送的需求。

（4）可持续发展理念。随着环境保护意识的增强，消费者对可持续发展的产品和服务越发关注。消费者希望购买符合环保标准和社会责任的产品，对企业的可持续发展性能提出了更高的要求。通过工业互联网技术，企业可以实现对生产过程的监控和管理，降低资源消耗和环境污染，满足消费者对可持续发展的期待（李勤，2023）。

工业互联网的兴起和消费升级的需求是企业入局的重要驱动力。通过充分利用工业互联网技术，实现生产过程的协同化、智能化和个性化定制，企业可以满足消费者对产品和服务的不断升级的需求，提升竞争力并保持市场优势。同时，企业需要关注可持续发展的要求，注重环境保护和社会责任，赢得消费者的信任和支持。

▶ 专栏6-4 ◀

忽米科技：让工业更有智慧

一、企业简介

重庆忽米网络科技有限公司（以下简称忽米科技）是中国领先的工业互联网平台，致力于为中国制造企业提供数字化平台及解决方案，以大数据智能化创新技术消除中国制造企业"数字鸿沟"，帮助企业实现转型升级。作为行业领先的工业互联网平台，忽米科技在平台资源管理、跨行业跨领域应用服务、重大事件基础支撑等方面都表现出了突出的能力。

二、工业互联网解决方案

1. 运营智能化解决方案

忽米科技以"5+5+1"体系架构为基础，打造了一体化的综合管理平台，即基于忽米数据智能、数字孪生、应用开发、标识解析、物联感知五大数智引擎平台，打造覆盖"研、产、供、销、服"五大应用场景的综合运营平台。平台可实现与各部门系统之间的无缝衔接，打破信息壁垒，解决流程断头问题；依托数字孪生技术，建立多"网"统管机制，对企业各部门运营关键指标进行可视化监控。

（1）数据智能平台。为企业提供了智能化的数据分析和决策支持，通过采集、整合和分析各个环节的数据，该平台能够提供准确的运营指标和洞察，帮助企业进行数据驱动的决策和优化。

（2）数字孪生平台。通过该平台，忽米科技可以在虚拟环境中模拟和优化生产过程，提前发现和解决潜在问题，从而提高生产效率和质量。

（3）应用开发平台。该平台为忽米科技提供了自定义应用的开发和部署环境，通过该平台，可以根据自身需求快速开发各类应用，满足不同部门和业务场景的需求，实现自动化和流程化的运营管理。

（4）标识解析平台。通过对公司内部的标识进行解析和管理，该平台实现了各个系统之间的无缝衔接。通过打破信息壁垒，解决流程断头问题，实现信息的流畅传递和协同工作，提高运营效率和响应速度。

（5）物联感知平台。通过物联网技术将各类设备和传感器连接起来，实现对生产过程的实时监控和管理。借助物联感知平台，公司可以追踪和管理物料和设备的使用情况，实现资源的优化配置和预防性维护，提高生产效率和产品质量。

2. 产线解决方案

忽米科技致力于为制造企业提供先进的解决方案，通过物联感知和数字孪生技术的融合，为产线打造高效、透明的柔性智能化环境。公司的方案结合了物联网、人工智能和数字孪生技术，从物料到生产、检测和入库，实现了产线的柔性智能化管理。

（1）生产执行层。忽米科技采用了 RFID 标签技术，实现自动识别产品类型，灵活转换生产工艺。制造企业可以根据不同产品的特性和需求，快速调整生产线，提高生产效率和灵活性。同时，通过物联感知技术，可以实时监测设备的状态和运行情况，及时发现和处理异常情况，避免生产中断和损失。

（2）质检层。忽米科技利用视觉检测能力进行自动识别不良产品，高效检测产品的外观和质量特征，减少人为错误和漏检。通过采集的数据，公司还可以进行统计过程控制（SPC）分析，优化工艺参数，提高产品质量和一致性。

（3）现场管理层。忽米科技借助 Andon 系统，实现对物料、设备和质量等异常情况的快速响应。当发生异常情况时，系统会及时报警并通知相关人员，以便迅速采取行动，解决问题。

3. 生产智能化解决方案

忽米科技致力于推动生产全要素与数据智能的融合，重塑生产价值链，使生产过程可视化。基于精益生产管理的理念，公司构建了一个平台+场景的"5+7"架构体系，利用物联感知、数据智能、应用开发、标识解析和数字孪生五大数智引擎平台，帮助企业实现订单、执行、现场、物料、质量、库存和设备七大应用场景的全过程可视化与透明化管理。公司结合了5G、互联网和 AI 技术，为精益生产提供基础数据支撑，帮助生产管理者改善产品质量、提高生产效率。

通过忽米科技的工业互联网解决方案，生产企业可以对生产过程中的各个环节进行实时监控和管理，实现数据的实时采集、传输和分析，从而更好地掌握生产过程中的各项指标和变量。

参考文献

[1] 杜勇，曹磊，任思锜. 网络效应视角下工业互联网平台赋能模式

的演化机理：以忽米网为例［J］.管理案例研究与评论，2022，15（6）：673-684.

［2］巩书凯.带动5G+工业互联网技术创新者　忽米帮助企业智能化转型［J］.数字经济，2021（5）：72-75.

三、风口：生态圈的"新发展格局"

1. 生态圈理念

生态圈指由多个企业、组织和个人构成的互动网络，通过合作与协同实现资源共享、优势互补和共同发展的一种发展模式。这一理念强调多方参与者之间具有紧密合作、互惠的关系，以实现整体效益的最大化。生态圈的形成通常基于某个核心企业或平台，该核心企业或平台在生态圈中起到组织和引领作用，促进各方共同参与和发展。

2. 生态圈的新发展格局的特征

（1）资源整合与优势互补。生态圈的核心思想是将不同企业的资源和能力整合起来，通过合作与协同实现优势互补。每个企业在生态圈中都扮演着独特的角色，通过共享资源和互相支持，实现资源的高效配置和利用。这种整合和互补的方式可以提高整体效益，促进各方共同发展。

（2）协同创新与共同发展。生态圈为不同企业和组织提供了一个合作平台，通过共同的创新和研发，实现协同效应和创新突破。生态圈中的参与者可以共同分享知识和经验，相互借鉴和学习，从而推动整个生态系统的创新和发展。

（3）用户价值与体验的提升。生态圈注重用户价值和体验的提升。通过整合不同企业的产品和服务，提供更全面、多样化的解决方案，满足用户不同的需求。生态圈的参与者可以共同为用户提供更好的产品和服务，以提升用户的满意度和忠诚度（郭雪飞，2023）。

3. 如何打开新发展格局的风口

（1）建立核心企业或平台。打开生态圈的新发展格局，需要有一个核心企业或平台作为引领者和组织者。核心企业或平台应具备一定的规模和影响力，能够吸引和整合其他企业和组织的资源和能力。

（2）激励共同参与与合作。为了吸引更多的企业和组织参与生态圈，需要提供一定的激励机制与合作条件。通过资源共享、利益分配等方式，激励各方积极参与合作。同时，还需要建立良好的合作机制和沟通渠道，促进各方的有效协作。

（3）建立共享平台和生态系统。为了支持生态圈的发展，需要建立相应的共享平台和生态系统。共享平台可以提供技术、数据和资源的共享，促进各方之间的互动和合作。生态系统是一个相互关联和互动的网络，各个参与者可以在其中进行交流、合作和共同发展。

（4）强化创新和用户导向。在打开新发展格局的风口中，创新和用户导向是关键要素。核心企业或平台应不断创新，提供具有竞争力的产品和服务。同时，要关注用户需求和体验，不断改进和优化产品，提升用户价值。

（5）建立良好的生态文化和价值观。为了实现生态圈的共同发展，需要建立良好的生态文化和共享价值观。各方参与者应保持开放的态度，主动分享和学习，形成良好的合作氛围。同时，要强调共享和共赢的理念，推动整个生态圈的可持续发展。

通过以上措施，企业能够打开生态圈的新发展格局。生态圈的形成和发展将促进不同企业和组织之间的合作与协同，实现资源共享和优势互补。这种新的发展格局将推动整个生态系统的创新和发展，为各方参与者带来更多的机遇和价值。

四、契机：百年不遇的"协同变局"

1. 协同变局的大背景

当前，全球经济正面临着百年不遇的变局。新一轮科技革命和产业变革正在深刻影响传统产业和经济模式。全球供应链的重组、数字化转型、市场需求的多元化等因素都推动着企业进行转型升级。

在这一大背景下,协同管理成为应对变局的关键。传统的组织形式和管理模式已经无法适应变化的需求,而协同管理可以突破组织边界,实现资源的共享和优势的互补,提升企业的创新能力、竞争力和适应性。

2. 协同管理的意义

协同管理具有重要的意义和价值,如图 6-8 所示。

```
┌─────────────────────────┐
│ 突破组织边界            │
├─────────────────────────┤
│ 实现资源的共享和优势的互补 │
├─────────────────────────┤
│ 提升创新能力和竞争力    │
├─────────────────────────┤
│ 应对不确定性和挑战      │
└─────────────────────────┘
```

图 6-8 协同管理的意义和价值

(1)突破组织边界。协同管理可以打破传统组织的边界和壁垒,实现跨部门、跨企业的合作与协同。

(2)实现资源的共享和优势的互补。协同管理可以促使企业实现资源的共享和优势的互补。不同企业或组织之间具有不同的专长和资源,通过协同合作,可以最大限度地发挥各方的优势,提高整体效益。

(3)提升创新能力和竞争力。协同管理可以促进知识和经验的交流与分享,激发创新的火花。通过不同企业的合作与协同,融合不同的思维和观点,推动创新的发生。协同管理还可以提高企业的竞争力,通过整合各方资源和优势,提供更加全面、多样化的解决方案。

(4)应对不确定性和挑战。协同管理可以增强企业的适应性和抗风险能力。在面对不确定性和市场挑战时,企业通过协同合作的方式共同应对,分享风险,共同探索新的商业模式和市场机会。

3. 企业如何把握协同变局的契机

企业可采取以下措施把握协同变局的契机,如图 6-9 所示。

```
建立开放合作的伙伴关系
  建设协同平台和生态系统
    培育协同文化和价值观
      技术驱动和数据驱动
```

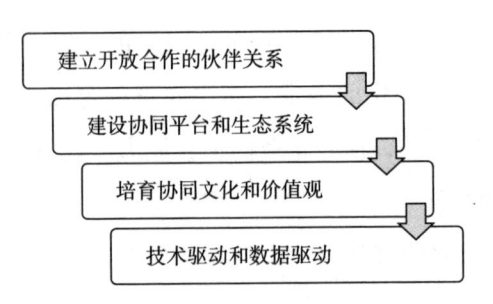

图 6-9　企业把握协同变局契机的措施

（1）建立开放合作的伙伴关系。企业可以主动与其他企业、组织建立开放合作的伙伴关系；通过共同制定合作目标、明确各方的责任和利益分配，建立长期稳定的合作关系，实现资源的共享和优势的互补。

（2）建设协同平台和生态系统。企业可以投资建设协同平台和生态系统，提供便捷的合作交流和资源共享平台，这些平台促进了各方之间的合作与协同，实现知识和经验的共享，推动创新和价值的产生（汪大兰和左小明，2022）。

（3）培育协同文化和价值观。企业应培育开放、合作的协同文化和价值观；营造积极向上、互信互助的工作氛围，培养员工分享和协同合作的氛围，推动协同管理在组织内部的实施。

（4）技术驱动和数据驱动。企业可以借助技术和数据的力量推动协同管理的实施；引入先进的数字技术和分析工具，实现数据的共享和分析，提升决策的科学性和准确性，推动协同管理的深入实施。

通过以上措施，企业可以把握协同变局的契机，实现资源的共享、优势的互补，提升创新能力、竞争力和适应性，实现持续发展。

篇末案例

云从科技：人工智能领军者

一、企业简介

云从科技集团股份有限公司（以下简称云从科技）成立于 2015 年，是第一家在科创板成功上市的人工智能平台公司。公司通过开放的人机协同操作系统实现技术平台化，为智慧金融、智慧城市、智慧治理、智慧商业等领域提供信息化、数字化和智能化的人工智能服务与行业解决方案，致力于实现全面的商业模式变革。

二、商业模式变革实力

1. 人机协同

云从科技以视觉+语音等多模态感知为基础，建立视觉认知、语言认知、环境认知等多模态认知融合，打造智能决策系统，实现人工智能技术闭环。在这一基础上，云从科技致力于推动人机协同，为建设泛在智能的未来城市做出贡献。

为了实现人机协同，云从科技提出了人机协同操作系统的五大特色。

（1）建立了算法工厂，通过不断研发和优化算法，提升机器的智能水平。

（2）注重可信智能决策，确保机器的决策过程可靠且可信。

（3）实现了便捷自然的人机交互，使人们能够以更自然、更便捷的方式与机器进行交流和互动。

（4）基于国产软硬件研制了自主人工智能操作系统，减少了对外部技术的依赖。

（5）提供了安全数据交互服务，确保人机之间的数据交换安全可靠。

把握商业模式变革的契机，是在推动人机协同的过程中不可或缺的一环。云从科技通过将人的智慧与机器的计算能力相结合，提高生产效率，降低成本，改善用户体验，推动创新。

商业模式硬实力也是云从科技关注的重点。云从科技在人机协同领域的技术突破和人机协同操作系统的特色，为企业提供了一种新的商业模式思路。通过充分利用多模态感知、知识推理、共融共判和数据安全共享等核心技术，企业可以打造智能决策系统，实现高效的人机协同，从而获得竞争优势和商业成功。

2. 视频结构化

云从科技自研的视频全结构化引擎是一种智能视频分析引擎，专门用于对视频或图片中的人脸、人体、机动车、非机动车等进行目标抓拍、识别和属性分析。该视频全结构化引擎采用高效开放的架构模式，为各种功能模块提供稳定和灵活的支持。

（1）采用单机主从架构，确保系统的稳定性和可靠性。这种架构模式允许在主服务器和从服务器之间进行任务分配和负载均衡，提高了系统的性能和可用性。

（2）该引擎具有可扩展的插件系统，可以满足不同用户的定制化需求。通过插件系统，用户可以根据自己的需求扩展现有功能添加新的功能模块或，实现更丰富和多样化的视频分析应用。

（3）引擎支持多种推理模型和高效的异构计算平台，包括多种人工智能芯片。这意味着引擎可以根据不同的场景和需求选择最合适的推理模型和计算平台，以提高处理速度和效率。

（4）视频全结构化引擎采用分布式架构，保证系统的高可用性。通过将任务分配给多个节点进行并行处理，系统能够更好地应对高负载和故障情况，确保视频分析的连续性和稳定性。

数字技术的顶级风暴正在席卷各行各业，云从科技的视频全结构化引擎抓住了这一商机，以商业模式硬实力的变革为基础，满足了市场对智能视频分析的需求。

3. 知识图谱

云从科技在知识图谱领域拥有一整套完整的产品，涵盖了知识建模、知识抽取、知识存储、知识计算、知识推理和知识应用等各个阶段。这些产品具有多项优势，包括理念先进、容量大、性能高、功能丰富、交互便捷和部署方便等。

（1）云从科技的知识图谱产品以大数据平台为基础，将图计算作为核心技术。大数据是公司数字决策的基础,通过将大数据与知识图谱相结合,可以更好地发掘和利用数据中的知识和信息。云从科技的产品能够帮助企业用户构建完善的知识中台,实现对知识的全方位辅助。通过知识图谱的建模、抽取、存储、计算、推理和应用,企业可以提高其智能化运营和管理水平。

(2)云从科技的知识图谱产品具有强大的功能和灵活的交互方式。知识图谱将分散的知识和信息整合到统一的结构中,方便用户进行知识的查询、分析和推理。用户可以通过可视化界面和智能化搜索功能,快速找到所需的知识和信息。此外,产品的部署也非常方便,用户可以根据自身需求选择采用云端部署还是本地部署,以满足不同的场景和要求。

在公司的协同管理方面,云从科技的知识图谱产品也迎来了新的发展格局。通过建立知识中台,不同部门和团队可以共享、协同使用知识和信息。这种跨部门和跨团队的协同管理模式可以促进知识的共享和交流,提高企业的协同效率和创新能力。知识图谱产品的应用可以支持企业在项目管理、知识管理、人才管理等方面的协同工作,推动企业向协同管理的新发展格局迈进。

三、智慧领域践行

1. 智慧金融

云从科技一直以来在金融行业深耕,并全面助力金融智能化转型。云从科技在智慧金融领域具备核心优势,能够提供基于多点技术的跨场景解决方案。这意味着公司能够综合应用多种技术手段,为金融机构提供全面的解决方案,以满足不同场景下的需求。通过整合人工智能、大数据、云计算等技术,云从科技能够推动金融行业全面数字化、信息化和智能化的进程。

在公司的智慧金融战略中,商业模式变革的硬实力是突出的。云从科技积极探索金融业务的创新模式,通过引入新技术和解决方案,推动金融机构实现业务模式的转型与升级。这种商业模式的变革不仅能够提升金融机构的效率和竞争力，还能够创造新的商业价值。

同时，公司的价值链 DNA 发生了"基因突变"。云从科技在金融领域的经验和技术积累使其能够参与到金融价值链的各个环节中，从核心业务到支持服务，全面提供智能化的解决方案。这种"基因突变"使公司能更好地满足金融机构的需求，并在数字化转型的过程中发挥重要作用。

云从科技以用户至上的互联网思维为导向，不断强调客户体验的重要性。公司将用户需求放在首位，致力于提供便捷、个性化和智能化的金融服务。通过技术创新和业务变革，云从科技能够为金融机构提供更好的用户体验，推动金融行业朝着更智能化的方向发展。

2. 智慧治理与智慧城市

云从科技智慧城市治理是一种通过感知、认知、决策技术闭环的创新产品方案，将先进的人机协同平台与城市治理深度融合，汇聚各类业务数据和场景数据，加上智能解析和数据分析引擎的驱动，通过平台的赋能，最终服务于行业的业务应用。该方法广泛应用于政府、公安、司法、应急等领域，全面助力社会治理体系和治理能力从信息化、数字化到智能化的升级转型。

在云从科技的智慧治理与智慧城市产品方案中，智能解析引擎和数据分析引擎被视为核心驱动力。通过这些引擎，云从科技构建了一个融智云知识生成与服务平台（KAAS）。这一产品方案涵盖了"智感—智算—智联—智萃—智防—智惠"全线产品，其中应用牵引、双擎驱动、平台赋能以及终端延伸等策略全面助力智慧治理的实施。

（1）"智感"模块通过感知技术，收集大量的数据，包括传感器数据、视频图像、社交媒体数据等。这些数据反映了城市的实时情况和各种业务活动。"智感"模块将这些数据进行整合和处理，为后续的分析和决策奠定了基础。

（2）"智算"模块利用数据分析引擎对收集到的数据进行深入分析，以提取有价值的信息并洞察。通过应用先进的机器学习和人工智能技术，该模块能够自动识别模式、发现规律，并生成有关城市运行和治理的见解。这些见解可以帮助决策者更好地了解城市的状况，制定有效的治理策略。

（3）"智联"模块是实现人机协同的关键环节。通过将数据和见解与相关的利益相关者进行共享，促进信息的流通和沟通。这种协同合作可以帮助不同部门之间实现信息共享、资源整合，提高决策的效率和准确性。同时，该模块还通过智能化的方式与居民和企业进行互动，促进更广泛的参与和合作。

（4）"智萃"模块利用智能解析引擎对海量的数据进行深入挖掘和解析，从中提取出有关城市治理的洞察和智慧。这些洞察可以帮助决策者更好地了解城市的发展趋势、问题和机遇，为治理决策提供支持和指导。

（5）"智防"模块是为了增强城市的安全和风险管理能力而设计的。通过感知技术和数据分析，可以实时监测城市的安全状况，及时发现和预测潜在的安全风险，并提供相应的预警和应急响应措施。这种智能化的安防系统可以帮助城市有效应对各种安全威胁，保障居民和企业的安全。

（6）"智惠"模块通过应用牵引和平台赋能，将智慧治理的成果转化为实际的应用场景和服务。该模块将智能化的解决方案和产品推广到各个行业和领域，包括交通、环保、能源、医疗等。通过提供定制化的解决方案和服务，能够满足不同行业和企业的需求，助推产业数字化转型升级。

云从科技的智慧治理与智慧城市产品方案是公司依靠数字技术变革商业模式的重要举措。该产品方案以智能解析引擎、数据分析引擎为核心，通过KAAS的建立，实现了应用牵引、双擎驱动、平台赋能和终端延伸等策略，全面助力智慧治理的实施。通过助推产业数字化转型升级，公司为各行业提供了定制化的解决方案和服务，实现了数字技术对商业模式的转型，为社会治理体系的升级转型做出了积极贡献。

3. 智慧出行

在云从科技的智慧出行产品方案中，民航机场是一个重要的支点，通过成熟的感知、认知和决策能力，构建数字化空间转型，并推动多交通体系的互通、互融和共享。

该智慧出行产品方案通过 AI 技术，为民航机场提供全方位的智能化支持。AI 技术在感知方面能够利用各种传感器和设备，实时获取航班信息、人流量、天气情况等数据，实现对机场内外环境的全面监测。在认知方面，AI 技术可以通过强大的数据处理和分析能力，对大量的数据进行挖掘和学习，从而识别出潜在的问题和优化空间。在决策方面，AI 技术可以根据数据分析结果，提供实时的决策支持，帮助机场管理者做出准确、高效的决策。

智慧出行产品方案不仅关注民航机场，还着眼于整个交通运输体系的智能化建设。通过将多个交通体系进行互通和互融，实现资源的共享和优化，提高整个交通系统的效率和服务质量。

智慧出行产品方案的实施不仅可以提升交通系统的运行效率和管理水平，还能够助推公司的协同管理。通过人机协同平台，实现各个环节的信息共享和协同工作，从而实现对整个交通系统的全面监控和管理。这种协同管理模式能够极大地提高应对突发事件的能力，同时也提升了工作效率和服务质量。

智慧出行产品方案能够激发数字创新的头脑风暴，通过引入 AI 技术和人机协同平台，打破传统的运营模式和思维定式，激发创新的思维和方法；结合区块链技术，建立可信的交通数据共享平台；利用物联网技术，实现车辆和设备的智能连接和管理；运用大数据分析和预测技术，优化交通流量和资源调度等。通过上述数字技术创新，不断推动智慧出行产品方案的发展和进步，为交通运输体系的智能化提供更多的可能性。

4. 智慧商业

云从科技以 AI 赋能智慧商业，全面提升商业价值。公司以消费者为核心，依托业界领先的商业 AI 智能应用平台（人机协同平台）及丰富的行业实战经验，赋能商业客户实现降本、增效、提升销售的业务目标，并为消费者创造更美妙的消费体验，实现 AI 定义智慧生活的愿景。

商业模式软实力变革是云从科技在智慧商业领域的一个重要创新，云从科技通过引入人工智能技术和数据分析能力，帮助商业客户进行商业模式的升级和转型。通过对大量的数据进行深度挖掘和分析，云从科技为商业客户提供有针对性的市场推广策略、产品定价策略以及客户关系管理方案。这种商业模式的软实力变革使商业客户能够更好地满足消费者的需求，提供个性化的产品和服务，从而获得竞争优势。

云从科技在智慧商业领域的另一个创新是跨界整合数据资产。在数字化时代下，数据被认为是新的石油，而跨界整合数据资产成为商业发展的重要策略之一。云从科技通过将不同行业、不同领域的数据进行整合和分析，为商业客户提供了更全面的数据资产。这种跨界整合的数据资产能够帮助商业客户更好地了解市场趋势、消费者行为和竞争对手动态，从而制定更有针对性的战略和决策。

参考文献

[1] 潘慧. 云从科技：人机协同 赋能行业应用 [J]. 广东科技, 2023, 32（2）：28-33.

[2] 本刊编辑部. 新时代科技创新系列报道：AI"独角兽"[J]. 张江科技评论, 2021（1）：44-45.

[3] 麦宇旻. 云从科技：见证AI改变世界 [J]. 大社会, 2019（11）：53-54.

参考文献

[1] 吕乐娣，张昊民，徐书会．数智赋能：企业自组织管理的演化逻辑和实践机制［J］．商业经济研究，2022（19）：120-123.

[2] 云雄，鲍斌．科技企业人才管理数智化的探索与研究［J］．企业科技与发展，2022（8）：127-129.

[3] Ralf Wandmacher, Christian Sturm, Philipp Weber, et al. Artificial Intelligence in Business Management: A Literature Review on AI Applications on Risk Assessment in the Financial Industry ［J］. American Journal of Management Science and Engineering, 2022, 7 (4): 185-210.

[4] 高铭铄．古典管理理论的分析与评价［J］．中外企业家，2017（15）：74.

[5] 胡斌，刘作仪．物联网环境下企业组织管理特征、问题与方法［J］．中国管理科学，2018，26（8）：127-137.

[6] 于澍江．大数据背景下企业管理模式创新研究［J］．现代商业，2022（11）：109-111.

[7] 齐洁．组织发展与学习发展下的企业人才培养体系建设思考［J］．中国市场，2023（3）：6-8.

[8] Bizzi Lorenzo. Why to Gamify Performance Management? Consequences of User Engagement in Gamification ［J］.Information & Amp; Management, 2023, 60 (3):145-162.

[9] 王振宇，李大硕．数字技术赋能企业组织协同的路径分析：以唯品

会为例［J］. 商展经济，2023（5）：134-136.

［10］郝源晖，王晓东，李睿. 强化价值引导 促进资源协同［J］. 通信企业管理，2022（10）：26-28.

［11］董艳坤. 供给侧改革视角下商业经济创新对策［J］. 现代商业，2022（16）：13-15.

［12］郭守亭，王芳. 基于合作竞争模型的企业协同创新决策机制研究［J］. 宏观经济研究，2019（1）：137-144.

［13］Manish Gupta, Weiguo Fan, Aviral Kumar Tiwari. Analytics for business decisions［J］. Management Decision, 2022, 60（2）：88-96.

［14］包梦蛟，赵安然，王大鹏. 优化科技金融与科技创新协同机理的策略及建议［J］. 产业创新研究，2023（3）：89-91.

［15］王秀丽，张丽红，秦甜甜. 推动我国科技创新协同发展战略思考［J］. 淮北职业技术学院学报，2022，21（1）：71-74.

［16］Keith Caleb J, Hundley Stephen P. Process Considerations for Strategic Planning: Five Phases for Effective Implementation［J］. Assessment Update, 2023, 35（1）：46-52.

［17］黄旭光. 企业战略规划标准化管理的有效策略探讨［J］. 质量与市场，2022（S1）：95-97.

［18］凌大兵，鄢仁秀，许继潇. 数字经济背景下的企业组织结构创新模式研究［J］. 新型工业化，2023，13（Z1）：45-54.

［19］Cesa Mark, Chao Ito, Droescher Michael, et al. An Organizational Structure for the Future［J］. Chemistry International, 2022, 44（2）：121-135.

［20］张昊民，姜壮，白冰峰. 组织政治氛围对员工离职倾向的影响：有调节的中介模型［J］. 上海管理科学，2021，43（2）：60-66.

［21］李宁，潘静洲. 遇见未来：组织进化与人才管理的指路针［J］. 清华管理评论，2022（Z2）：106-112.

［22］傅哲祥. 企业数字化转型需要"业务架构"的顶层设计支撑［J］.

交通财会, 2021 (8): 42-46, 58.

[23] 王珂. 通信企业信息化业务流程再造研究 [J]. 商讯, 2021 (14): 99-100.

[24] 苏慧文, 雒宁宁. 财务数字化转型中的流程再造 [J]. 企业管理, 2022 (7): 104-107.

[25] 万珂, 王少泉, 曹冬英. 非均衡治理视角下单位人才梯队建设的困局与创新思路 [J]. 领导科学, 2022 (12): 21-24.

[26] 唐江婷. 拼多多电商平台营销策略研究 [J]. 上海商业, 2023 (4): 42-44.

[27] 刘海, 卢慧, 阮金花, 等. 基于"用户画像"挖掘的精准营销细分模型研究 [J]. 丝绸, 2015, 52 (12): 37-42, 47.

[28] 胡雨诗. 大数据时代下企业精准营销存在的问题及对策 [J]. 商业经济, 2023 (5): 93-95.

[29] 杨剑英, 张亮明. 市场营销学 [M]. 南京: 南京大学出版社, 2018.

[30] 何晓兵, 何杨平, 王雅丽, 等. 网络营销 [M]. 北京: 人民邮电出版社, 2017.

[31] 孙泽红. 基于大数据技术优势的电子商务精准营销分析 [J]. 商业经济研究, 2023 (7): 77-79.

[32] 林钻辉. 营销理论的历史演进与发展趋向 [J]. 商业经济研究, 2020 (16): 68-71.

[33] 杨明. 大数据背景下电子商务精准营销措施分析 [J]. 中国产经, 2023 (6): 61-63.

[34] 彭德新. 基于大数据分析应用的市场精准营销支撑新思路研究 [J]. 信息系统工程, 2023 (3): 116-119.

[35] 马飞跃. "零库存"模式在制造企业财务管理中的应用研究 [J]. 营销界, 2022 (24): 129-131.

［36］陈达宏．试析电商企业零库存模式的实现措施［J］．营销界，2022（22）：5-7．

［37］刘白玉．客户关系管理在企业市场营销中的作用［J］．商场现代化，2023（4）：34-36．

［38］Fan Lili. Research on Precision Marketing Strategy of Commercial Consumer Products Based on Big Data Mining of Customer Consumption［J］. Journal of The Institution of Engineers (India): Series C, 2023, 104 (1): 92-105.

［39］张凡．基于大数据分析的网络营销效果评估研究［J］．营销界，2023（4）：20-22．

［40］李军．移动大数据商业分析与行业营销［M］．北京：人民邮电出版社，2016．

［41］黄升民，刘珊．"大数据"背景下营销体系的解构与重构［J］．现代传播（中国传媒大学学报），2012，34（11）：13-20．

［42］孟令光，程文倩．IP跨界营销视域下H5数字广告的实践路径与传播价值［J］．中国广告，2022（4）：63-67．

［43］吉扬怡．基于粉丝经济的IP跨界营销策略研究［J］．科技传播，2020，12（9）：117-118．

［44］张宏伟．私域运营：企业数字化转型"不打扰"用户［J］．数字经济，2022（8）：34-37．

［45］薛可，余明阳．私域流量的生成、价值及运营［J］．人民论坛，2022（Z1）：114-116．

［46］张静，鲜宁，蒋睿萍．移动DSP平台在营销领域对广告行业的作用机理［J］．现代营销（下旬刊），2018（7）：48-49．

［47］黄超．基于DSP技术的创新型互联网营销方式［J］．信息与电脑（理论版），2017（10）：170-171．

［48］于鑫，郝普，吕林栖，等．基于4D模型：对直播带货行业消费者消费行为的分析［J］．中国商论，2023（1）：76-79．

[49] 秦勇，陈爽，张黎，等．网络营销［M］．北京：人民邮电出版社，2017．

[50] 杨娟．网红经济下直播带货的营销模式分析：以淘宝直播为例［J］．商场现代化，2022（22）：28-30．

[51] 田明和．探析网红直播带货的生成逻辑［J］．新闻前哨，2022（19）：71-72．

[52] Liu Jingwen. Research on the Brand Building of Rural E-commerce Live Streaming Under the Background of Rural Revitalization［J］. SHS Web of Conferences, 2023（155）：88-92.

[53] 翟金芝．基于大数据的网络用户消费行为分析［J］．商业经济研究，2020（24）：46-49．

[54] 曾忠禄．大数据分析：方向、方法与工具［J］．情报理论与实践，2017，40（1）：1-5．

[55] Moore J F. Predators and Prey：A New Ecology of Competition［J］. Harvard Business Review, 1993, 71（3）：75-86.

[56] Lewin R. Complexity：Life at the Edge of Chaos［J］. American Journal of Physics, 1993, 61（8）：627-633.

[57] 陆玲．略论企业生态学原理［J］．世界科学，1996（3）：44-46．

[58] 赵道致，李广．网络组织向商业生态系统的进化［J］．工业工程，2005，8（1）：5．

[59] 丁玲，吴金希．核心企业与商业生态系统的案例研究：互利共生与捕食共生战略［J］．管理评论，2017，29（7）：244-257．

[60] Iansiti M, Levien R. The Keystone Advantage：What the New Dynamics of Business Ecosystems Mean for Strategy, Innovation, and Sustainability［M］. Boston：Harvard Business School Press, 2004.

[61] 朱跃东，柴欣．商业生态系统理论的应用：基于阿里巴巴的分析［J］．中国商界，2010（2）：2．

[62] 李怀政. 我国连锁超市商业生态系统的构建与创新 [J]. 商业经济与管理, 2000 (4): 15-18.

[63] 艾志红. 数字创新生态系统价值共创的演化博弈研究 [J]. 技术经济与管理研究, 2023 (4): 25-30.

[64] 王倩, 柳卸林. 企业跨界创新中的价值共创研究: 基于生态系统视角 [J]. 科研管理, 2023, 44 (4): 11-18.

[65] 刘斯佳. 基于互补者视角: 平台企业生态系统创新优势构建机制 [J]. 全国流通经济, 2023 (2): 29-32.

[66] 刘晓楠. 平台创新生态系统的构建与产品创新: 基于"小米"的探索性案例研究 [J]. 经营与管理, 2023 (5): 1-9.

[67] 阳镇, 钱贵明, 陈劲. 下一个十字路口的抉择: 平台生态系统迈向何方 [J]. 清华管理评论, 2022 (9): 14-24.

[68] 陈雪琳, 周冬梅, 鲁若愚. 平台生态系统中互补者的多边关系研究: 理论溯源与框架构建 [J]. 研究与发展管理, 2023, 35 (1): 60-71, 145.

[69] 张宝建, 薄香芳, 陈劲, 等. 数字平台生态系统价值生成逻辑 [J]. 科技进步与对策, 2022, 39 (11): 1-9.

[70] 谢新水, 谢爱莲. 论合作共享原则融入平台经济的"双轮效应" [J]. 学习论坛, 2021 (6): 50-59.

[71] 陈广仁. 供应链产业平台生态模式研究: 机制、模型、价值共创 [J]. 重庆工商大学学报 (社会科学版), 2022, 39 (5): 50-63.

[72] 杨蕙馨, 宁萍. 平台边界选择与平台生态治理 [J]. 社会科学辑刊, 2021 (5): 135-144.

[73] 吴佳, 张晓. 美妆品牌构建私域流量体系路径研究: 以"完美日记"为例 [J]. 中国报业, 2021 (16): 60-61.

[74] 杜锦铭. 基于微信生态的私域流量研究 [J]. 遵义师范学院学报, 2021, 23 (2): 104-108.

［75］季凌昊．商业生态全链路数智化转型的价值重构［J］．商业经济研究，2020（16）：36-39．

［76］康彧．私域流量：概念辨析、运营模式与运营策略［J］．现代商业，2020（23）：10-12．

［77］米海峰．互联网+背景下我国分享经济商业模式的问题与对策研究［J］．商业文化，2020（24）：35-37．

［78］刘征驰，周莎，李三希．流量分发视阈下的社交媒体平台竞争：从"去中心化社交"到"中心化媒体"［J］．中国工业经济，2022（10）：99-117．

［79］张宣，孙广哲．去中心化的互联网如何改变你我生活？［N］．新华日报，2022-11-16（18）．

［80］苏星月．商业生态视角下平台企业的竞争优势研究［D］．北京：北京化工大学，2022．

［81］曲鸿楠．电商平台构建商业生态系统的治理战略与策略研究：以梦饷集团为例［J］．企业改革与管理，2022（24）：49-52．

［82］杨姗．平台生态系统中互补者生态位对数字创新的影响研究［D］．长春：吉林大学，2022．

［83］孙雪娇．平台生态圈情境下企业连续并购绩效研究［D］．呼和浩特：内蒙古财经大学，2022．

［84］杨珊．共享经济与分享经济的协同发展思考［J］．商业文化，2021（30）：15-16．

［85］张三丽．新时期背景下企业资本运营改革的创新路径［J］．上海商业，2022（8）：219-221．

［86］张影，高赫．企业价值最大化：企业财务管理的合理目标［J］．营销界，2020（12）：122-124．

［87］吴继良．企业筹资管理中存在的问题及对策浅探［J］．现代交际，2018（22）：120-121．

［88］赵春月．加强企业运营管理的路径及方法［J］．商场现代化，2023（1）：70-72．

［89］倪睿．探析企业经济利润分配管理［J］．商场现代化，2014（20）：121-122．

［90］张敏．中小型企业内部控制存在的问题及对策［J］．中国市场，2023（3）：79-81．

［91］陈燕霞．关于加强企业内部控制的思考［J］．质量与市场，2023（1）：121-123．

［92］马志奇，马立群．上市公司治理结构研究［J］．东南大学学报（哲学社会科学版），2018，20（S1）：5-8．

［93］Stephen R. Goldberg, Dori Danko, Lara L. Kessler. Ownership Structure, Fraud, and Corporate Governance［J］. Journal of Corporate Accounting & Amp; Finance, 2016, 27（2）：95-105．

［94］石少侠．我国新《公司法》中的公司治理结构［J］．当代法学，2007（6）：3-9．

［95］Ruth V. Aguilera, Rafel Crespi-Cladera. Global Corporate Governance: On the Relevance of firms' Ownership Structure［J］. Journal of World Business, 2016, 51（1）：112-128．

［96］徐子尧，张莉沙．数字经济发展如何影响企业代理成本：来自中国制造业企业的证据［J］．证券市场导报，2022（2）：25-35．

［97］于海丽．基于"领投+跟投"模式的股权众筹研究［J］．财会通讯，2021（22）：148-152．

［98］江柯．创业企业股权众筹融资的信用风险与防范［J］．中国商论，2021（13）：67-69．

［99］潘文婷．浅谈知识产权许可与转让［J］．知识经济，2012（23）：42．

［100］Vishwasrao Sharmila. Intellectual Property Rights and the Mode of Technology Transfer［J］. Journal of Development Economics, 1994, 44（2）：

135-142.

[101] 王定忠. 知识产权转让合同研究 [D]. 北京：中国社会科学院研究生院，2010.

[102] 邱胜. 知识产权转让的法律性质分析 [J]. 现代商业，2011（32）：264.

[103] 王波涛. 知识产权交易模式研究 [D]. 成都：电子科技大学，2019.

[104] 林小爱. 专利交易特殊性及运营模式研究 [J]. 知识产权，2013（3）：69-74，79.

[105] 朱彩慧. 资本运营助推国有企业高质量快速发展路径思考 [J]. 投资与创业，2022，33（22）：160-162.

[106] 姜春玉. 浅谈企业财务管理中利润最大化目标的实现 [J]. 经济管理文摘，2020（9）：127-128.

[107] 黄海涛. 股东财富最大化的利与弊 [J]. 理论学习，2003（2）：51.

[108] 冯小越. 企业利润最大化和价值最大化的经营差异问题分析 [J]. 经济研究导刊，2022（3）：7-9.

[109] 刘威威. 企业资本运营体系的构建与战略实施策略研究 [J]. 财经界，2020（21）：78-79.

[110] 胡铮铮. 创新型企业在我国上市融资面临的风险及法律问题的完善 [J]. 法制博览，2021（35）：65-67.

[111] 周萌. 浅析企业筹资方式与筹资风险 [J]. 现代营销（经营版），2021（10）：22-24.

[112] 花双莲，韩群. 多元化经营战略、关联并购与并购绩效 [J]. 生产力研究，2023（2）：155-160.

[113] 柳德才，张晨曦. 科技企业并购的财务协同效应研究：以TCL科技并购中环集团为例 [J]. 生产力研究，2023（1）：154-160.

[114] 邵圣粲. 企业并购类型及绩效研究 [J]. 现代商业，2022（19）：

89-91.

[115] 谭丽华. 探究企业资本运营成功的关键要素 [J]. 全国流通经济, 2022 (32): 71-74.

[116] 陆怡舟. 数字经济时代的决策范式变迁 [J]. 领导科学, 2023 (1): 145-148.

[117] 张玉明, 张骐微. 大型集团企业数据集成研究 [J]. 信息通信技术与政策, 2022 (2): 61-66.

[118] 康芹. 财务分析如何有效为企业经营决策提供参考 [J]. 纳税, 2021, 15 (14): 48-49.

[119] 任鹏飞. 数字赋能科技决策智库高质量发展: 理论、图景与策略 [J]. 科学管理研究, 2022, 40 (5): 39-45.

[120] 周芷怡. 数字经济时代平台型企业群体决策优化研究 [J]. 投资与创业, 2022, 33 (19): 152-154.

[121] Manish Gupta, Weiguo Fan, Aviral Kumar Tiwari. Analytics for business decisions [J]. Management Decision, 2022, 60 (2): 66-72.

[122] 肖静华, 谢康, 迟嘉昱. 智能制造、数字孪生与战略场景建模 [J]. 北京交通大学学报 (社会科学版), 2019, 18 (2): 69-77.

[123] 谢康, 肖静华, 邓弘林. 数字孪生驱动的企业战略场景建模与决策分析 [J]. 中国信息化, 2019 (2): 7-13.

[124] Wang Shuai, Wang Yabin, Wang Jinguo. Spare Parts Demand Forecasting Method of Modern Enterprises Based on Digital Twin Model [J]. International Journal of Modeling, Simulation, and Scientific Computing, 2022, 13 (6): 66-78.

[125] 王成城, 王金江, 黄祖广, 等. 智能制造预测性维护标准体系研究与应用 [J]. 制造技术与机床, 2023 (2): 73-82.

[126] 牛冲丽, 卢凯杰. 人工智能技术在工业设备预测性维护中的应用 [J]. 电子技术与软件工程, 2022 (17): 226-229.

[127] 张帆, 胡建华. 物联网下智能物流供应链管理研究 [J]. 中国储运, 2023 (4): 150-151.

[128] 陈金晓. 人工智能驱动供应链变革：平台重构、生态重塑与优势重建 [J]. 当代经济管理, 2023, 45 (5): 50-63.

[129] 王玉玲. 基于大数据的企业精细化营销系统设计 [J]. 自动化技术与应用, 2021, 40 (7): 174-178.

[130] Snezana Obednikovska, Karolina Ilieska. Precision Marketing as Factor for Attracting, Retaining and Leveraging Profitable Customers [J]. Analele Universității Constantin Brâncuși din Târgu Jiu：Seria Economie, 2016, 1 (2): 45-78.

[131] 伍嘉华. 中国式现代化背景下的制造业企业突围：数字化转型升级路径研究 [J]. 中小企业管理与科技, 2023 (7): 65-67.

[132] 李姣姣. 中小企业数字化转型升级探讨 [J]. 商场现代化, 2022 (16): 137-139.

[133] 杜君益, 蒋恒亮, 张永福, 等. 企业数字化转型升级过程中的数据治理 [J]. 电脑与信息技术, 2022, 30 (6): 79-82.

[134] 胡文婷, 王凤莲. 不同决策下考虑产品质量差异的供应链生产决策研究 [J]. 安徽工程大学学报, 2022, 37 (2): 68-76, 94.

[135] Weissmann Marc Arul, Hock Rodney Lim Thiam. Making Sustainable Consumption Decisions：The Effects of Product Availability on Product Purchase Intention [J]. Journal of Global Marketing, 2022, 35 (4).

[136] 澹台冰艳. 供应链管理与物流技术的数据整合研究 [J]. 中国管理信息化, 2019, 22 (2): 71-72.

[137] 苏华. 平台化社会传播关系的分化和博弈：去中心化的迷思 [J]. 传媒, 2022 (12): 91-93.

[138] 韩云杰. 去中心化与再中心化：网络传播基本特征与秩序构建 [J]. 中国出版, 2020 (21): 31-35.

[139] 黎增龙. 关于大数据对企业管理决策影响的研究 [J]. 质量与市场, 2021 (19): 87-89.

[140] 徐刚. 基于企业中台的全渠道场景化营运研究 [J]. 信息通信, 2017 (8): 268-269.

[141] 朱恒彬. 市场经济下的企业正确管理决策策略 [J]. 全国流通经济, 2019 (6): 41-43.

[142] 陶晓环. 基于大数据思维培养数字化人才的途径研究 [J]. 辽宁高职学报, 2019, 21 (3): 96-99, 108.

[143] 邱智铭. 数字时代的传统企业转型发展之道 [J]. 宁波经济 (财经视点), 2021 (11): 52-53.

[144] 孙学峰. 数字技术创新与国际战略竞争 [J]. 外交评论 (外交学院学报), 2023, 40 (1): 54-77, 166, 6.

[145] 翁士增. 数字技术赋能小微企业高质量发展研究 [J]. 未来与发展, 2023, 47 (4): 73-78.

[146] 刘馨蔚. 兴趣消费时代来临 [J]. 中国对外贸易, 2022 (11): 60-61.

[147] Carlsson Linnéa, Olsson Anna Karin, Eriksson Kristina. Taking Responsibility for Industrial Digitalization: Navigating Organizational Challenges [J]. Sustainability, 2022, 14 (2): 88-95.

[148] 宋燕飞. 推动产业数字化转型 打造可持续创新生态 [J]. 上海质量, 2023 (4): 24-25.

[149] 梅睿. 大数据时代规划决策理念与数字信息应用途径 [J]. 智能城市, 2021, 7 (22): 42-43.

[150] 项华灵, 马东伟, 张鑫, 等. 云计算标准化赋能数字经济产业发展研究 [J]. 中国标准化, 2023 (1): 53-59.

[151] 孙新波, 孙浩博. 物联网商业生态系统价值共创实现机理案例研究 [J]. 上海管理科学, 2022, 44 (5): 19-25.

[152] 区块链+信用监管 保障信用数据安全可靠［J］. 中国信用, 2020（12）：124.

[153] 周代运. AI 如何改变商业模式与未来机会研究［J］. 财富时代, 2023（4）：28-29, 31.

[154] 惠亚宁. 基于产业互联网的商业模式变革分析［J］. 中小企业管理与科技（下旬刊）, 2021（5）：51-53.

[155] 刘光强, 干胜道, 傅萍, 等. 数字化重构企业价值链及应用逻辑［J］. 财会月刊, 2023, 44（10）：17-24.

[156] 杨凡, 刘海兵. 基于价值链主导的流通企业商业模式创新［J］. 商业经济研究, 2019（13）：94-97.

[157] 罗斌元, 赵依洁. 基于区块链技术的数据资产确认［J］. 财会月刊, 2022（18）：80-87.

[158] 陈康, 付华峥, 刘春, 等. 数据资产管理及关键技术的应用［J］. 广东通信技术, 2023, 43（3）：64-69.

[159] 喻登科, 陈淑婷. 信息技术与企业绩效：知识管理能力与商业模式创新的链式中介作用［J］. 科技进步与对策, 2023（6）：1-12.

[160] 董晓宏, 赵现锋, 张媛, 等. 创新型员工延续管理与知识管理耦合机制研究［J］. 合作经济与科技, 2023（1）：121-123.

[161] 石童心, 辛青燃. 互联网思维下的人力资源［J］. 品牌研究, 2018（5）：130, 144.

[162] 闫小飞. 互联网思维下企业经营管理的数字化转型［J］. 企业科技与发展, 2022（2）：147-149.

[163] Christian L M, Heidi H. The Platformisation of Manufacturing: Towards a Holistic Perspective for Systematising Digital Manufacturing Platforms［J］. International Journal of Innovation Management, 2022, 26（3）：66-72.

[164] 梁玲玲, 张悦. 数字技术驱动下的制造企业创新质量提升路径［J］. 财会月刊, 2023, 44（2）：145-152.

［165］孙鑫，张路娜，刘肖肖．中国工业互联网产业创新生态系统的现状、问题及优化对策［J］．科技和产业，2023，23（9）：98-104．

［166］李勤．工业互联网应用创新策略［J］．中国集体经济，2023（8）：157-160．

［167］郭雪飞．加快数字生态发展　构建智慧城市产业生态圈［J］．先锋，2023（3）：67-68．

［168］汪大兰，左小明．产业集聚发展下的中小企业协同发展探索［J］．中小企业管理与科技，2022（24）：160-162．